ESTRATÉGIAS DE LEITURA

S685e Solé, Isabel.
         Estratégias de leitura / Isabel Solé ; tradução: Claudia
       Schilling ; revisão técnica: Maria da Graça Souza Horn. – 6.
       ed. – Porto Alegre : Penso, 1998.
         xii, 194 p. ; 23 cm.

         ISBN 85-8429-008-7

         1. Leitura - Estratégias. I. Título.

                                                    CDU 37:028.1

Catalogação na publicação: Poliana Sanchez de Araujo – CRB 10/2094

ISABEL SOLÉ
Doutora em Psicologia

ESTRATÉGIAS DE LEITURA

6ª edição

Prefácio de César Coll

Tradução:
Cláudia Schilling

Consultoria, supervisão e revisão técnica desta edição:
Maria da Graça Souza Horn
Pedagoga. Mestre em Educação

Reimpressão 2012

1998

Obra originalmente publicada sob o título:
Estrategias de lectura
© ICE de la Universitat de Barcelona
Editorial Graó, de Serveis Pedagógics, 1996.
ISBN 84-7827-074-4

Capa:
Mário Röhnelt

Preparação do Original:
Alda Rejane Barcelos

Supervisão Editorial:
Letícia Bispo de Lima

Editoração Eletrônica:
VS Digital

Reservados todos os direitos de publicação, em língua portuguesa, à
PENSO EDITORA LTDA., divisão do GRUPO A EDUCAÇÃO S.A.
Av. Jerônimo de Ornelas, 670 - Santana
90040-340 Porto Alegre RS
Fone (51) 3027-7000 Fax (51) 3027-7070

É proibida a duplicação ou reprodução deste volume, no todo ou em parte, sob quaisquer formas ou por quaisquer meios (eletrônico, mecânico, gravação, fotocópia, distribuição na Web e outros), sem permissão expressa da Editora.

SÃO PAULO
Av. Embaixador Macedo Soares, 10.735 - Pavilhão 5 - Cond. Espace Center
Vila Anastácio 05095-035 São Paulo SP
Fone (11) 3665-1100 Fax (11) 3667-1333

SAC 0800 703-3444

IMPRESSO NO BRASIL
PRINTED IN BRAZIL

A Joan, Anna e Aleix.
E aos meus pais.

APRESENTAÇÃO

Embora esta página figure entre as primeiras do livro, a verdade é que foi elaborada no momento da conclusão da sua redação, quando poderia explicar a partir de numerosas perspectivas o que para mim significou a sua escrita. Parece-me que, antes de mais nada, foi um processo de construção fascinante e um pouco misterioso, fruto – como quase todas as coisas –, de um contexto e de determinadas circunstâncias. Gostaria de fazer referência a esses fatores.

Ao longo dos últimos anos, tive a sorte de compartilhar projetos, ilusões e discussões sobre o ensino com um grande número de amigos e colegas, que contribuíram de forma decisiva para criar o ambiente, ao mesmo tempo acolhedor e estimulante, em que valia a pena se aventurar a escrever. Colaborar com César Coll, que promoveu grande parte dos projetos mencionados, foi e é fundamental para mim; muitas das ideias que aparecem nesta obra são testemunho deste fato.

Em diversos momentos e situações, de modo diferente e em torno de problemáticas muito variadas, Eulalia Bassedas, Luis del Carmen, Teresa Huguet, Teresa Mauri, Mariana Miras e Antoni Zabala me ofereceram a possibilidade de discutir e comparar minhas ideias com as suas. Gostaria de poder pensar que, para eles, essa experiência foi tão enriquecedora quanto para mim.

Discussão, contraste e elaboração conjunta também estavam presentes nas tarefas dos membros do "Grupo de Estudos sobre projeto e desenvolvimento do currículo" e influenciaram em vários aspectos minha forma de entender o ensino.

Cada um à sua maneira, todos eles – e com certeza mais alguns – tornaram possível a interação social alentadora, desafiadora e confiante em que necessariamente se inscrevem os processos de construção pessoal, dos quais este livro é um exemplo.

Isabel Solé

Prefácio

Em 1910, no editorial do primeiro número do *Journal of Educational Psychology*, uma das primeiras revistas especializadas neste âmbito do conhecimento, mediante uma simples afirmação surgiria um desafio fundamental: a necessidade de criar um novo profissional, cuja tarefa deveria ser a de "mediar entre a ciência da psicologia e a arte do ensino". Em certo sentido, a história quase centenária da Psicologia da Educação pode ser interpretada como uma série de esforços ininterruptos, com seus lógicos avanços e retrocessos, em busca deste objetivo.

Os objetivos gerais sempre deram origem a programas de trabalho frutíferos, porém, como se sabe, os objetivos gerais também costumam ser mais fáceis de enunciar que de alcançar. É provável que a pessoa que escreveu o editorial não fosse consciente das dificuldades da sua proposta. Muitas tentativas tiveram de ser realizadas – nem todas cobertas de êxito – para perceber que, na verdade, a mediação proposta não era, na realidade, esta.

Assim, e ao contrário do que parece sugerir a frase citada, os caminhos seguidos pelo pensamento psicológico e educativo no decorrer do nosso século revelam que não basta dispor dos conhecimentos que a "ciência da psicologia" nos proporciona, nem dominar a "arte do ensino" para exercer a função de mediação. Sabemos hoje que, para poder mediar o conhecimento psicológico e a prática do ensino, precisamos de algo mais: temos de dotar de conteúdo o próprio processo de mediação, temos de assentá-lo em bases conceituais sólidas; em suma, devemos repensar em boa medida, a partir de uma perspectiva que abranja mais do que as prescrições unidirecionais ou do que a simples mistura, tanto a "ciência da psicologia" como a "arte do ensino".

Assim, a Psicologia da Educação foi obrigada, para responder ao desafio original, a realizar uma ampla volta que ainda está longe de ser concluída e que, com certeza, não figurava entre as previsões de quem escreveu o editorial do *Journal of Educational Psychology* em 1910. O objetivo era e continua sendo relevante; os resultados foram e continuam sendo frutíferos; mas as dificuldades foram e continuam sendo muito maiores do que, com certa ingenuidade, considerou-se algumas vezes.

Além disso, estas dificuldades se tornam ainda mais evidentes quando dirigimos nossa atenção às competências e destrezas exigidas dos profissionais encarregados da "mediação" entre o conhecimento psicológico e a prática educativa. Nós que nos dedicamos à formação de psicólogos escolares, dos profissionais da intervenção psicopedagógica e de professores, sabemos por experiência própria que não é fácil reunir em apenas uma pessoa conhecimentos, habilidades e sensibilidades necessários para "mediar" eficazmente a ciência da psicologia e a arte do ensino.

É relativamente fácil aprender um vocabulário psicológico e saber utilizá-lo com maior ou menor propriedade nas ocasiões necessárias. Também é relativamente fácil, embora exija maiores esforços, utilizar as destrezas e os conhecimentos psicológicos para propor soluções para este ou aquele problema educativo concreto, ou inclusive para formular sugestões e orientações sobre como ele deveria ser abordado. O que realmente é difícil – e, a bem da verdade, nem sempre conseguimos fazer – é utilizar os conhecimentos psicológicos como instrumento de indagação, análise e reflexão na abordagem dos problemas educativos. Entretanto, a meu ver, ser capaz de mediar eficazmente o conhecimento psicológico e a prática educativa significa justamente isto.

Entendida desta maneira, a capacidade de exercer eficazmente a mediação requer um sólido e amplo conhecimento psicológico e educativo. Também exige uma ampla e refletida experiência. E sobretudo requer uma sensibilidade especial perante as situações educativas que só podem se desenvolver em contato direto com elas, envolvendo-se e comprometendo-se a fundo em seu planejamento, execução e avaliação. Certamente, estes são requisitos exigentes e não é de se estranhar que sejam difíceis de cumprir de forma simultânea.

Entretanto, a volta que a Psicologia da Educação foi obrigada a realizar é frutífera, e suas dificuldades, superáveis. O livro que o leitor tem em mãos é um magnífico exemplo de ambas as afirmações. Não se trata de um livro a mais, entre os muitos que inundam o mercado editorial, sobre a aprendizagem e o ensino da leitura. Com efeito, ele se ocupa da leitura, e mais concretamente da compreensão leitora ou, caso se preferir, da leitura compreensiva. E aborda temas relacionados à aprendizagem, ao ensino e à avaliação das estratégias de compreensão leitora. No entanto, apesar de ser uma temática de inegável pertinência e atualidade, parece-me que seu interesse não reside tanto – ou não reside apenas – nos pontos de que trata, mas na peculiar perspectiva selecionada pela autora para tratá-los.

Desde as primeiras linhas da introdução, Isabel Solé evidencia sua intenção de situar-se precisamente neste espaço intermediário entre a ciência da psicologia e a arte do ensino. Ela nos anuncia que a finalidade do livro é a de ajudar professores e outros profissionais da educação na tarefa de promover a utilização autônoma de estratégias de compreensão leitura nos alunos. E nos adverte imediatamente de que não se trata de uma tarefa fácil, de que é preciso desconfiar das recomendações simples e das soluções feitas que não se prestam à "enorme complexidade e riqueza que caracteriza a vida da sala de aula". E no espaço intermediário assim estabelecido, deixando de lado as soluções fáceis, porém sem evitar formular os problemas da prática, tomando claramente partido nas questões polêmicas e oferecendo continuamente propostas e sugestões concretas para a ação didática, assistimos a um processo de elaboração que ilustra perfeitamente a forma com que esta "mediação" entre o conhecimento psicológico e a prática educativa pode ser realizada. O resultado é um livro de leitura extremamente fácil e de utilidade imediata. Como professor, como profissional da educação e também como leitor, pelo menos em meu caso a autora conseguiu o seu propósito.

Contudo, não devemos nos enganar. Por trás da aparente simplicidade do texto esconde-se uma considerável complexidade conceitual, um manejo de conhecimentos muito heterogêneos e, sobretudo, um elogiável esforço de integração e coerência. Gostaria que me permitissem ressaltar apenas dois pontos que poderiam passar inadvertidos e que, a meu ver, são essenciais para entender como um livro cuja leitura resulta tão fácil pode, ao mesmo tempo, ser tão rico, não só do ponto de vista da sua utilidade prática, mas também do ponto de vista da sua trama conceitual.

Em primeiro lugar, cabe destacar a reflexão de fundo sobre os objetivos do ensino e da aprendizagem da leitura e o esforço por situá-los no contexto mais amplo das funções que a escola na sociedade atual deve desempenhar. Por trás de muitos argumentos expostos no livro, palpita uma reflexão desta natureza, assim como uma determinada concepção do currículo escolar e das condições e exigências que devem estar presentes em seu desenvolvimento e posta em prática nas instituições escolares. Para citar apenas alguns exemplos, este é o caso das propostas de ampliar o trabalho de leitura a todos os níveis de escolaridade; de formulá-lo como uma questão de escola, de Projeto Curricular, que envolve todo o corpo docente e todas as matérias; de vincular o objetivo de aprender a ler ao objetivo de ler para aprender; de considerar a capacidade de compreender e interpretar autonomamente textos escritos como um instrumento necessário para atingir um desenvolvimento pleno no contexto de uma sociedade letrada, etc.

Em segundo lugar, as principais teses sobre o ensino e a aprendizagem da compreensão leitora expostas neste livro são claramente tributárias de uma certa maneira de entender como os alunos aprendem e como é possível ajudá-los a aprenderem mais e melhor. Utilizando a própria expressão da autora, são tributárias – enquanto constituem uma ilustração e uma concretização em um âmbito particular – da concepção construtivista da aprendizagem e do ensino. Este é o caso, por exemplo, do tratamento do delicado e difícil tema da importância relativa da decodificação e da compreensão na aprendizagem da leitura e da proposta de apresentar sempre para os alunos o acesso necessário ao código, em contextos significativos para eles; da crítica expressa diante de algumas práticas pedagógicas que descuidam totalmente do ensino da leitura compreensiva, esperando – não se sabe bem em que base – que os alunos aprendam sozinhos o que não lhes é ensinado; da proposta de considerar as estratégias de compreensão leitora como conteúdos procedimentais; das pautas sugeridas sobre a exercitação compreensiva destas estratégias na sala de aula como uma das principais vias para aceder ao seu domínio; da dupla consideração da leitura como objeto de conhecimento e como instrumento de aprendizagem, etc.

Esta complexa trama conceitual, que é apenas sugerida nos capítulos iniciais, manifesta-se com especial contundência naqueles que – em minha opinião – são os capítulos centrais do livro, conferindo-lhes uma coerência, um rigor e um interesse elogiáveis, pois ao mesmo tempo não se abandona o estilo expositivo direto, simples e claro que caracteriza o livro inteiro. Refiro-me aos capítulos quinto, sexto e sétimo, dedicados, respectivamente, às estratégias prévias à leitura, às estratégias ativadas durante a leitura e às estratégias trabalhadas após a leitura. Este último capítulo – e especialmente os pontos relativos à forma em que se pode trabalhar a ideia principal e o resumo na sala de aula – parece-me que constitui uma contribuição especialmente significativa, destinada a se transformar em ponto de referência obrigatório sobre a questão.

Para concluir estes comentários, gostaria de referir a um aspecto que, ainda que seja mencionado no livro, talvez merecesse um tratamento mais extenso. Refiro-me ao fato de que os bons leitores não são apenas os que compreendem mais e melhor os textos que leem, mas os que sentem prazer e gosto pela leitura. Pois bem, da mesma forma em que não é razoável esperar que alunos e alunas aprendam as estratégias de compreensão leitora sozinhos, sem que ninguém os ensine a utilizá-las, também não é razoável esperar que aprendam a sentir prazer e gosto pela leitura sem certos modelos que lhes proporcionem fundamentos adequados a respeito.

A capacidade de desfrutar a leitura é uma característica intrínseca do bom leitor. E para aprender a desfrutar lendo servem as mesmas coisas que para aprender as outras estratégias de compreensão. Nas palavras da autora, "trata-se simplesmente de fazer com a leitura o que se faz com os outros conteúdos do ensino: mostrar como os maneja um especialista, formular situações em que o aprendiz possa abordar progressivamente seu manejo e ajudá-lo para que, partindo do ponto em que se encontra, possa ir cada vez um pouco além, no sentido do domínio autônomo". A única diferença é que, neste caso, é preciso ser especialista em se deliciar com a leitura para poder ajudar os alunos.

Isto não quer dizer que a leitura tenha que ser obrigatoriamente a paixão da vida de todo educador. Tampouco se trata de transformar todos os alunos em réplicas de Bastián Baltasar, o protagonista de *La Historia Interminable*. Mas receio que, sem uma mínima capacidade de sentir prazer e gosto pela leitura, será difícil que consigamos desenvolver esta mesma capacidade em nossos alunos. E se não o conseguirmos, dificilmente poderemos aspirar a que eles cheguem a ser bons leitores.

César Coll

A Paixão de Bastián

As paixões humanas são um mistério, e com as crianças acontece a mesma coisa que com os adultos. Aqueles que se deixam levar por elas não podem explicá-las, e os que não as viveram não podem compreendê-las. Alguns homens arriscam a vida para escalar uma montanha. Ninguém, nem mesmo eles, pode explicar por que o fazem. Outros se desgraçam para conquistar o coração de uma pessoa que não quer nada com eles. Outros se destroem por não saber resistir aos prazeres da mesa... ou da bebida. Alguns perdem tudo o que têm em um jogo de azar ou sacrificam tudo a uma ideia fixa que jamais poderá se realizar. Alguns acreditam que só poderão ser felizes em um lugar diferente e percorrem o mundo inteiro. E ainda outros não descansam até se tornarem poderosos. Em resumo: existem tantas paixões quanto seres humanos.

A paixão de Bastián Baltasar Bux eram os livros.

Quem não tiver passado nunca tardes inteiras diante de um livro, com as orelhas ardendo e o cabelo caído no rosto, lendo e lendo, esquecido do mundo e sem perceber que estava com fome ou com frio...

Quem nunca tiver lido à luz de uma lanterna, embaixo das cobertas, porque papai, mamãe ou alguma outra pessoa solícita apagou a luz com o argumento bem intencionado de que tem de dormir, porque amanhã precisa levantar bem cedinho...

Quem nunca tiver chorado aberta ou dissimuladamente lágrimas amargas porque uma história maravilhosa acabou e era preciso se despedir dos personagens com os quais tinha corrido tantas aventuras, que amava e admirava, pelo destino dos quais temera e rezara e sem cuja companhia a vida pareceria vazia e sem sentido...

Quem não conhecer tudo isso por experiência própria, provavelmente não poderá compreender o que Bastián fez então.

ENDE, M. (1982) *La historia* interminable. Madrid: Alfaguara, p. 12-13.

SUMÁRIO

Prefácio
César Coll ix

Introdução 17

1. O Desafio da Leitura 21
    O que é ler? 22
    O processo de leitura. Uma perspectiva interativa 23
        Prever, verificar, construir uma interpretação 24
    A leitura na escola 32
        A leitura, um objeto de conhecimento 34
        A leitura, um meio para a realização de aprendizagens ... 36

2. Ler, Compreender e Aprender 39
    Leitura e compreensão 39
    Compreensão leitora e aprendizagem significativa 44

3. O Ensino da Leitura 49
    A alfabetização 50
    Código, consciência metalinguística e leitura 51
    Que está escrito aqui? Ensino inicial da leitura e aprendizagem do código 57
        O ensino inicial da leitura 58

4. O Ensino de Estratégias de Compreensão Leitora 67
    Que é uma estratégia? O lugar das estratégias no ensino da leitura 67
        Estratégias 67
        Por que devemos ensinar estratégias? O papel das estratégias na leitura.... 70
    Que estratégias vamos ensinar? Como podemos ensiná-las? 73
        O ensino de estratégias de compreensão leitora 75
    Os tipos de texto 83
        Tipos de texto e expectativas do leitor 83

5. Para Compreender... Antes da Leitura 89
    Ideias gerais 90
    "Fantástico! Vamos ler!" Motivando para a leitura 91
    Para que vou ler? Os objetivos da leitura 92
        Ler para obter uma informação precisa 93
        Ler para seguir instruções 94

Ler para obter uma informação de caráter geral 94
Ler para aprender 95
Ler para revisar um escrito próprio 96
Ler por prazer 96
Ler para comunicar um texto a um auditório 97
Ler para praticar a leitura em voz alta 98
Ler para verificar o que se compreendeu 99
Ativar o conhecimento prévio: o que eu sei sobre este texto? 101
Estabelecer previsões sobre o texto 107
Promover as perguntas dos alunos sobre o texto 110
Conclusão 113

6. Construindo a Compreensão... Durante a Leitura 115
O que acontece quando lemos? O processo de leitura 115
Estratégias durante a leitura: tarefas de leitura compartilhada 117
Utilizando o que se aprendeu: a leitura independente 121
Não estou entendendo, o que eu faço? Os erros e as lacunas
da compreensão 125
    Diferentes problemas, diferentes soluções 128

7. Depois da Leitura: Continuar Compreendendo e Aprendendo 133
A ideia principal 134
    O ensino da ideia principal na sala de aula 138
O resumo 143
    O ensino do resumo na sala de aula 147
Formular e responder a perguntas: nem sempre
elas servem apenas para avaliar 155
Conclusão 160

8. Colcha de retalhos 163
O ensino e a avaliação da leitura 164
    Ensinar e avaliar: critérios para avaliar formativamente 168
As situações de ensino e aprendizagem da leitura 170
O ensino da leitura, uma questão de equipe 174

Referências 177

Anexo A
Proposta de Sequência Didática para o Ensino da Compreensão
Leitora (Ensino Fundamental) 183

Anexo B
Proposta de Sequência Didática para o Ensino da Compreensão
Leitora (Educação Infantil) 189

Introdução

O propósito deste livro é ajudar professores e outros profissionais que intervêm na educação escolar em uma tarefa que, ao contrário do que poderia se supor, não é de forma alguma fácil: promover nos alunos a utilização de estratégias que lhes permitam interpretar e compreender autonomamente os textos escritos.

Assim como ensinar a ler não é uma questão simples, tampouco o é conseguir a finalidade que me proponho. A meu ver, é difícil escrever para professores porque custa dar conta da imensa complexidade e riqueza que caracteriza a vida na sala de aula; isso pode fazer com que deixemos de lado essas características e despojemos as situações de ensino e aprendizagem dos traços que lhe são próprios. Nesse caso, os professores que abordarem um texto escrito para eles poderão considerá-lo distante da sua realidade e, portanto, pouco útil.

Por outro lado, é evidente que, mesmo que o autor realize um grande esforço, não é possível conseguir que cada um dos professores, leitores potenciais de sua obra, se sintam identificados com as situações, o discurso, os exemplos... que da leitura emergem.

Assim, a situação é complexa, ou pelo menos isto é o que me parece. Além dessa complexidade, também contribui minha desconfiança com relação às recomendações simples, descontextualizadas, as soluções feitas... àquilo que poderíamos chamar, em uma palavra, de "receitas". Tenho que admitir que essa desconfiança tem aumentado em proporção direta ao conhecimento daquilo que acontece na sala de aula que, para obter êxito, necessita da presença de um professor sensível a tudo o que acontece dentro dela, dotado de recursos para implementar situações e soluções criativas e para avaliar seu impacto; esta figura tem poucos pontos em comum com a de um aplicador de receitas.

Neste contexto poderá ser compreendida minha afirmação sobre a dificuldade de alcançar o objetivo proposto e meu interesse em estabelecer as condições que poderiam contribuir para diminuí-la. Entre elas, destaca-se a explicitação de algumas premissas de que parto e a exposição da estrutura geral do livro. Considero que ambas – as premissas e a estrutura – podem ajudar o leitor a situar suas expectativas sobre a obra, e a autora, a não decepcioná-lo.

Premissas

Algumas das premissas aqui expostas referem-se à leitura e à compreensão leitora, outras ao papel que o ensino desempenha em sua aprendizagem; outras ainda à tarefa do leitor, etc. Portanto, não vou justificar aqui princípios não discutidos, mas evidentemente discutíveis. Muitos deles serão retomados no decorrer da obra, e espero que isso incentive o leitor, que poderá encontrar mais adiante uma justificativa que considero adequada.

1. Poder ler, isto é, compreender e interpretar textos escritos de diversos tipos com diferentes intenções e objetivos contribui de forma decisiva para a autonomia das pessoas, na medida em que a leitura é um instrumento necessário para que nos manejemos com certas garantias em uma sociedade letrada.

2. Na leitura, o leitor é um sujeito ativo que processa o texto e lhe proporciona seus conhecimentos, experiências e esquemas prévios. Parto da ideia de que o leitor especialista atribui sentido e significado ao texto e rejeito o pressuposto de que o recita (exceto no caso em que a atividade da leitura corresponde a este objetivo: por exemplo, na declamação poética).

3. A aprendizagem da leitura e de estratégias adequadas para compreender os textos requer uma intervenção explicitamente dirigida a essa aquisição. O aprendiz leitor — e poderíamos chamá-lo apenas de aprendiz — precisa da informação, do apoio, do incentivo e dos desafios proporcionados pelo professor ou pelo especialista na matéria em questão. Desta forma, o leitor incipiente pode ir dominando progressivamente aspectos da tarefa de leitura que, em princípio, são inacessíveis para ele.

Esta forma de conceber a aprendizagem da leitura distancia-me tanto das tendências que postulam uma aquisição espontânea ou individual, quanto das que apostam em um método único, fechado, que pode ser aplicado a qualquer caso, contexto ou aluno.

4. Nas sociedades ocidentais, a aprendizagem da leitura é encomendada à instrução formal e institucionalizada oferecida pela escola. A este fato, sensato e razoável, vinculam-se, porém, outros aspectos que considero menos dotados de sentido comum.

Por um lado, o ensino da leitura costuma ser considerado próprio de um ciclo da escolaridade; em nosso atual sistema educativo, o ciclo inicial. Nesta obra defenderei que o trabalho de leitura deve ser estendido ao longo de toda a escolaridade, pois existem motivos para isso.

Por outro lado, existe um hiato considerável entre o que se ensina na escola sobre a leitura e as necessidades que devem ser satisfeitas mediante ela, inclusive na própria escola: ler para aprender. Do meu ponto de vista, os recursos do ensino devem fazer dos alunos bons leitores, que sintam prazer e gosto pela leitura e, se possível, que se apaixonem por ela. Esses leitores aprenderão lendo, enquanto desfrutam sua tarefa.

5. Em estreita ligação com o ponto 4, parece-me que o ensino da leitura não é questão de um curso ou de um professor, mas questão de escola,

de *projeto curricular* e de todas as matérias (existe alguma em que não seja necessário ler?). Para a aprendizagem deste conteúdo, a coerência, continuidade e progressão da intervenção ao longo da escolaridade são condições necessárias, embora não suficientes. Entretanto, as características ressaltadas seriam pouco úteis se os professores não soubessem transmitir esse gosto pela leitura antes mencionado.

6. Por último, insistirei na ideia de que ensinar e aprender a ler são tarefas complexas, mas gostaria de acrescentar um ponto essencial: também são enormemente gratificantes, tanto pela funcionalidade do conteúdo como pelo papel de protagonista e o envolvimento que exige dos responsáveis, professores e alunos para que ocorra a aquisição dessa aprendizagem.

Estrutura do livro

Este livro consta de duas partes. Na primeira delas, composta de três capítulos, se expõe a formulação geral e o que pressupõe a aprendizagem inicial da leitura. No primeiro capítulo tentarei definir o que considero que é a leitura, em termos gerais e no âmbito da educação escolar. Para isso, descreverei brevemente o processo de leitura a partir do "modelo interativo", em que me situo, assim como as funções da leitura na escola. O segundo capítulo ocupa-se da vinculação entre leitura, compreensão e aprendizagem. Nele analisarei o conceito de aprendizagem significativa a partir de textos, à luz daquilo que entendo por compreensão leitora. O terceiro capítulo aborda o ensino e a aprendizagem inicial da leitura e das relações que se estabelecem entre compreensão e decodificação.

A segunda parte do livro dedica-se ao ensino de estratégias de compreensão leitora. O quarto capítulo define o que é uma estratégia como conteúdo da educação, enumera as estratégias fundamentais – definição de objetivos de leitura, atualização de conhecimentos prévios, previsão, inferência, autoquestionamento e resumo – e formula os parâmetros gerais que deve observar seu ensino a partir de uma perspectiva construtivista. Nele também é abordada a questão dos diferentes textos que lemos. Os capítulos seguintes aprofundam as diversas estratégias apontadas e seu ensino; no quinto capítulo ocupo-me das estratégias prévias à leitura; aquelas que se ativam durante a leitura serão abordadas no sexto capítulo, e o sétimo se dedica àquelas trabalhadas posteriormente a ela. No oitavo e último capítulo reflito sobre alguns temas muito relacionados ao ensino da compreensão leitora: sua avaliação, sua localização ao longo das etapas da educação escolar e sua consideração como questão compartilhada, de projeto de escola.

Como se pode comprovar, esta obra não oferece um método para ensinar a ler, ou para ensinar a compreender, embora pretenda constituir um recurso importante para o ensino. Os conteúdos incluídos centram-se nas estratégias de interpretação e utilização de textos, mas por sua vez devem ser devidamente interpretados e utilizados por professores e outros profissionais que, tendo chegado a este ponto, decidam continuar lendo este livro.

Quanto a eles, parto do pressuposto de que, como leitores especializados, saberão dotar-se de objetivos de leitura adequados para este texto, que lhes serão proporcionados pelas suas experiências e conhecimentos prévios. Só assim seu conteúdo adquirirá verdadeiro significado.

Capítulo 1

O Desafio da Leitura

Neste capítulo exporei minha concepção sobre a leitura, que não é de forma alguma original, mas compartilhada com diversos autores cujo trabalho de pesquisa situa-se neste âmbito. A exposição do meu ponto de vista parece-me necessária por duas razões: porque determina em parte minhas ideias sobre o ensino das estratégias de compreensão leitora e porque penso que o leitor deste livro deve poder comparar seu próprio ponto de vista com o apresentado aqui. Sem dúvida, isto contribui para esclarecer os parâmetros dos quais partimos e para facilitar a interação entre leitor e autora.

Depois desta exposição, abordarei a função – ou melhor, as funções – da leitura na educação escolar, centrando-me especialmente na leitura como objeto de conhecimento em si mesmo e como instrumento necessário para a realização de novas aprendizagens. Esta será a ponte para o segundo capítulo, em que abordarei de forma explícita as relações entre a leitura, a aprendizagem e a compreensão.

O que é ler?

Ressaltei em outro texto (Solé, 1987a) que a leitura é um processo de interação entre o leitor e o texto; neste processo tenta-se satisfazer *[obter uma informação pertinente para]* os objetivos que guiam sua leitura.

Esta afirmação tem várias consequências. Em primeiro lugar, envolve a presença de um leitor ativo que processa e examina o texto. Também implica que sempre deve existir um objetivo para guiar a leitura; em outras palavras, sempre lemos para algo, para alcançar alguma finalidade. O leque de objetivos e finalidades que faz com que o leitor se situe perante um texto é amplo e variado: devanear, preencher um momento de lazer e desfrutar; procurar uma informação concreta; seguir uma pauta ou instruções para realizar uma determinada atividade (cozinhar, conhecer as regras de um jogo); informar-se sobre um determinado fato (ler o jornal, ler um livro de consulta sobre a Revolução Francesa); confirmar ou refutar um conhecimento prévio; aplicar a informação obtida com a leitura de um texto na realização de um trabalho, etc.

Uma nova implicação derivada da anterior é que a interpretação que nós, leitores, realizamos dos textos que lemos depende em grande parte do objetivo da nossa leitura. Isto é, ainda que o conteúdo de um texto permaneça invariável, é possível que dois leitores com finalidades diferentes extraiam informação distinta do mesmo. Assim, os objetivos da leitura são elementos que devem ser levados em conta quando se trata de ensinar as crianças a ler e a compreender.

Ainda com relação às implicações da minha primeira afirmação sobre o que é ler, gostaria de ressaltar o fato de que o leitor constrói o significado do texto. Isto não quer dizer que o texto em si mesmo não tenha sentido ou significado; felizmente para os leitores, essa condição costuma ser respeitada. Estou tentando explicar que o significado que um escrito tem para o leitor não é uma tradução ou réplica do significado que o autor quis lhe dar, mas uma construção que envolve o texto, os conhecimentos prévios do leitor que o aborda e seus objetivos. Este aspecto é tratado mais a fundo no capítulo 2.

Mas a variedade não afeta apenas os leitores, seus objetivos, conhecimentos e experiências prévias. Os textos que lemos também são diferentes e oferecem diferentes possibilidades e limitações para a transmissão de informação escrita. Não encontramos a mesma coisa em um conto que em um livro de texto, em um relatório de pesquisa que em um romance policial, em uma enciclopédia que em um jornal. O conteúdo muda, naturalmente, mas não se trata apenas disto. As diferentes estruturas do texto – ou "superestruturas" (Van Dijk, 1983) – impõem restrições à forma em que se organiza a informação escrita, o que obriga a conhecê-las, mesmo que intuitivamente, para se compreender esta informação de forma adequada.

Para terminar esta descrição não exaustiva das implicações da definição sobre o que é ler, teria que ressaltar a que me parece fundamental: o fato de que, com exceção de informações muito determinadas (um número telefônico ou de conta bancária, um endereço), a leitura sempre envolve a compreensão do texto escrito. Isto, que hoje nos parece óbvio, nem sempre foi claramente aceito nas diversas definições da leitura que foram emergindo ao longo da história (Venezky, 1984), nas quais se detecta uma identificação desta atividade cognitiva com aspectos de recitação, declamação, pronúncia correta, etc.

A perspectiva adotada neste livro – perspectiva interativa: Rumelhart, 1977; Adams e Collins, 1979; Alonso e Mateos, 1985; Solé, 1987b; Colomer e Camps, 1991 – afirma que a leitura é o processo mediante o qual se compreende a linguagem escrita. Nesta compreensão intervêm tanto o texto, sua forma e conteúdo, como o leitor, suas expectativas e conhecimentos prévios. Para ler necessitamos, simultaneamente, manejar com destreza as habilidades de decodificação e aportar ao texto nossos objetivos, ideias e experiências prévias; precisamos nos envolver em um processo de previsão e inferência contínua, que se apoia na informação proporcionada pelo texto e na nossa própria bagagem, e em um processo que permita encontrar evidência ou rejeitar as previsões e inferências antes mencionadas.

O processo de leitura. Uma perspectiva interativa

Embora não pretenda me deter nos diferentes modelos a partir dos quais a leitura tem sido explicada, convém fazer aqui uma breve referência ao modelo interativo. Este modelo pressupõe uma síntese e uma integração de outros enfoques que foram elaborados ao longo da história para explicar o processo de leitura. Os pesquisadores concordam em considerar que as diferentes explicações podem ser agrupadas em torno dos modelos hierárquicos ascendente – *buttom up* – e descendente – *top down*.

Para abreviar, no primeiro se considera que o leitor, perante o texto, processa seus elementos componentes, começando pelas letras, continuando com as palavras, frases... em um processo ascendente, sequencial e hierárquico que leva à compreensão do texto. As propostas de ensino baseadas no mesmo atribuem grande importância às habilidades de decodificação, pois consideram que o leitor pode compreender o texto porque pode decodificá-lo totalmente. É um modelo centrado no texto e que não pode explicar fenômenos tão correntes como o fato de que continuamente inferimos informações, o fato de ler e não perceber determinados erros tipográficos e mesmo o de que possamos compreender um texto sem necessidade de entender em sua totalidade cada um dos seus elementos.

O modelo descendente – *top down* – afirma o contrário: o leitor não procede letra por letra, mas usa seu conhecimento prévio e seus recursos cognitivos para estabelecer antecipações sobre o conteúdo do texto, fixando-se neste para verificá-las. Assim, quanto mais informação possuir um leitor sobre o texto que vai ler, menos precisará se "fixar" nele para construir uma interpretação. Deste modo, o processo de leitura também é sequencial e hierárquico, mas, neste caso, descendente: a partir das hipóteses e antecipações prévias, o texto é processado para sua verificação. As propostas de ensino geradas por este modelo enfatizaram o reconhecimento global de palavras em detrimento das habilidades de decodificação, que nas concepções mais radicais são consideradas perniciosas para a leitura eficaz.

Por outro lado, o modelo interativo não se centra exclusivamente no texto nem no leitor, embora atribua grande importância ao uso que este faz dos seus conhecimentos prévios para a compreensão do texto. Nesta perspectiva, e simplificando ao máximo, o processo de leitura viria a ser o seguinte. Quando o leitor se situa perante o texto, os elementos que o compõem geram nele expectativas em diferentes níveis (o das letras, das palavras...), de maneira que a informação que se processa em cada um deles funciona como *input* para o nível seguinte; assim, através de um processo ascendente, a informação se propaga para níveis mais elevados. Mas simultaneamente, visto que o texto também gera expectativas em nível semântico, tais expectativas guiam a leitura e buscam sua verificação em indicadores de nível inferior (léxico, sintático, grafo-tônico) através de um processo descendente. Assim, o leitor utiliza simultaneamente seu conhecimento do mundo e seu conhecimento do texto para construir uma interpretação sobre aquele. Do ponto de vista do ensino, as propostas baseadas nesta perspectiva ressaltam a necessidade de que os alunos aprendam a processar o texto e seus diferentes elementos, assim como as estratégias que tornarão possível sua compreensão. (Minha descrição das três perspectivas é muito sintética; o leitor interessado também poderá consultar Alonso e Mateos, 1985; Solé, 1987a; Solé, 1987b; Colomer e Camps, 1991.)

A perspectiva em que se situa este livro pressupõe que, para ler, é necessário dominar as habilidades de decodificação e aprender as distintas estratégias que levam à compreensão (as relações, entre compreensão e código são analisadas com certo detalhe no capítulo 3). Também se supõe que o leitor seja um processador ativo do texto, e que a leitura seja um processo constante de emissão e verificação de hipóteses que levam à construção da compreensão do texto e do controle desta compreensão – de comprovação de que a compreensão realmente ocorre.

Prever, verificar, construir uma interpretação

Nestes parágrafos vou me referir ao processo de leitura e às previsões que os leitores especializados vamos realizando à medida que lemos, à sua verificação e a outras estratégias que aplicamos durante seu transcorrer e que levam à sua interpretação. Essas estratégias são analisadas detalhadamente ao longo da obra e por isso apenas aparecem aqui para dar conta do processo que realizamos como leitores. Como ocorrerá outras vezes ao longo deste livro, isto pode ser difícil de explicar, pois se trata de um processo interno, inconsciente, do qual não temos prova... até que nossas previsões deixem de se cumprir, ou seja, até comprovarmos que o que esperamos ler não está no texto. Isso significa que prevíamos que algo ia suceder ou seria explicado, e esse algo não aparece, ou é substituído por outra coisa. Embora talvez não possamos dizer exatamente o que prevíamos, a verdade é que devíamos ter alguma previsão quando nos damos conta de que esta não se realiza.

Um bom exemplo disso são os romances policiais. Neles, o jogo do escritor consiste em oferecer pistas para que formulemos hipóteses sobre quem é o assassino... e em oferecer depois um álibi para nosso suposto delinquente. Em algumas ocasiões nos deixamos levar tanto pela nossa própria previsão que, quando nos damos conta de que é incorreta, temos de reler algumas páginas, até encontrarmos suficiente evidência para culpar algum outro...

Entretanto, seria errôneo pensar que só fazemos previsões nos romances policiais ou em textos narrativos, sobre histórias completas. Fazemos previsões sobre qualquer tipo de texto e sobre qualquer um dos seus componentes. Para realizá-las, baseamo-nos na informação proporcionada pelo texto, naquela que podemos considerar contextual e em nosso conhecimento sobre a leitura, os textos e o mundo em geral. No seguinte exemplo, se lerem com atenção, verão como uma menina prevê o que estará escrito em uma frase:

> Trata-se de uma situação de leitura coletiva. As crianças se revezam para ler o parágrafo inicial da história *Os três porquinhos* do livro de leitura, que começa assim: "Era uma vez três formosos *(hermosos,* em espanhol) porquinhos. Sua mãe era uma porca muito pobre e não podia lhes dar toda a comida que eles queriam (...)". Depois de algumas crianças terem lido, rindo muito cada vez que tinham que pronunciar a palavra porca *(marrana,* em espanhol), chega a vez de Maria José.
>
> P.: Comece, Maria José.
> M.J. (lendo muito rapidamente): Era uma vez três enormes porquinhos...
> P.: Quê? Como?
> Outras crianças: Não, nããããooo!!
> M.J. (um pouco mais devagar): Era uma vez três enormes porquinhos... três enormes porcos sua mãe (...)
> P.: (interrompendo): Você quer prestar mais atenção? Leia a primeira linha!
> M.J.: Era uma vez três enor... três formosos porquinhos. Sua mãe era uma...
>
> (A-2)

Maria José é uma boa leitora. Por algum motivo – talvez as ilustrações da história, talvez porque sabia que se tratava de porquinhos que tinham muito apetite, talvez porque não os achasse bonitos, talvez pelo fato de que "enormes" e *hermosos* têm o mesmo som inicial – ou provavelmente por uma combinação entre essas razões, ela substitui uma palavra por outra que tem sentido no contexto em que é introduzida. Sua hipótese de que se trata de "porquinhos enormes" é tão forte, que quando recebe a indicação do seu erro, o corrige de uma forma totalmente coerente: se são enormes, então não devem ser porquinhos, mas porcos. A meu ver, não se trata de um erro de decodificação, mas de um fato muito frequente nos bons leitores: a partir dos conhecimentos que temos e da informação que o texto nos dá, aventuramos – prevemos – o que vem a seguir. Vamos ver agora outro exemplo, bastante diferente do anterior.

(As crianças estão resolvendo exercícios do livro didático de língua. Em sua mesa, a professora faz ler individualmente um pequeno grupo de crianças. Inês lê com bastante dificuldade a história de Branca de Neve).

Inês: E Branca de Neve cor-reu pelo bos-que até... até que ca-iu mmm u...usasta.
P.: Como? Leia de novo esta palavra (mostra para Inês).
Inês: Usas...mmm... ex-exausta... exausta.
P.: Exausta, muito bem. O que será que exausta quer dizer?
Inês: Não sei...
P.: Vamos ver; se aqui diz que ela esteve correndo a noite inteira pelo bosque, o que será que quer dizer? Olhe o desenho...
Inês (olha o desenho): Triste...
P.: Mais do que triste, o que será? Não se esqueça que a Branca de Neve andou muito, muito tempo, pelo bosque...
Inês: Cansada!
P.: Cansada. Muito cansada. Continue.

(B-4)

Ao contrário do caso anterior, Inês ainda tem bastante problemas com a leitura. Sua professora tenta ler todos os dias com ela e com alguns colegas que estão na mesma situação. Vamos analisar mais tarde a atuação do professor neste exemplo. Por enquanto, o que interessa é o fato de que, ante uma dificuldade como a palavra "exausta", Inês não consegue confiar em seu conhecimento prévio – em grande parte constituído por aquilo que leu até se deparar com o obstáculo – para formular uma hipótese do que aquilo pode significar. É bastante provável que isso aconteça porque ela não compreende o que lê, porque nesse momento está preocupada em oralizar corretamente, e sua atenção não pode se dirigir a ambas as coisas ao mesmo tempo.

O exemplo ajuda a constatar que, quando o processo de previsão não se realiza, a leitura é muito ineficaz: primeiro, porque não se compreende; segundo, porque não se sabe o que não se compreende. Podemos afirmar, sem receio de nos enganarmos, que Inês teria podido continuar lendo tranquilamente depois de dizer que "Branca de Neve caiu usasta...". Mas o professor percebeu seu erro, comentou-o e ofereceu-lhe uma estratégia para corrigi-lo. Embora Inês esteja lendo, o controle do seu processo de leitura está nas mãos do seu professor; só quando ocorrer uma transferência do controle para a menina, sua leitura será semelhante à sua ou à minha.

Assumir o controle da própria leitura, regulá-la, implica ter um objetivo para ela, assim como poder gerar hipóteses sobre o conteúdo que se lê. Mediante as previsões, aventuramos o que pode suceder no texto; graças à sua verificação, através dos diversos indicadores existentes no texto, podemos construir uma interpretação, o compreendemos. Em outros termos, quando levantamos hipóteses e vamos lendo, vamos compreendendo e, se não compreendemos, nos damos conta e podemos empreender as ações necessárias para resolver a situação. Por isso a leitura pode ser considerada um processo constante de elaboração e verificação de previsões que levam à construção de uma interpretação.

No estabelecimento de previsões, os conhecimentos prévios do leitor e seus objetivos de leitura desempenham um papel importante. Além disso, o texto em si – sua superestrutura (Van Dijk, 1983; ver capítulo 4) ajuda a sugeri-las. Assim, Collins e Smith (1980) frisam que, nas narrações, encontramos diversas fontes de previsões, entre elas as seguintes:

- A atribuição de características permanentes (bonito, sedutor, antipático) ou temporárias (contente, furioso, triste) aos personagens dessas narrações. Esperamos que alguém sedutor se comporte de determinada maneira, e o fato de que uma protagonista fique furiosa nos faz prever o pior.
- As situações em que personagens se movem. Uma situação de euforia em um determinado personagem permitirá imaginar sua reação ante um problema concreto.
- As relações que se estabelecem entre os personagens e o fato de que os objetivos que eles perseguem convirjam ou divirjam abertamente. Se dois irmãos consideram que cada um deles deve ser o herdeiro universal do patrimônio familiar, com exclusão do outro, pode-se esperar que entrem em conflito.
- A confluência de objetivos contraditórios em um mesmo personagem. Imaginemos a protagonista de um romance, que recentemente teve um bebê, recebendo um convite para um cruzeiro – sem crianças – que há tempo desejava realizar.

- Uma mudança brusca de situação: o protagonista se arruína, ou recebe uma herança, ou é enviado durante uma temporada, por problemas de trabalho, para um país asiático.

Enfim, os fatos que sucedem em uma história – e os elementos que a compõem: cenário, personagens, problema, ação, resolução – nos permitem prever o que vai acontecer; é um processo que deve ser ensinado e aprendido. Quando uma professora formula aos alunos suas próprias previsões, é importante explicar-lhes em que se baseia para formulá-las; também seria conveniente que algumas das suas previsões não se realizassem e que verificasse com as crianças por que isso aconteceu. Assim, elas perceberiam que o importante não é a exatidão, mas o ajuste e a coerência.

Deste modo se estabelece um processo em que os alunos podem participar, apontando suas próprias previsões com relação ao desenvolvimento, pensando como a história pode acabar... Esta atividade só pode ser realizada se se acompanhar com atenção o que o outro está lendo, se se for um "escutador ativo" como condição para depois ser um leitor ativo. Além disso, vocês já devem ter adivinhado que, para participar de uma atividade como esta, as crianças não precisam ser leitores especializados e nem mesmo precisam saber ler. Na Escola Infantil pode-se ler textos para as crianças e pedir que pensem ao longo da leitura (Choate e Rakes, 1989).

As previsões não devem ser reservadas para os textos narrativos. Como veremos agora e nos capítulos posteriores, os textos expositivos oferecem uma série de indicadores que podem ser usados pelo leitor de forma muito produtiva. A seguir, transcrevo segmentos de uma pequena parte – duas páginas – de um texto sobre "Rochas e minerais":

ROCHAS E MINERAIS
As rochas
As rochas constituem a crosta terrestre e por sua vez estão formadas por *minerais*. A *Mineralogia* é a ciência que estuda a composição, a classificação e a origem das rochas. (...)
As rochas e os minerais foram e continuam sendo importantes **matérias-primas** utilizadas pelo homem. (...)
Assim, boa parte da energia que consumimos provêm dos carvões e do petróleo, que são **rochas sedimentares. (...)**
Levando em conta sua origem, os geólogos dividem as rochas em três grandes grupos:
Rochas magmáticas, formadas por esfriamento e solidificação dos magmas (...); também são denominadas *rochas endógenas* (o prefixo *endo* significa interior, e *genes,* origem). São as rochas mais abundantes na superfície terrestre.

Rochas sedimentares, que se originam na superfície terrestre, nos fundos oceânicos ou nos continentes por ação dos agentes geológicos externos. Também são denominadas *rochas exógenas* (o prefixo *exo* significa exterior).
Rochas metamórficas (metamorfose significa mudança de forma), que se originam por transformação de rochas preexistentes pela ação de pressões e temperaturas elevadas, porém sem chegar à fusão. (...)

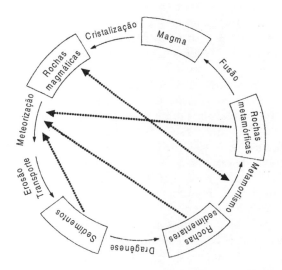

Tentei conservar os indicadores que aparecem no texto – título, subtítulo, negrito, itálico, esquema... – embora no original trabalhe-se com duas cores, com o tamanho dos caracteres, etc. O leitor pode utilizar todos esses recursos para prever qual será o assunto do texto (rochas), para saber os aspectos do tema que serão tratados – a classificação das rochas, sempre em itálico –, para prestar atenção a aspectos importantes – em negrito, a ideia das rochas como matéria-prima, e o caso especial das rochas sedimentares – e a outros que, ainda que não sejam objeto de análise no texto, estão intimamente vinculados ao seu conteúdo – como a referência à Mineralogia. Naturalmente, todos estes indicadores também servem para ativar seu conhecimento prévio (antes da leitura) e serão muito úteis se depois tiver que extrair as ideias centrais do texto, elaborar um resumo ou fazer anotações sobre o que foi estudado (depois da leitura).

Devido à funcionalidade desses indicadores a que estou me referindo, pareceria sensato que nas situações de ensino/aprendizagem eles fossem levados em conta e que se ensinasse alunos e alunas a utilizá-los. Uma boa forma de fazê-lo seria que o professor ou professora lesse para os alunos um texto que os contivesse e explicasse para os estudantes para que eles são úteis.

Alguns autores, como Anderson e Pearson (1984), encontram um paralelismo entre o funcionamento do título e dos subtítulos de um texto e os "organizadores prévios" descritos por Ausubel e seus colaboradores (1983) no contexto da teoria da aprendizagem verbal significativa.

Estes organizadores são conceitos, informações, prévios à escuta ou leitura de uma explicação ou texto e têm a função de estabelecer pontes conceituais entre o que o leitor já conhece e o que se deseja que aprenda e compreenda. Os títulos e outras partes do texto marcadas de forma diferente podem desempenhar essa função, se estiverem bem construídos. Durante a leitura, especificamente, ajudam o leitor a prestar atenção a aspectos fundamentais, a orientar suas previsões – vai se falar das rochas magmáticas...; dirá suas características e a forma de diferenciá-las de outros tipos de rochas, etc. – e a verificá-las, o que leva à interpretação do texto. (Entretanto, deve-se ensinar também que muitas vezes os títulos podem ser enganosos; sua função comercial não deve ser ocultada dos alunos.)

A interpretação progressiva do texto, isto é, a elaboração de sua compreensão, envolve determinar as ideias principais que ele contém. É importante estabelecer que, embora um autor possa elaborar um texto para comunicar determinados conteúdos, a ideia ou as ideias principais construídas pelo leitor dependem em grande parte dos seus objetivos de leitura, dos seus conhecimentos prévios e daquilo que o processo de leitura em si lhe oferece com relação aos primeiros. Se o texto sobre "Rochas e minerais" tivesse sido reproduzido tal qual, veríamos que, inclusive levando em conta apenas as duas páginas das quais extraí os fragmentos, o autor fala de diversos conteúdos: para que serve o estudo das rochas; como foi dividida a história da humanidade em função do uso que o homem fez das rochas; qual foi a primeira cultura lítica (de pedra); que produtos de uso comum na nossa época são ou derivam das rochas; como é que os geólogos classificam as diferentes rochas; as rochas como algo que se transforma (ciclo litológico).

Como poderão compreender, toda esta informação pode ser importante e de fato o é do ponto de vista do autor – caso contrário, seria de se supor que ele a teria omitido. Do ponto de vista do professor, algumas informações podem ser mais importantes que outras para os objetivos que pretende que os alunos alcancem mediante a leitura do texto. Do ponto de vista do aluno, a ideia principal transmitida pelo texto estará em consonância com os objetivos que deverá conseguir, que deverão ser previamente acordados com ele, ou pelo menos conhecidos. Por isso, no decorrer da leitura essas ideias principais afloram através de diferentes estratégias, que implicam (Brown, Campione e Day, 1981):

– A **supressão** ou omissão dos conteúdos do texto que, em função daquilo que se persegue, aparecem como triviais; ou daqueles que, mesmo sendo importantes, são repetitivos ou redundantes.

- A **substituição** de conjuntos de conceitos, fatos ou ações por um conceito supraordenado que os inclua.
- A **seleção** ou **criação** da frase-tema ou síntese da parte mais interessante do texto para os objetivos que determinam sua leitura.

No caso de "Rochas e minerais", e supondo que em uma classe tivesse se decidido ler o texto em primeira instância para saber se todas as rochas são iguais e têm a mesma origem, muita informação abordada será subestimada – omitida – depois da leitura; neste caso, aplicando as estratégias de seleção, os alunos chegariam a conclusões mais ou menos deste tipo:

"As rochas são diferentes de acordo com a sua origem. Dividem-se em *rochas magmáticas, sedimentares* e *metamórficas.*"

Se, como é de se esperar, o resumo tivesse que ser mais explícito, utilizando de forma combinada os três tipos de estratégias apontadas, resultaria em algo assim (continuação da afirmação anterior):

"As rochas magmáticas provêm do esfriamento e da solidificação dos magmas, materiais rochosos que se originam no interior da Terra. São as mais abundantes. As rochas sedimentares originam-se na superfície da Terra pela ação de agentes geológicos externos. As metamórficas provêm de outras rochas que se transformaram devido a temperaturas elevadas."

É claro que, a partir deste resumo, poderíamos/deveríamos aprofundar mais; este é o ponto onde eu queria chegar. A leitura e o resumo realizados a partir das duas páginas em questão permitem que obtenhamos uma compreensão para os objetivos que perseguimos. Além disso, esta interpretação assume uma importante função no sentido de que permite gerar:

- Primeiro, novo conhecimento sobre as rochas e os minerais.
- Segundo, novo e mais preciso conhecimento sobre o que ainda não sabemos sobre as rochas e minerais – metaconhecimento.
- Terceiro, novas previsões e expectativas sobre o que necessitamos ler e o que o texto pode continuar nos informando.

Em suma, as interpretações que – a partir das previsões e de sua verificação – vamos realizando no decorrer da leitura implicam a dedução do fundamental do texto com relação aos objetivos que nos levaram a lê-lo e nos permitem orientar nossa leitura de uma maneira cada vez mais precisa e crítica, tornando-a mais eficaz. É bastante frequente pensar que o estabelecimento da ideia principal ou a elaboração do resumo de um texto são atividades posteriores à leitura. Em minha opinião, embora sua concretização formal ocorra após a leitura e ainda que exija estratégias de elaboração específicas, às quais nos referimos no capítulo 7 ("Estratégias depois da leitura"), a ideia principal, o resumo, a síntese se **constroem** no processo da leitura e são produto da interação entre os propósitos que a causam, o conhecimento prévio do leitor e a informação aportada pelo texto.

O processo de leitura deve garantir que o leitor compreenda o texto e que pode ir construindo uma ideia sobre seu conteúdo, extraindo dele o que lhe interessa, em função dos seus objetivos. Isto só pode ser feito mediante uma leitura individual, precisa, que permita o avanço e o retrocesso, que permita parar, pensar, recapitular, relacionar a informação com o conhecimento prévio, formular perguntas, decidir o que é importante e o que é secundário. É um processo interno, mas deve ser ensinado. Neste livro vou tentar aprofundar estas estratégias e o processo de ensino que pode levar à sua aprendizagem.

> Peço que o leitor leia o título seguinte – só o título – e depois volte para este ponto. Se já o leu, sugiro que se pergunte o que espera encontrar no texto subsequente, isto é, que explicite quais são suas expectativas com respeito a esse tema. Não pretendo propor nenhuma charada, mas ajudar a tornar consciente o fenômeno das previsões e inferências, que ocorre de maneira automática nos leitores experientes.
>
> Se o leitor for paciente e aceitar minha proposta, gostaria de lhe pedir que, à medida que leia este texto e após a conclusão da leitura, examinasse de novo suas previsões para ver em que grau o texto se ajusta a elas e também que analisasse se suas previsões mudaram ao longo da leitura. Não é verdade que, como leitores, prevemos, elaboramos hipóteses, contrastamos, interagimos constantemente com o texto?

A leitura na escola

Um dos múltiplos desafios a ser enfrentado pela escola é o de fazer com que os alunos aprendam a ler corretamente. Isto é lógico, pois a aquisição da leitura é imprescindível para agir com autonomia nas sociedades letradas, e ela provoca uma desvantagem profunda nas pessoas que não conseguiram realizar essa aprendizagem.

Poderíamos pensar que atualmente, quando o sistema educacional é acessível para todos os cidadãos, não caberia falar de situações de analfabetismo maciço, como podia ocorrer há algumas décadas. Entretanto, os dados estatísticos afirmam que no Estado espanhol – para citar um exemplo próximo –, mais de 1.300.000 pessoas de mais de 15 anos não sabem ler nem escrever; ou seja, 4,18% da população adulta é analfabeta (dados publicados pelo jornal *El País* de 5/11/90). Estatísticas anteriores (Livro Branco da Educação de Adultos, editado pelo MEC), elaboradas com base no censo de 1981, quantificavam em

1.991.581 (6,3% da população com mais de 10 anos) as pessoas analfabetas absolutas ("incapazes de ler e escrever, compreendendo-a, uma breve e simples exposição de fatos referente à vida cotidiana", UNESCO) (MEC, 1989a).

A preocupação que estas cifras podem provocar agrava-se ainda mais quando acrescentarmos a elas os dados relativos ao número de "analfabetos funcionais", pessoas que, apesar de terem frequentado a escola e tendo "aprendido" a ler e a escrever, não podem utilizar de forma autônoma a leitura e a escrita nas relações sociais ordinárias. Os dados indicam que nas sociedades ocidentais, o fenômeno do analfabetismo funcional, longe de diminuir, aumenta a ritmo regular: no Estado espanhol, para continuar em nosso âmbito, ele afeta mais de 10 milhões de pessoas, em sua maioria entre os 18 e 35 anos, que possuem certificado escolar *(El País,* 5/11/90). Por outro lado, as frequentes referências da mídia aos poucos aficionados pela leitura existente em nosso país e a publicação de estatísticas de venda de livros e de jornais também constituem um claro expoente de que não utilizamos a leitura tanto quanto poderíamos e que, de qualquer forma, não lemos muito. Embora estes dados devessem ser adequadamente contrastados, a verdade é que nos levam a questionar algumas das práticas educativas que se realizam em nossa sociedade com relação à alfabetização.

Deste modo, é possível assistir com certa regularidade à reedição do eterno debate sobre os métodos através dos quais se ensina as crianças a ler, à discussão em torno da idade em que deve ser iniciada a instrução formal em leitura ou sobre os aspectos indicadores de uma leitura eficaz.

Embora todos os debates e discussões sejam válidos, pois promovem o contraste de opiniões e a revisão de práticas de ensino e de pesquisa, devo confessar meu ceticismo sobre sua utilidade quando são gerados em um contexto desprovido de justificativa teórica ou quando os pressupostos teóricos em que se baseia a defesa de diversos métodos são claramente opostos e contraditórios entre si. A meu ver, quando isso ocorre, cria-se um conflito geralmente sem solução e se desperdiça uma excelente oportunidade de transformar tal conflito em controvérsia construtiva.

Considero que o problema do ensino da leitura na escola não se situa no nível do método, mas na própria conceitualização do que é a leitura, da forma em que é avaliada pelas equipes de professores, do papel que ocupa no Projeto Curricular da Escola, dos meios que se arbitram para favorecê-la e, naturalmente, das propostas metodológicas que se adotam para ensiná-la. Estas propostas não representam o único nem o primeiro aspecto; considerá-las de forma exclusiva equivaleria, na minha opinião, a começar a construção de uma casa pelo telhado.

Gostaria de acrescentar também que, quando a discussão centra-se nos métodos, ou nas idades em que deve ser iniciada a instrução formal, opera-se simultaneamente uma assimilação e uma restrição: assimila-se a aquisição e o ensino da leitura à aquisição e ensino do código e se restringe aquilo que a leitura envolve e que supera as habilidades de decodificação. Em outras palavras, mesmo que o debate metodológico tivesse alguma possibilidade de chegar a acordos construtivos, faltaria analisar os aspectos ligados à compreensão e às estratégias que a facilitam. Assim, proponho que se adie a discussão sobre os aspectos de decodificação e sua relação com a compreensão leitora para o capítulo 3 e que agora passemos a nos ocupar das funções da leitura na escola.

A leitura, um objeto de conhecimento

A leitura e a escrita aparecem como objetivos prioritários da Educação Fundamental. Espera-se que, no final dessa etapa, os alunos possam ler textos adequados para a sua idade de forma autônoma e utilizar os recursos ao seu alcance para referir as dificuldades dessa área – estabelecer inferências, conjeturas; reler o texto; perguntar ao professor ou a outra pessoa mais capacitada, fundamentalmente –; também se espera que tenham preferências na leitura e que possam exprimir opiniões próprias sobre o que leram. Um objetivo importante nesse período de escolaridade é que as crianças aprendam progressivamente a utilizar a leitura com fins de informação e aprendizagem. Como podemos ver, as competências estabelecidas nas propostas curriculares com respeito à leitura (ver DCB* de Primária; ver Disseny Curricular) transcendem amplamente a ideia de um mecanismo cuja aquisição possa se restringir a um único ciclo.

Atualmente, na escola e ao longo da etapa fundamental, dedicam-se várias horas por semana à linguagem, em que se situa uma parte importante do trabalho de leitura (em geral, costuma-se prever um horário de biblioteca nas escolas, tanto na sala de aula como nos aposentos destinados a este objetivo). Além disso, a linguagem oral e escrita encontram-se presentes nas diferentes atividades próprias das áreas que constituem o currículo escolar. Assim, para muito professores, a linguagem é trabalhada continuamente.

No entanto, gostaríamos de perguntar em que consiste este trabalho concretamente no âmbito da leitura. Ainda que a generalização obrigue a deixar de lado as características responsáveis pela riqueza de cada sala de aula e de cada situação de ensino/aprendizagem em particular, poderia ser útil recordar aqui a sequência de instrução que, com poucas variações, foi encontrada por diversos pesquisadores que, em distintos contextos, abordaram o ensino da leitura nas salas de aula (Durkin, 1978-79; Hodges, 1980; Pearson e Gallagher, 1983; Solé, 1987).

Em geral, essa sequência inclui a leitura em voz alta pelos alunos de um determinado texto – cada um deles lê um fragmento, enquanto os outros "acompanham" em seu próprio livro; se o leitor cometer algum erro, este costuma ser corrigido diretamente pelo professor ou, a pedido deste, por outro aluno. Depois da leitura elaboram-se diversas perguntas relacionadas ao conteúdo do texto, formuladas pelo professor. A seguir, se preenche uma ficha de trabalho mais ou menos relacionada ao texto lido e que pode abranger aspectos de sintaxe morfológica, ortografia, vocabulário e, eventualmente, a compreensão da leitura.

Esta sequência merece alguns comentários. Em primeiro lugar, deve-se dizer que, embora seja frequente encontrá-la ao longo do Ensino Fundamental, sua continuidade também parece garantida no atual Ensino Médio, o que não quer dizer que este seja o tratamento exclusivo que a leitura recebe na escola; não devemos esquecer que, como já mencionamos, o texto escrito é um recurso de primeira linha em quase todas as áreas. Além disso, à medida que se progride na escolaridade, a tipologia de textos se diversifica e sua complexidade aumenta. Em segundo lugar, não reflete apenas o que costuma acontecer nas classes com relação ao trabalho de leitura, mas resume bastante bem o que é indicado nas orientações didáticas usadas ou nas diretrizes que geralmente acompanham o material didático destinado às crianças. Em terceiro lugar, na sequência há pouco espaço para as atividades destinadas a ensinar estratégias adequadas para a compreensão de textos.

O último aspecto comentado pode parecer polêmico, e por isso tentarei justificá-lo. Nas etapas iniciais da leitura, os professores dedicam grande quantidade de tempo e esforços para iniciar os pequenos nos segredos do código a partir de diversas abordagens. Esta etapa costuma começar antes da escolaridade obrigatória, no nível B da Educação Infantil, e por isso uma grande parte dos alunos dominam de forma incipiente a decodificação por volta da primeira série do Ensino Fundamental.

Logo que as crianças podem, com o apoio dos professores, enfrentar textos adequados para elas, a sequência que descrevi anteriormente instala-se com relativa frequência. Então o trabalho de leitura costuma se restringir àquilo que se relatou: ler o texto e, a seguir, responder a algumas perguntas sobre ele, geralmente referentes a detalhes ou a aspectos concretos. Devemos assinalar que a atividade de pergunta-resposta é categorizada pelos manuais, guias didáticos e pelos próprios professores como uma atividade de compreensão leitora.

Em minha opinião, essa atividade se refere, neste caso, à avaliação da compreensão leitora. Quando formula perguntas sobre o texto lido, o professor obtém um balanço do produto, uma avaliação do que foi compreendido (embora também este aspecto seja discutível, como veremos a seguir). Entretanto, não se intervém no processo que conduz a esse resultado, não se incide na evolução da leitura para proporcionar guias e diretrizes que permitam compreendê-la; em suma – e mesmo que isso possa parecer exagerado –, não se ensina a compreender. Devo acrescentar ainda que, embora a sequência leitura-perguntas seja a mais frequente, outros exercícios que envolvem a representação gráfica do compreendido, ou a indicação de "o que você considera mais importante... do que você gostou mais" padecem do problema que mencionei antes, centram-se no resultado da leitura, não em seu processo e não ensinam como se deve atuar no mesmo (Cooper, 1990).

Estes comentários baseiam-se nas conclusões de algumas pesquisas, das quais citarei apenas os dados que me parecem mais reveladores. Durkin (1978-79) observou 17.997 minutos de prática de leitura em salas de aula da 3ª à 6ª séries, dos quais apenas 50 (0,27% do tempo observado) podiam ser considerados de ensino da compreensão – nos quais o professor aconselhava os alunos para que estes pudessem compreender o texto. As intervenções mais frequentes dos professores eram as dedicadas à avaliação – interrogar os alunos sobre o texto lido – e a dar instruções para a realização de exercícios do livro. Uma pesquisa que realizei com 2ª e 3ª séries do Ensino Fundamental (Solé, 1987) também evidenciou que as intervenções destinadas a avaliar o resultado da leitura ultrapassavam amplamente as destinadas a ensinar. Além disso, estes e outros trabalhos revelam que os materiais didáticos costumam aconselhar, para os alunos compreenderem os textos, as sessões de pergunta-resposta e o trabalho autônomo em fichas ou exercícios.

A frequência e, em algumas ocasiões, a exclusividade com que a sequência leitura/perguntas/exercícios aparece, indica que para professores, autores e editores esta é a melhor e talvez a única forma de proceder no ensino da compreensão. Sem menosprezar a utilidade dessas atividades na aprendizagem da leitura e de outros aspectos da linguagem, defenderei neste livro, como o fizeram numerosos outros autores (Baumann, 1990; Colomer e Camps, 1991; Cooper, 1990; Smith e Dahl, 1988, entre muitos outros) que é possível ensinar aos alunos outras estratégias que propiciem a compreensão leitora e a utilização do que foi lido para múltiplas finalidades.

Por enquanto, e correndo o risco que está sempre presente na generalização, é preciso convir que, quando a leitura é considerada um *objeto de conhecimento,* seu tratamento na escola não é tão amplo como seria de se desejar, pois em muitas ocasiões a instrução explícita limita-se ao domínio das habilidades de decodificação. A literatura a respeito indica que as intervenções destinadas a fomentar estratégias de compreensão – ativar o conhecimento prévio relevante, estabelecer objetivos de leitura, esclarecer dúvidas, prever, estabelecer inferências, autoquestionar, resumir, sintetizar, etc. – são muito poucos frequentes; também indica que uma estratégia de avaliação, como a resposta a perguntas sobre o texto lido, tende a suplantar seu ensino.

A leitura, um meio para a realização de aprendizagens

Podemos considerar que, a partir do Ensino Médio, a leitura é um dos meios mais importantes na escola para a consecução de novas aprendizagens.

Isto não significa que não se considere mais necessário insistir em seu ensino; de fato, durante toda a etapa do Ensino Fundamental e às vezes também no Médio, continua-se reservando um tempo para a leitura, geralmente na matéria de "Linguagem". Por outro lado, à medida que se avança na escolaridade, aumenta a exigência de uma leitura independente por parte dos alunos, que costuma ser controlada pelos professores mediante questionários, fichas, etc.

Portanto, pode-se afirmar que, a partir do Ensino Médio, a leitura parece seguir dois caminhos dentro da escola: um deles pretende que crianças e jovens melhorem sua habilidade e, progressivamente, se familiarizem com a literatura e adquiram o hábito da leitura; no outro, os alunos devem utilizá-la para ter acesso a novos conteúdos de aprendizagem nas diversas áreas que formam o currículo escolar. Não considero muito arriscado afirmar neste contexto que o que se pretende é que se goste de ler e que se aprenda lendo e que estes objetivos estarão igualmente presentes no Ensino Médio.

No entanto, nem sempre estes objetivos se alcançam, e a solução para este estado de coisas não pode provir de enfoques reducionistas, que busquem em um método a panaceia para as dificuldades com que nos deparamos hoje em dia. Todos os professores, de todos os níveis, têm experimentado estratégias, métodos, materiais... tanto para promover a leitura, quanto para compensar os déficits que alguns alunos manifestam ante ela. E sabem que não existe apenas uma resposta, que o que funcionou em determinada ocasião não funciona na seguinte e que, em alguns casos, nada parece adequado. O que pode ser feito para que meninos e meninas aprendam a ler e utilizem a leitura para aprender?

Muitas vezes, para encontrar um bom caminho é preciso realizar uma pequena volta; peço ao leitor que não se desanime, pois sua motivação é imprescindível para nos orientar no mapa do que pretendo dizer. Por enquanto, e antes de abordar o capítulo 2, sugiro que tente definir e relacionar os seguintes termos: *compreensão, compreensão leitora, decodificação, aprendizagem significativa*. Não peço tanto uma definição formal, mas a ativação daquilo que interpreta a propósito desses termos.

Nota

*N. de R. T. Documento que contém as diretrizes curriculares para o Ensino Fundamental na Espanha.

Capítulo 2

LER, COMPREENDER E APRENDER

Neste capítulo, retomando o que se dizia no anterior, vou analisar as relações que se estabelecem entre ler, compreender e aprender. Isso nos leva a rever, à luz do que se discutiu, a função e os conteúdos do ensino da leitura no âmbito escolar, que foram descritos no primeiro capítulo.

Leitura e compreensão

Se você começou a ler este livro pela primeira página e continua fazendo isso até agora, podemos afirmar que o está compreendendo. De outra forma, é provável que já o tivesse abandonado; não é fácil para ninguém — a menos que tenha razões poderosas para isso — ler um texto de 39 páginas se não conseguir *construir uma interpretação*.

O itálico das três últimas palavras do parágrafo anterior são um recurso que utilizei, como autora, para enfatizar a mensagem que quero transmitir. Se você estiver compreendendo este livro, ou qualquer outra forma de material escrito, não estará extraindo, deduzindo ou copiando seu significado, mas estará construindo-o.

Como dissemos no capítulo 1, nessa construção **intervém o texto;** espero que este possua uma estrutura lógica, uma coerência no conteúdo e uma organização que possa favorecer a construção à qual referíamos. Entretanto, estas condições, necessárias em maior ou menor grau para que os leitores possamos interpretar a linguagem escrita, não são suficientes para conseguir este propósito.

A verdade é que você pode compreender por que está realizando um importante esforço cognitivo durante a leitura – e conste que isso não acontece apenas com este texto, mas com qualquer outro que cair em suas mãos; não quer dizer que este seja mais difícil! Esse esforço é que permite que se fale da intervenção de um **leitor ativo,** que processa e atribui significado àquilo que está escrito em uma página.

A última frase requer um esclarecimento sobre o processo mediante o qual atribuímos significado ao que lemos (ou ao que ouvimos ou vemos). Realizamos essa atribuição a partir dos nossos conhecimentos prévios, a partir daquilo que já sabemos, do que já fazia parte da nossa bagagem experiencial. No caso deste livro, pode compreender porque possui uma quantidade variável de conhecimentos – cuja riqueza, complexidade e pertinência também podem ser variáveis – sobre o que significa ler, o que é a leitura, a compreensão leitora, etc., e a partir desses conhecimentos pode atribuir significado ao que estou tentando dizer.

É claro que, quando escrevo, não posso pensar apenas em você; não seria correto esquecer que pode haver diferentes leitores, com distinta motivação, expectativas e conhecimentos com relação ao tema deste livro. Por isso tento elaborar um texto que "chegue" a todos os que o abordem, isto é, que possa ser compreendido e interpretado pelos seus potenciais leitores. O que não espero é que todos interpretem a mesma coisa, pois a compreensão que cada um realiza depende do texto que tem à sua frente, mas também depende muito de outras questões, próprias do leitor, entre as quais gostaria de ressaltar pelo menos as seguintes: o conhecimento prévio para abordar a leitura, os seus objetivos e a motivação com respeito a essa leitura.

Embora já o tenhamos mencionado, vale a pena insistir sobre o *conhecimento prévio*. Durante toda a nossa vida, as pessoas, graças à interação com os demais e particularmente com aqueles que podem desempenhar conosco um papel de educadores, vamos construindo representações da realidade, dos elementos constitutivos da nossa cultura, entendida em sentido amplo: valores, sistemas conceituais, ideologia, sistemas de comunicação, procedimentos, etc. Estes *esquemas de conhecimento* (Coll, 1983), que podem ser mais ou menos elaborados, manter maior ou menor número de relações entre si, apresentar um grau variável de organização interna, representam em um determinado momento da nossa história o nosso conhecimento, sempre relativo e sempre ampliável. De qualquer maneira, mediante esses esquemas, as pessoas compreendem as situações, uma conferência, uma informação transmitida na escola ou no rádio e, evidentemente, um texto escrito.

Quando, no final do capítulo 1, sugeri que definisse e relacionasse determinados termos, minha intenção era que pudesse ativar os conhecimentos que possui sobre eles; você poderá compreender o que escrevo em função de diversos fatores: do fato de estar bem escrito e também do que já conhece sobre o conteúdo e o tipo de relações que estabelecer entre isso e o que está lendo.

Um fator parcialmente responsável pela qualidade das relações às quais acabei de referir e que é determinante para a compreensão é o dos *objetivos* ou *intenções* da leitura. Como frisaram numerosos autores, entre eles Baker e Brown (1984), compreender não é uma questão de tudo ou nada, mas é relativa aos conhecimentos de que o leitor dispõe sobre o tema do texto e aos objetivos estipulados pelo leitor (ou, embora estipulados por outro, sejam aceitos por este). Esses objetivos não determinam apenas as estratégias que se ativam para se obter uma interpretação do texto; também estabelecem o umbral de tolerância do leitor com respeito aos seus próprios sentimentos de não compreensão.

Ou seja, nossa atividade de leitura está dirigida pelos objetivos que pretendemos mediante ela; não é a mesma coisa ler para ver se interessa continuar lendo e ler quando procuramos uma informação muito determinada, ou quando precisamos formar uma ideia global do conteúdo para transmiti-la a outra pessoa. Evidentemente, não nos perturbará do mesmo modo perceber lacunas em nossa compreensão neste ou naquele caso, o que com toda probabilidade levar-nos-á a utilizar diversas estratégias para compensar tais lacunas: podemos ignorá-las, interromper por completo a leitura e pedir auxílio a um especialista que eventualmente poderá nos ajudar a superar o obstáculo.

A questão dos objetivos que o leitor se propõe a alcançar com a leitura é crucial, porque determina tanto as estratégias responsáveis pela compreensão, quanto o controle que, de forma inconsciente, vai exercendo sobre ela, à medida que lê. Isto é um pouco difícil de explicar, mas acontece. Enquanto lemos e compreendemos, tudo está certo, e não percebemos que, além de estarmos lendo, estamos controlando o que vamos compreendendo. É o que Brown (1980) chama de "estado de piloto automático". Mas quando o aparece um texto ou obstáculo que em algum problema a impede nos compreensão [reordene o texto (...): *quando no texto aparece algum problema ou obstáculo que nos impede a compreensão (...)]*, nos damos conta disso, a leitura se interrompe e dedicamos nossa atenção a desfazer o obstáculo.

Como o leitor poderá deduzir, o controle da compreensão é um requisito essencial para ler eficazmente, pois se não entrássemos em estado de alerta quando não entendêssemos a mensagem de um texto, simplesmente não poderíamos fazer nada para compensar esta falta de compreensão, e assim a leitura seria realmente improdutiva – como acontecia com Inês, a menina que lia "usasta" no exemplo do capítulo anterior. No capítulo 6, em que abordamos as estratégias de compreensão durante a leitura, vamos retornar a este aspecto.

Ainda no terreno dos objetivos, gostaríamos de acrescentar uma última necessidade de caráter genérico. O fato de saber por que fazemos alguma coisa – por exemplo, por que está lendo este livro? – saber o que se pretende que façamos ou que pretendemos com uma atuação é o que nos permite atribuir-lhe sentido e é uma condição necessária para abordar essa atuação com maior segurança, com garantias de êxito. No âmbito da leitura, este aspecto adquire um interesse inusitado, pois podemos ler com muitos objetivos diferentes, e é bom saber disso. Por essa razão, no âmbito do ensino, é bom que meninos e meninas aprendam a ler com diferentes intenções para alcançar objetivos diversos. Dessa forma, além de aprenderem a ativar um grande número de estratégias, aprendem que a leitura pode ser útil para muitas coisas.

Por último, para que alguém possa se envolver na atividade que o levará a compreender um texto escrito, é imprescindível verificar que esta *tem sentido*. Em outro texto (Solé, 1990), e a partir do conceito de "sentido" (Coll, 1988), considerei que, para poder atribuir sentido à realização de uma tarefa, é preciso que se saiba o que se deve fazer e o que se pretende com ela; que a pessoa que a realizar se sinta competente para efetuá-la e que a tarefa em si resulte motivadora. Como já comentei nos parágrafos anteriores a questão dos objetivos da leitura – que é a tarefa da qual tratamos aqui – analisarei brevemente os aspectos restantes.

Para que uma pessoa possa se envolver em uma atividade de leitura, é necessário que sinta que é capaz de ler, de compreender o texto que tem em mãos, tanto de forma autônoma como contando com a ajuda de outros mais experientes que atuam como suporte e recurso. De outro modo, o que poderia ser um desafio interessante – elaborar uma interpretação adequada – pode se transformar em um sério ônus e provocar o desânimo, o abandono, a desmotivação. Nós, leitores eficientes, não temos problemas neste aspecto. Em geral, podemos resolver as tarefas de leitura, mas mesmo quando não conseguimos compreender um texto, sabemos a que podemos atribuir o fato: o texto pode possuir uma estrutura demasiado complexa ou densa, talvez não disponhamos de conhecimentos prévios relevantes para esse tema determinado ou, mesmo dispondo dos mesmos, o nível de conteúdo do texto não se ajusta às nossas possibilidades.

No entanto, gostaria de chamar a atenção para o que acontece com os leitores principiantes, crianças ou adultos que estão começando a ler e que por alguma razão não conseguem ler no mesmo nível que seus colegas ou no nível esperado pelo professor. Nestes casos, nos quais vai se gerando uma expectativa de fracasso, é muito difícil o leitor poder assumir o desafio que a leitura significa, se não se intervém de forma tal que aquela expectativa se transforme em um sentido positivo. Ainda que este livro não trate de dificuldades específicas de leitura, espero que o enfoque amplo que tento transmitir e as estratégias que abordarei nos próximos capítulos possam ser utilizadas para individualizar e adaptar o ensino da leitura, um meio que considero necessário para que todos possam aprendê-la.

O último aspecto que queria comentar aqui refere-se à necessidade de a tarefa resultar *motivadora* em si mesma. O termo "motivação" é polissêmico, e por isso, sem qualquer intenção de exaustividade, gostaria de frisar como o entendo no âmbito da leitura. Parece-me que uma atividade de leitura será motivadora para alguém se o conteúdo estiver ligado aos interesses da pessoa que tem que ler e, naturalmente, se a tarefa em si corresponde a um objetivo. Em uma classe, pode ser muito difícil contentar os interesses de todas as crianças com relação à leitura e fazê-los coincidir com os do professor, que supostamente interpreta as prescrições das propostas curriculares. Entretanto, todas as escolas contam com atividades de biblioteca ou de leitura "livre", em que é possível que os interesses do leitor tenham primazia sobre outros parâmetros.

Por outro lado, não devemos esquecer que o interesse também se cria, se suscita e se educa e que em diversas ocasiões ele depende do entusiasmo e da apresentação que o professor faz de uma determinada leitura e das possibilidades que seja capaz de explorar. Neste ponto cabe ressaltar que uma sequência rotineira de leitura como a que descrevi no capítulo 1, pela sua falta de novidade, pode resultar pouco motivadora para as crianças, especialmente se ela se transformar em uma sequência única. Também convém levar em conta que a leitura "de verdade", aquela que realizam os leitores experientes e que nos motiva, é a leitura na qual nós mesmos mandamos: relendo, parando para saboreá-la ou para refletir sobre ela, pulando parágrafos... uma leitura íntima, e por isso, individual.

Devo acrescentar, por último, a importância dos materiais oferecidos como suporte para a leitura. Para além da necessidade de serem atraentes e incentivarem atitudes de interesse e cuidado nos leitores, parece-me que, quando se fala de motivação, deve-se insistir nos conteúdos que transmitem. Os textos oferecidos aos alunos para que estes elaborem uma interpretação, devem "deixar-se compreender", isto é, deve-se assegurar de que os alunos não os conhecem – pois neste caso não tem muito sentido abordá-los como objeto de compreensão e a atividade em si resulta desmotivadora; outro fator importante pode ser sua eventual utilidade para praticar a leitura em voz alta –; também é preciso assegurar-se de que os leitores dispõem dos conhecimentos necessários para abordá-los, isto é, que não ficam tão longe das suas expectativas e conhecimentos que sua compreensão resulte impossível – o que também desmotiva. Em outras palavras, na medida do possível devemos tratar de assegurar um desajuste ótimo entre o texto e o leitor, para que este encontre sentido em se envolver na atividade construtiva que pressupõe elaborar uma interpretação plausível daquele (o tema dos tipos de texto é abordado no capítulo 4).

Em síntese, neste item pretendi salientar que ler é compreender e que compreender é sobretudo um processo de construção de significados sobre o texto que pretendemos compreender. É um processo que envolve ativamente o leitor, à medida que a compreensão que realiza não deriva da recitação do conteúdo em questão. Por isso, é imprescindível o leitor encontrar sentido no fato de efetuar o esforço cognitivo que pressupõe a leitura, e para isso tem de conhecer o que vai ler e para que fará isso; também deve dispor de recursos – conhecimento prévio relevante, confiança nas próprias possibilidades como leitor, disponibilidade de ajudas necessárias, etc. – que permitam abordar a tarefa com garantias de êxito; exige também que ele se sinta motivado e que seu interesse seja mantido ao longo da leitura. Quando essas condições se encontram presentes em algum grau, e se o texto o permitir, podemos afirmar que também em algum grau, o leitor poderá compreendê-lo. Pois bem: podemos afirmar que nesse caso também poderá aprender a partir do texto?

(Peço-lhe que tente responder a pergunta antes de seguir em frente. Como você mesmo está lendo, sugiro que reveja sua própria experiência como leitor para respondê-la.)

Compreensão leitora e aprendizagem significativa

Até agora nos ocupamos do que é ler e do que é compreender, assim como das condições necessárias para o leitor poder construir uma interpretação do texto. Poderíamos dizer que por enquanto enfocamos nossa atenção no resultado de *aprender a ler*. Entretanto, no final do último parágrafo, ressaltei um novo problema que poderia ser resumido em três palavras: *ler para aprender*. A seguir tratarei deste problema, já apontado no primeiro capítulo deste livro, quando fiz uma distinção entre a leitura como objeto de conhecimento e a leitura como instrumento de aprendizagem.

Vamos começar pelo que eu entendo por "aprender". Peço ao leitor que preste atenção ao significado da frase anterior; não vou descrever as diversas explicações sobre a aprendizagem, pois isto ficaria fora dos limites deste livro. Farei referência à explicação da aprendizagem subjacente à concepção construtivista da aprendizagem escolar e do ensino (Coll, 1990), pois este é o referencial psicológico para a educação escolar que compartilho, isto é, o que me permite identificar problemas e encontrar soluções para eles.

Na explicação construtivista, adota-se e reinterpreta-se o conceito de *aprendizagem significativa* criado por Ausubel (1963). Aprender algo equivale a formar uma representação, um modelo próprio, daquilo que se apresenta como objeto de aprendizagem; também implica poder atribuir significado ao conteúdo em questão, em um processo que leva a uma construção pessoal de algo que existe objetivamente. Esse processo remete à possibilidade de relacionar de uma forma não arbitrária e substantiva o que já se sabe e o que se pretende aprender.

Quando nos deparamos com um texto que fala de estratégias de compreensão leitora com a intenção de aprender algo sobre essas estratégias, o processo que seguimos leva em conta alguns passos: revemos o que já sabemos sobre o tema ou sobre outros que nos parecem relacionados – compreensão, leitura, habilidades de decodificação, procedimentos, estratégias cognitivas, etc. –, o que nos leva a selecionar e atualizar antes e à medida que vamos lendo aquilo que nos resulta útil, no sentido que se ajusta mais ou menos ao conteúdo do texto.

No entanto, é de se esperar que nossos conhecimentos – nossos esquemas de conhecimento (Coll, 1983) – não se ajustem exatamente a esse conteúdo; e mais, se pretendermos aprender sobre o tema, o mais provável é que tenhamos escolhido um texto que possa nos ensinar, ou seja, que nos proporcione nova informação sobre nosso objeto de interesse. Também pode ocorrer que uma parte da informação proporcionada contradiga total ou parcialmente nossos conhecimentos prévios. Em qualquer um desses casos, vemo-nos obrigados a efetuar uma revisão desse conhecimento, para que a nova e/ou contraditória informação possa se integrar a ele. Esta revisão pode ter múltiplos resultados: ampliação do conhecimento prévio com a introdução de novas variáveis, modificação radical do mesmo, estabelecimento de novas relações com outros conceitos... De qualquer forma, nosso conhecimento anterior sofreu uma reorganização, tornou-se mais completo e mais complexo, permite-nos relacioná-lo a novos conceitos, e por isso podemos dizer que *aprendemos*.

Pode acontecer que o texto sobre estratégias de leitura não apresente nenhuma novidade com relação ao que já sabemos; neste caso, simplesmente *não aprendemos*. Outra possibilidade é que a informação que ele proporcione seja tão nova ou complexa ou esteja tão mal organizada que nossos conhecimentos prévios não sejam suficientes para abordá-la; assim, não podemos estabelecer nenhum vínculo entre ambos, ou estes podem ser muito fracos e desconexos; neste caso também *não aprendemos*, e além disso é bastante provável que nos sintamos muito mal. A partir de agora, vamos supor que esta não é a nossa situação atual e que aprendemos à medida que vamos lendo.

Isto acontece – se acontecer – porque você, como leitor, dispõe de *conhecimento prévio relevante*, que lhe permite compreender e integrar a informação que encontra (Ausubel falaria aqui de "significatividade psicológica") e porque esta possui um certo grau de *clareza e coerência* (o que Ausubel definiria de "significatividade lógica"), que facilita a sua árdua tarefa. Entretanto, estas condições não representam nada sem a sua *disponibilidade* para ir a fundo, para desentranhar a informação, para discernir o essencial do acessório, para estabelecer o maior número possível de relações... É evidente que, para mostrar essa disponibilidade, precisa encontrar *sentido* em ler um texto sobre estratégias de compreensão leitora, isto é, deve saber para que o lê, deve se sentir motivado para essa atividade concreta.

Parece claro que o processo descrito requer uma atividade mental construtiva muito intensa; mas é um processo que vale a pena. Além da experiência emocional gratificante associada a aprender, e que é ao mesmo tempo causa e efeito da motivação intrínseca, quando aprendemos significativamente ocorre a *memorização compreensiva* pelo processo de integração da nova informação à rede de esquemas de conhecimentos antes mencionada. Essa memorização – diferente da memória mecânica – faz com que a possibilidade de utilizar o conhecimento integrado – sua *funcionalidade* – para a resolução de problemas práticos (entre eles cabe ressaltar o fato de continuar aprendendo) seja muito elevada.

Ainda que tenha tratado da questão da aprendizagem significativa de forma bastante sumária, penso que isso é suficiente para dar conta das vinculações existentes entre compreender e aprender e para explicar o contínuo que se estabelece entre aprender a ler e ler para aprender. Quando a leitura envolve a compreensão, ler torna-se um instrumento útil para aprender significativamente. Antes de terminar este aspecto, parece-me necessário fazer duas considerações.

Em primeiro lugar, podemos afirmar que, quando um leitor compreende o que lê, está aprendendo; à medida que sua leitura o informa, permite que se aproxime do mundo de significados de um autor e lhe oferece novas perspectivas ou opiniões sobre determinados aspectos..., etc. A leitura nos aproxima da cultura, ou melhor, de múltiplas culturas e, neste sentido, sempre é uma contribuição essencial para a cultura própria do leitor. Talvez pudéssemos dizer que na leitura ocorre um processo de aprendizagem não intencional, mesmo quando os objetivos do leitor possuem outras características, como no caso de ler por prazer.

Em segundo lugar, em um grande número de contextos e situações, lemos com uma finalidade clara de aprender. Não mudam apenas os objetivos da leitura, mas geralmente os textos que servem para essa finalidade apresentam características específicas – estrutura expositiva –, e a tarefa, solicitações claras, entre as quais figuram o controle e a frequente demonstração de que se aprendeu. Embora a forma em que a compreensão se entende aqui envolva a presença de um leitor ativo que processa a informação que lê, relacionando-a com a que já possuía e modificando esta devido à sua atividade – em maior ou menor grau, sempre aprendemos algo com a leitura –, não devemos perder de vista que, quando lemos para aprender, colocamos em funcionamento uma série de estratégias cuja função é assegurar este objetivo. Essas estratégias serão abordadas a partir do capítulo 4 deste livro.

Ambas as considerações devem ser levadas em conta no tratamento educativo da leitura. A primeira nos ajuda a ver sua potencialidade na formação integral da pessoa; a segunda nos alerta sobre a necessidade de ensinar a usar a leitura como instrumento de aprendizagem e a questionar a crença de que, quando uma criança aprende a ler, já pode ler de tudo e também pode ler para aprender. Em seu conjunto, elas nos fazem ver que, se ensinarmos um aluno a ler compreensivamente e a aprender a partir da leitura, estamos fazendo com que ele aprenda a aprender, isto é, com que ele possa aprender de forma autônoma em uma multiplicidade de situações. Como este é um objetivo fundamental da escola, vamos rever nos seguintes capítulos o que pode ser feito para consegui-lo através do ensino da leitura.

Capítulo 3

O Ensino da Leitura

Nos capítulos anteriores nos ocupamos do que significa ler, do papel que a compreensão tem na leitura, das relações que se estabelecem entre esta e a aprendizagem e revimos sucintamente o resultado de algumas pesquisas sobre a intervenção didática com relação à compreensão leitora.

Este capítulo e os próximos vão tratar do ensino da leitura. É importante que, como leitor, recorde o que eu adverti na introdução desta obra: ela não oferece um método para ensinar a ler. No entanto, isso não deve ser interpretado como impossibilidade de oferecer uma série de propostas metodológicas afins com uma determinada forma de entender o que a leitura envolve, propostas que, convenientemente contextualizadas, podem facilitar a tarefa dos professores de ajudar os alunos em sua aprendizagem.

Neste capítulo vou tratar do ensino inicial da leitura, isto é, do que acontece quando uma criança pequena aprende a ler. Os capítulos seguintes vão se dedicar a analisar mais detalhadamente algumas estratégias específicas de compreensão leitora. Esta separação não deve despertar a expectativa de que primeiro se aprende a ler e depois se aprende a compreender; aprende-se ou não se aprende a ler e a compreender. Entretanto, a etapa inicial da leitura tem uma série de implicações que nos levam a tratá-la de forma específica.

A alfabetização

Com frequência, ao falar de alfabetização, este termo é assimilado ao domínio dos procedimentos de leitura e escrita. Talvez para você "alfabetização" signifique exatamente isso. Embora não pretenda convencê-lo de outra coisa, gostaria de lhe explicar por que esta definição do processo me parece restritiva e mesmo sutilmente enganosa.

A alfabetização é um processo através do qual as pessoas aprendem a ler e a escrever. Estes procedimentos, porém, vão muito além de certas técnicas de translação da linguagem oral para a linguagem escrita. O domínio da leitura e da escrita pressupõe o aumento do domínio da linguagem oral, da consciência metalinguística (isto é, da capacidade de manipular e refletir intencionalmente sobre a linguagem; deveremos nos ocupar dela ao longo deste capítulo) e repercute diretamente nos processos cognitivos envolvidos nas tarefas que enfrentamos (para não mencionar o que significam em nível de inserção e atuação social). Tolchinsky (1990) analisou recentemente alguns destes aspectos.

Por outro lado, a restrição da noção de alfabetização à linguagem escrita pode ser fruto de uma interpretação errônea, segundo a qual esta requer instrução formal, enquanto a linguagem oral se desenvolve de forma natural; isso explica que exista um processo concreto, o da alfabetização, que integra essa instrução e seu resultado.

O errôneo da interpretação anterior não recai precisamente no fato de se considerar que a linguagem escrita requer uma instrução explícita, mas em considerar que a linguagem oral não a requer. Em ambos os casos é necessária a presença de um adulto, de um meio social, que ajude a criança em um processo de aprendizagem que ocorre na interação educativa, seja de tipo formal, como acontece na escola, seja informal, como no caso da família.

Gostaria de acrescentar também que é frequente apontar a repercussão da linguagem oral na aprendizagem do sistema da língua escrita, e com isso todos concordamos. Entretanto, o que a definição tradicional de "alfabetização" não acolhe é a repercussão do segundo sobre o primeiro. É provável que você concorde se eu disser que as pessoas que aprenderam a ler e a escrever costumam ser usuários mais competentes da linguagem – de toda a linguagem – do que os que não passaram por essa aprendizagem.

Por isso proponho a definição de Garton e Pratt (1991) como a mais ajustada àquilo que realmente seria a alfabetização:

> "[...] O domínio da linguagem falada e da leitura e da escrita [...]. Uma pessoa alfabetizada tem a capacidade de falar, ler e escrever com outra pessoa e a consecução da alfabetização implica aprender a falar, ler e escrever de forma competente" (pp. 19-20).

É lógico que existem diferenças substanciais entre a linguagem oral e a linguagem escrita, que não serão tratadas por enquanto. Mas o fato de dispor de uma definição ampla da alfabetização pode ser útil quando se pretende avançar na compreensão do processo que nos leva a ser leitores eficientes.

Neste processo, um marco fundamental é o constituído pela aprendizagem das habilidades de decodificação. Devo lhe confessar – acho que agora já posso fazer isso – que a abordagem deste tema sempre me preocupa. São tantas e tão apaixonadas as discussões que se suscitam sobre o fato da necessidade de ensinar ou não tais habilidades e, em caso afirmativo, sobre a forma em que é preciso fazê-lo, que não posso evitar uma certa prevenção na hora de manifestar-me em torno de um assunto polêmico como este. No entanto, darei minha opinião.

Código, consciência metalinguística e leitura

Para ler, qualquer leitor precisa ter acesso ao texto cuja leitura transformou-se em objetivo. Obviamente, esse texto possui uma série de características, entre as quais não é a menos importante o fato de estar formado por um sistema de símbolos, por um código. Para ter acesso ao texto, é preciso ter acesso ao seu código, assim como para ter acesso à mensagem emitida em um noticiário radiofônico ou televisivo, é imprescindível conhecer o código que o locutor utiliza para transmitir as notícias.

Naturalmente, também pode ter acesso às mensagens codificadas em outras línguas, embora não as conheça, solicitando a ajuda de um tradutor. Em algumas ocasiões, isto é extremamente útil: por exemplo, se precisar ler as instruções de uso de um eletrodoméstico, e estas estão em uma língua desconhecida, pode pedir ajuda a um amigo que a conheça ou a um tradutor especialista. Entretanto, esta estratégia fica muito complicada se tiver que ser utilizada muito frequentemente, tanto pelo fato de que custa dinheiro como porque você precisaria sempre da presença de um especialista que lhe permitisse ter acesso à mensagem. Em outras palavras, não poderia se considerar *autônomo* para explorar a linguagem escrita nessa língua.

Em minha opinião, esta referência à autonomia pessoal é interessante para compreender o papel das habilidades de decodificação quando falamos das crianças que aprendem a ler. Estas, quando ainda não dominam a leitura, têm contato com o sistema da língua escrita e pedem ajuda aos adultos para compreendê-lo ("O que está escrito aqui?"). Facilitar o acesso ao código às crianças é facilitar-lhes estratégias autônomas de exploração do universo escrito (Weiss, 1980).

Neste sentido, concordo com Garton e Pratt (1991), quando afirmam que todos os programas de ensino da leitura deveriam facilitar o acesso ao código à criança. Isto não deve ser interpretado como uma assimilação entre a leitura e o acesso ao código, nem entre o ensino de ambos. Neste capítulo tentarei esclarecer o alcance da minha informação, que poderia ser traduzida como "ler não é decodificar, mas para ler é preciso saber decodificar".

Pois bem, em que se baseiam as habilidades de decodificação? Ou em outros termos, como é que uma criança pode aprender a decodificar significativamente, sem que isso represente uma tortura para ela? Aprender a decodificar pressupõe aprender as correspondências que existem entre os sons da linguagem e os signos ou os conjuntos de signos gráficos – as letras e conjuntos de letras – que os representam. Um primeiro aspecto a tratar, portanto, deve ser o das dificuldades implícitas no fato de isolar e identificar os sons da linguagem.

Como numerosas pesquisas têm demonstrado há muito tempo (Liberman e outros, 1967), embora os sons sejam as unidades básicas da linguagem, isolá-los e identificá-los é particularmente difícil, porque *não existem como tais na emissão falada,* ou pelo menos não existem todos. Isto é, ainda que percebamos fonemas, quando se fala ocorre um fenômeno de sobreposição que torna impossível isolá-los como tais. Por isso, quando se quer decompor uma palavra nos sons que a constituem, só podemos nos aproximar dos fonemas subjacentes; experimente fazer isso com "coisa" *(ccc-ooo-iii-sss-aaa);* por mais rapidamente que a digamos, como frisaram Garton e Pratt, os quatro sons juntos não "fazem" a palavra.

Para uma criança aprendiz, um fenômeno similar pode ocorrer quando se pretende isolar palavras. Esta criança não ouve "Você pegou a bola?", mas "Vocepegouabola?". Muitos alunos reproduzem o que ouviram quando se trata de escrever, para desespero dos seus professores.

No entanto, na época em que aprendem a ler e a escrever, as crianças costumam se mostrar competentes no uso comunicativo da linguagem, competência que as leva inclusive a utilizar estruturas linguísticas realmente muito complexas. Esta habilidade é fundamental para a aprendizagem da leitura e da escrita. Pois bem, quando se trata de aprender o código, a criança não precisa apenas usar bem a linguagem. Também necessita poder manipulá-lo e refletir sobre ele – que é o que lhe permite pensar em uma palavra, em um som, isolá-los e diferenciá-los, além de muitas outras coisas. A criança tem que ter desenvolvido uma certa *consciência metalinguística* para compreender os segredos do código.

Quando falamos, raramente dirigimos nossa atenção à linguagem como forma; interessa-nos sobretudo o conteúdo. Mas se quisermos, poderemos prestar atenção a ela. Por exemplo, leia a seguinte frase: **A evolução desta oração exprime uma função de conjunção, e com razão.** Se conseguiu perceber na mesma uma rima interna, foi porque dirigiu sua atenção (desculpe, outra rima) à linguagem como tal, à margem de também ter prestado atenção ao conteúdo expressado.

De fato, as crianças prestam atenção à sua linguagem e à linguagem dos outros desde muito cedo; percebem os erros que cometem, os erros alheios, a rima, adoram as adivinhações e costumam brincar de inventá-las embora seu conteúdo não tenha nenhum sentido; há palavras que as divertem e outras que são feias, etc. Sua atenção é espontânea, suscitada por algum fato linguístico que as surpreende, atrai ou zanga. Por exemplo, Anna, de cerca de dois anos, costumava brincar com Guillem, de três anos e meio. A sequência que reproduzimos era comum em suas conversas, mediatizadas pela posse de um objeto cobiçado por ambos:

> A. (mostrando uma bola para Guillem): "Mia, Aiem, mia que tinc jo!" (É minha, Aiem, eu é que estou segurando!)
> G. (visivelmente confuso): No me dic Aiem, me dic Guillem, jo!" (Não me chamo Aiem, me chamo Guillem!)
> (Dirigindo-se a um adulto que está por perto): "No ho sap dir, és petita..." (Não sabe falar, é pequena...)

O desgosto de Guillem não provém apenas do fato de Anna ter lhe tirado a bola de novo. Ele detesta que pronunciem errado o seu nome e inclusive sabe o motivo disso — *és petita* (é pequena) — como seus pais já lhe explicaram. Apesar de ter fortes motivos para prestar atenção à mensagem (ele queria a bola), Guillem presta mais atenção à forma da mensagem e mostra um conhecimento adequado da forma em que seu nome deve ser pronunciado.

O exemplo evidencia que as crianças muito pequenas não são apenas hábeis usuárias da linguagem, mas também podem efetuar reflexões espontâneas conscientes sobre ela. Garton e Pratt (1991) sugerem que, sobre esta base, poderão ir se desenvolvendo outras formas de consciência metalinguística, mais deliberadas e controladas, que possibilitarão o acesso a um melhor conhecimento da estrutura da linguagem e do seu sistema de representação alfabético; os autores também afirmam que justamente o domínio crescente da linguagem escrita promove esse desenvolvimento, que por sua vez é necessário para a competência na leitura e na escrita. Assim, consciência metalinguística e alfabetização estão intimamente relacionadas e podemos dizer que cada uma delas se beneficia com a outra no processo de aprendizagem. O exemplo seguinte ilustra este fato.

Aleix aprendeu a ler durante a primeira série do Ciclo Inicial. Um dia, no carro, indo para a escola, pergunta à mãe: "Mamãe, por que dizemos 'elcortinglés'". A mãe, não acostumada a este tipo de perguntas de manhã tão cedo, e no meio do trânsito, entende mal a pergunta e responde que muita gente frequenta essa loja para comprar, que é um lugar famoso, etc. Aleix insiste: "Mas todo mundo diz 'elcortinglés'". "Bem, filho, também podem ir a outro lugar...". Aleix desiste momentaneamente, diante da evidente incapacidade da mãe em compreendê-lo. Ela continua lutando com o trânsito, até que, parados em um sinal, Aleix aponta para um *outdoor* e exclama: "Olhe, está vendo? Escrevem *el corte inglés* (o Corte Inglês) [separando exageradamente as palavras], mas nós falamos errado, falamos 'elcortinglés'". A capacidade de ler oferecia recursos à criança para prestar atenção à forma da linguagem, e isso lhe suscitava novas perguntas, que tentava resolver com a ajuda da mãe.

Vamos voltar agora ao primeiro exemplo. O fato de Guillem prestar atenção à forma em que Anna pronuncia seu nome não significa, porém, que ele saiba o que é um nome, ou o que constitui uma palavra, nem que o erro se situa em certos sons de uma emissão oral. Podemos afirmar categoricamente que ele não dispõe desse conhecimento, que vai ser necessário para aprender a ler e escrever de forma convencional, como nós, adultos, o fazemos. Há bastante tempo Guillem faz de conta que escreve (e em suas produções diferencia os desenhos da "escrita") e inclusive Anna "lê" seus livros; essas atividades denotam uma compreensão incipiente de algumas propriedades do sistema de escrita.

Como já demonstraram Ferreiro (1979) e Ferreiro e Teberosky (1979), a criança possui certas ideias sobre o sistema de escrita e as relações que se estabelecem entre ele e a linguagem oral. Por exemplo, em determinados momentos, as crianças consideram que, para poder ler "algo", esse algo deve ter um certo número de letras (pelo menos três) e, além disso, essas letras devem possuir certa variabilidade. Também podem pensar que é possível escrever os nomes, que são considerados propriedades do objeto ao qual se referem, mas por esta mesma razão, os artigos e, em certas frases, os verbos, não são palavras e, portanto, não podem ser escritos. Estas afirmações não causam nenhuma perturbação quando contradizem outras efetuadas pela mesma criança, quando ela diz que na frase "a menina comprou uma bala", estão escritas as palavras "menina" e "bala", afirmando simultaneamente que a frase diz "a menina comprou uma bala".

Em suma, quando na escola a criança se depara com a linguagem escrita, em muitos casos se encontra diante de algo conhecido, sobre o que já aprendeu várias coisas. Parece-me que o fundamental é que o escrito transmite uma mensagem, uma informação, e que a leitura capacita para ter acesso a essa linguagem. Na aquisição deste conhecimento, as experiências de leitura da criança no seio da família desempenham uma função importantíssima. Para além da existência de um ambiente em que se promova o uso dos livros e da disposição dos pais a adquiri-los e a ler, o fato de lerem para seus filhos[1] relatos e histórias e a conversa posterior em torno dos mesmos parecem ter uma influência decisiva no desenvolvimento posterior destes com a leitura (Wells, 1982).

A importância da leitura feita por outros reside em que contribui para familiarizar a criança com a estrutura do texto escrito e com sua linguagem, cujas características de formalidade e descontextualização as distinguem da oral. Por outro lado, a criança pode assistir muito precocemente ao modelo de um especialista lendo e pode participar de diversas formas da tarefa de leitura (olhando as gravuras, relacionando-as com o que se lê, formulando e respondendo perguntas, etc.). Assim constrói-se paulatinamente a ideia de que o escrito diz coisas e que pode ser divertido e agradável conhecê-las, isto é, saber ler.

É provável que nestas experiências também tenha aprendido numerosas convenções sobre a linguagem escrita, como o leitor poderá comprovar observando algum jovem amigo. Antes de receber instrução formal na escola, qualquer criança de cerca de três anos – e mesmo antes sabe que deve manter erguido o livro que lê/olha; sabe que se começa pela primeira página e que se acaba pela última e que se folheia uma de cada vez; sabe que a escrita segue a direção esquerda/direita e que vai de cima para baixo – pelo menos em nossa cultura –; sabe que o que está escrito tem a ver com o que está desenhado, e se lhe pedirmos – e ela quiser –, poderá nos contar uma história que tem a ver com a gravura. Não terá nenhuma dificuldade em diferenciar o desenho da escrita e afirmará que só esta se lê.

Além disso, algumas crianças terão aprendido o nome de algumas letras, ou a diferenciá-las, por alguma razão significativa. Aleix, entre os três e os quatro anos, alegrava-se enormemente quando, nos "mapas da previsão do tempo" que apareciam na televisão, indicava-se a presença de *anticiclones;* a visão da "sua" letra na televisão (o "A" dentro de uma nebulosa), o enchia de orgulho e satisfação, e era um incentivo notável para aumentar seu interesse pela meteorologia. Também é frequente as crianças reconhecerem globalmente algumas palavras muito significativas: seu próprio nome, o dos produtos consumidos habitualmente, o de um personagem das histórias...

No entanto, ainda há muito a aprender sobre o sistema da língua escrita, embora restrinjamos por enquanto esse "muito" ao acesso à autonomia para explorá-lo, que, como já ressaltamos, exige a capacidade de decodificar – que se caracteriza pelo estabelecimento de correspondências entre os sons da língua e sua representação gráfica convencional. Em minha opinião, e de acordo com vários pesquisadores, nessa capacidade subjaz a possibilidade de se prestar atenção de forma deliberada e consciente à linguagem (seus sons, palavras, representação gráfica) e de refletir sobre ela. Como estou tentando explicar, na construção da consciência metalinguística não partimos do zero, mas da atenção que a linguagem, tanto oral como escrita, suscita espontaneamente, das perguntas da criança e das concepções que ela vai construindo.

A consciência fonológica surge inicialmente do interesse suscitado pela língua falada e por algumas das suas propriedades, como a rima, por exemplo, que leva a criança a explorar semelhanças e diferenças entre palavras e partes de palavras. Assim, com a ajuda do adulto, pode estabelecer a diferença entre o início e a rima e ter acesso aos fonemas individuais. A partir daí, pode ser levada a fixar a atenção em outros fonemas das palavras mediante tarefas de segmentação fonêmica (golpear, contar, etc.).

Por outro lado, a consciência que a criança tem das palavras, da sua existência e características independentes do objeto que representa e o próprio fato de considerar palavras as que não representam um objeto concreto (as palavras "função"), aumentará consideravelmente quando ela começar a manejar o impresso, podendo substituir algumas crenças arraigadas sobre o sistema de representação – por exemplo, que "trem" é uma palavra mais longa do que "formiga", visto que evidentemente um trem é maior que uma formiga; que "o", "um", "por" e outras palavras não existem como tais, e é preciso uni-las a outras "que sim são palavras" porque representam objetos – por outras que estejam mais de acordo com a realidade.

Esta melhora da consciência metalinguística propiciada pelo crescente manejo da leitura e da escrita também se estende à sintaxe da linguagem e aos seus aspectos pragmáticos. Progressivamente a criança se dá conta de que pode dizer a mesma coisa de muitas formas – utilizando diversas estruturas, por exemplo – e, ao mesmo tempo, de que existem maneiras mais adequadas de dizê-lo em função do contexto concreto. Também aprende-se a misturar os significados que se pretende transmitir, a dizer sem dizer exatamente, a utilizar a ambiguidade da linguagem em determinadas ocasiões.

Tudo isso, que se refere a um usuário competente da linguagem em todas as suas vertentes, repercute de forma notável no desenvolvimento geral da pessoa. Para que ocorra, é preciso que adultos interessados e que saibam ensinar se proponham a tornar acessível a linguagem escrita para as crianças sob sua responsabilidade, o que implica observá-las e ajudá-las a ir além de onde se encontram, e daí um pouquinho mais além... em um processo que poderia não ter fim.

No tocante ao código, é necessário levar em conta o que a criança sabe sobre a linguagem oral e escrita, sobre as palavras e os sons, e oferecer-lhe a informação que ela requer no momento oportuno. Não considero que seja arriscado afirmar que uma criança não vai descobrir sozinha que isto que ela vê aqui, o "R", é um "erre", e seu som é "rrrrr", embora nem sempre isso aconteça; depende do fato de ele estar no início da palavra, ou depois de consoante, etc. Tampouco me parece que esse fato deva nos traumatizar; estamos aí para ajudá-la a aprender. O problema surge se a criança não descobrir que ler é divertido, que escrever é apaixonante, que ela pode fazê-lo com a ajuda que pedir. Vamos nos ocupar agora das condições para que a aprendizagem do código se subordine ao objetivo lúdico que surgiu nas linhas anteriores.

Que está escrito aqui? Ensino inicial da leitura e aprendizagem do código

Lembre-se de que, no início deste capítulo, avisei da minha dificuldade de enfrentar a questão da decodificação; talvez por isso tenha uma estrutura um pouco tortuosa e preciso me ressituar. Portanto, espero que não lhe importe fazer uma recapitulação.

Em parágrafos anteriores sugeri que a alfabetização é um processo que não envolve apenas os procedimentos de leitura e escrita, mas que repercute favoravelmente na linguagem entendida em sua globalidade (escutar, falar, ler e escrever). De acordo com muitos outros autores (Chall, 1983; Garton e Pratt, 1991; Weiss, 1980), considerei que a compreensão da forma de representação da linguagem definida pelo sistema alfabético requer que a criança desenvolva uma consciência metalinguística, que por sua vez será incrementada pelo fato de aprender a ler e a escrever. Também estabelecemos que muitos meninos e meninas, quando têm acesso à instrução formal em leitura e escrita, possuem um bom número de conhecimentos sobre o sistema escrito, sobre os quais as aquisições posteriores ficarão assentadas. A seguir, insistirei neste ponto, antes de abordar (por fim!) o ensino e a aprendizagem do código nas etapas iniciais da leitura e da escrita.

Entre os conhecimentos da criança que contribuem com as tentativas dos adultos de ajudá-la a ler e escrever, adquire valor fundamental o convencimento de que o *escrito transmite uma mensagem*. A participação em atividades conjuntas com os pais e na Escola Infantil – ler histórias, presenciar a elaboração de uma lista de compras, levar um bilhete da escola para casa, ver a professora lendo histórias, anotando... – propiciou a construção deste conhecimento que, como o leitor deverá reconhecer, é muito adequado à realidade. É verdade que algumas dessas atividades não são reconhecidas pela criança da mesma forma que pelo adulto; por exemplo, as atividades de leitura individual dos pais podem constituir de certo modo um mistério para a criança, pois ela não sabe o que ocorre para além do que vê; ou seja, não pode ter acesso aos processos internos de leitura dos demais.

Entretanto, isso não representa um obstáculo para que as crianças aprendam que nos livros, jornais, papéis, anúncios, latas de produtos consumidos habitualmente... se "dizem coisas" e que logo elas se sintam muito motivadas para saber o que dizem. Daí a pergunta: "Que está escrito aqui?" que elas formulam com insistência aos adultos que as rodeiam.

Neste momento, é fundamental nos atermos ao fato de que as tentativas da criança de explorar o universo escrito estão firmemente dirigidas pela sua necessidade de ter *acesso ao significado* do texto em questão. Weiss (1980) ressalta que a decodificação e o significado sempre estão presentes no leitor, mas a busca deste último é que geralmente guia as tentativas de decodificação.

É lógico que seja assim pois o que a criança faz é apenas aportar ao ato de leitura – a que ela faz ou que pede que os outros façam – seus conhecimentos e experiências prévias: ela *sabe* que aí se expressa um significado e tenta torná-lo seu.

Portanto, podemos afirmar que *o acesso ao código deve se inserir sempre em contextos significativos* para a criança. Isto não é uma declaração de princípios. O aprendiz de leitor possui conhecimentos pertinentes sobre a leitura – sabe que o escrito diz coisas, que ler é saber o que diz e escrever, poder dizê-lo – que devem ser aproveitados, para que possa melhorá-los e torná-los mais úteis. Se isso não se levar em conta, ou seja, se se trabalhar apenas o código de uma forma mais ou menos isolada, descontextualizada, não só deixamos de aproveitar esta bagagem, significativa e funcional, como contribuímos para que a ideia de leitura construída pela criança seja errônea: ler é dizer as letras, ou os sons, ou as palavras.

Por outro lado, quando se respeita a condição de significatividade com relação à leitura inicial, a pergunta do título: *"o que está escrito aqui?"* logo será acompanhada de outras: "Esta – uma letra – qual é? Esta é a mesma que a minha – por exemplo, a do nome – ? Por que no teu nome tem uma letra dessas – Mariana – e no meu tem duas – Anna? Por que soam diferentes – Guillermo, Gema – se são tão parecidos...? e muitas outras, semelhantes ou distintas, que evidenciam a análise progressiva realizada pelas crianças quando fixam sua atenção na língua escrita.

É claro que as crianças, além de pequenas, são muito espertas. Por isso formulam essas perguntas quando *podem* formulá-las e quando lhes resulta rentável e não em outras oportunidades. Se lhes ensinarmos que ler é outra coisa, aprenderão outras coisas e formularão perguntas de acordo com o que aprendem. Se suas perguntas permanecerem sem resposta, logo deixarão de formulá-las, a menos que possam interagir com pessoas mais dispostas. Você percebeu que, falando da criança, como tal, estamos nos aproximando do tema dos seus educadores?

O ensino inicial da leitura

"Quando a criança está nas primeiras etapas da escrita e soletra incorretamente todas ou quase todas as palavras (...), os adultos ficam muito preocupados e a verdade é que impedem que a criança escreva ou a desanimam. Esta reação é extremamente surpreendente porque não reagimos deste modo em outras áreas do desenvolvimento. Quando a criança pequena começa a produzir suas primeiras tentativas de linguagem falada, os pais não a amordaçam nem proíbem que ela fale até poder pronunciar adequadamente as palavras. Uma ação dessas seria considerada universalmente ridícula, pois se reconhece que as crianças precisam praticar a fala durante algum tempo antes de desenvolver um domínio completo dos sons (...).

Da mesma forma, quando uma criança pequena produz um desenho de uma pessoa sem pernas e sem braços, é provável que seus pais fiquem satisfeitos, mesmo se ela disser que o desenho representa um deles. Neste caso tampouco há expectativas de que a criança produza um desenho adequado na primeira vez, nem existe grande preocupação pelo fato de que a criança possa desenvolver maus hábitos e continue desenhando corpos sem membros para sempre. Ao contrário, os pais responderão com palavras de incentivo e também poderão atuar de uma maneira que provoque um maior desenvolvimento das habilidades da criança. Por exemplo, podem lhe perguntar onde estão os braços do papai ou sugerir que os desenhe.

Por que tudo é diferente no caso da escrita precoce? (...)".

Garton e Pratt, 1991; 198-199.

Embora a citação se refira à escrita, também se ajusta perfeitamente ao que acontece com a leitura. Nela se verifica a necessidade de contemplar de uma perspectiva processual a leitura e a escrita, colocando ao alcance da criança situações que fomentem sua exploração do sistema da língua escrita. Verifica-se também que a expectativa dos adultos encarregados do ensino inicial das crianças deve ser ajustada, tanto no tocante às suas capacidades – que costumam ser maiores do que se reconhece – quanto aos resultados que elas obtêm – que costumam ser menos "convencionais" do que se espera, pelo menos ao princípio.

Quando se trata do ensino, é importante levar em conta que, apesar de as crianças possuírem – como já vimos – numerosos e relevantes conhecimentos sobre a leitura e a escrita, o tipo de instrução que elas receberem influenciará o tipo de habilidades que poderão adquirir. Um debate que ocupou milhares de páginas e que me parece que não deve ser dado por encerrado, pelo teor das publicações, refere-se justamente ao tipo de instrução.

Uma das posturas apresentadas nesse debate gira em torno da ênfase do código e envolve o ensino dos fonemas, que permite transmitir a correspondência entre os sons e as letras que os representam. Em algumas abordagens deste tipo, ensina-se a correspondência de forma isolada, fazendo corresponder ao princípio um som a uma letra, examinando depois as exceções – por exemplo, sons que podem ser representados de diversas maneiras. Outras, mais habituais em nossa época, partem da palavra, isolando os sons que a compõem – recorde o exemplo anterior com "coisa".

Outra postura parte da frase, e a criança é incentivada a lê-la "globalmente". Para facilitar a tarefa, as frases apresentadas costumam ter uma estrutura muito simples, que se repete – "esta é Marta", "este é Tomás", "este é Dic". Trata-se de uma linguagem pouco familiar para a criança que, na época em que se depara com ela, está acostumada a interagir oralmente de uma maneira muito diferente, muito mais rica e complexa.

Ainda em outra dimensão, caberia situar as abordagens de "experiência da linguagem" (Goodman e Goodman, 1979; Goodman e Burke, 1982), que partem daquilo que a criança diz, das suas explicações sobre os desenhos que realiza e da leitura e escrita que o professor realiza a partir das suas experiências.

Por fim, outras propostas metodológicas baseiam-se no fato firmemente estabelecido de que, em suas primeiras aproximações da linguagem escrita, as crianças aprendem a reconhecer globalmente determinadas palavras que são significativas para elas – seu nome, o de alguns produtos de consumo habituais, o dos personagens das suas histórias prediletas etc. Esta etapa de reconhecimento global (que Weiss, 1980, e Chall, 1983, consideram prévia à leitura propriamente dita) é utilizada por alguns autores (Foucambert, 1989; Smith, 1983) como argumento para demonstrar o ensino de estratégias de decodificação. Entretanto, a partir de outras perspectivas, ressalta-se que, ainda que as crianças possam reconhecer cerca de quarenta palavras de forma global, o progresso se detém neste número, porque não se encontram pistas visuais que permitam diferenciar novas palavras, o que obriga a buscar novas estratégias.

O que fica claro de tudo isso? Qual postura é a mais adequada? Permitam-me começar respondendo a última pergunta. Nenhuma das posturas será adequada se for exclusiva, e não porque eu estou dizendo isso, mas porque se baseiam em uma pressuposição incorreta: que a criança *só pode aprender* porque as correspondências entre o som e a letra lhe são transmitidas, ou porque parte de uma frase simples, ou porque apenas sua própria linguagem lhe resulta significativa quando a vê escrita: ou porque aborda a palavra sua globalidade. A criança *pode aprender e de fato aprende* à medida em que for capaz de utilizar diversas estratégias de forma integrada, e essas estratégias – todas – devem ser ensinadas. Para compreender, a criança pode se beneficiar tanto do contexto de uma frase conhecida para descobrir o significado de uma palavra nova inserida na mesma, como de sua experiência em correspondências. De fato, como afirmei em outras ocasiões (Solé, 1987), o bom leitor é aquele que utiliza simultaneamente os indicadores contextuais, textuais e grafofônicos para construir o significado.

O que fica claro de tudo isso? Em primeiro lugar, que o ensino de estratégias para ter acesso ao texto não é um fim em si mesmo, mas um meio para a criança poder interpretá-lo. Em segundo, que na leitura, significado e decodificação estão sempre presentes, porém seu peso é diferente em diversas etapas da leitura. No leitor experiente as habilidades de decodificação automatizaram-se e só se tornam conscientes em certas ocasiões – por exemplo, quando encontramos um texto manuscrito com letra tortuosa, enquanto o leitor aprendiz precisa utilizar tais habilidades com grande frequência, no contexto da busca do significado. É importante perceber que o uso eficaz da decodificação exige que se possa combinar a informação procedente das regras de correspondência com a informação procedente do texto e do conhecimento prévio do leitor. Isto não pode ocorrer em palavras isoladas, pelo menos não da mesma forma, e não em leitores iniciais. Tente ler o seguinte, por favor:

c — t — o
Não consegue? Tudo bem, vou ajudar um pouquinho. Tente de novo:
Este *c — t — o* é mais longo que os anteriores.

É provável que agora tenha conseguido. Usou suas habilidades de decodificação ao mesmo tempo em que utilizava o contexto para chegar ao significado da frase.

Quando Anna e Guillem – aqueles que estavam brigando por causa de uma bola, lembra? – chegarem à escola, sua vida vai ser muito mais fácil se seus professores e professoras entenderem que, visto que o sistema da língua escrita é um sistema complexo, as crianças precisam abordá-lo de uma perspectiva ampla, não restritiva, e lhes oferecerem uma multiplicidade de caminhos e estratégias para que possam se apropriar dele. Se fizerem isto, contribuirão para que as crianças vejam a leitura não como um processo inseguro de translação de um código para outro, mas como um desafio interessante que precisam resolver, para saber o que diz e como devem dizê-lo. Para isso contam com seus conhecimentos e com a ajuda que os professores darão. Esta ajuda pode consistir do seguinte:

- Os professores e professoras que recebem as crianças na escola deveriam poder pensar no sistema da língua escrita como algo complexo, que vai exigir esforços deles mesmos e das crianças que vão abordar sua aprendizagem. Entretanto, isso não deverá provocar uma subestimação da capacidade das crianças para abordá-la, nem tentar reduzir o que constitui um sistema complexo a uma série de pretensas subabilidades e pré-requisitos que pouco têm a ver – se nos ativermos aos resultados de numerosas pesquisas – com esse sistema. Aprende-se a ler e a escrever lendo e escrevendo, vendo outras pessoas lerem e escreverem, tentando e errando, sempre guiados pela busca do significado ou pela necessidade de produzir algo que tenha sentido.

- Como aprender e ensinar a ler e a escrever não é uma questão simples, seria muito útil não despender esforços e energias discutindo se a leitura deveria começar na Escola de Educação Infantil ou se seria mais adequado adiá-la para o Ensino Fundamental; ou se seria melhor fazer uma abordagem do código ou de uma palavra global.

Desde muito pequenas, as crianças constroem conhecimentos relevantes sobre a leitura e a escrita e, se tiverem oportunidade – isto é, se alguém for capaz de se situar no nível desses conhecimentos para apresentar-lhes desafios ajustados – poderão ir construindo outros novos, que cada vez estarão mais de acordo com o ponto de vista adulto. Vamos esperar na Escola Infantil que a criança possa compreender o que supõe a instituição familiar para a conservação do modelo de sociedade para trabalhar com ela "a família" no nível mais adequado? Esperaremos que ela entenda o sistema métrico decimal para deixá-la fazer medições? Será preciso que ela conheça a metodologia da pesquisa científica para podermos lhe propor observações sistemáticas e experiências? Por que, então, vamos obrigá-la a adiar suas tentativas de explorar conhecer algo tão cotidiano, útil e sugestivo como a leitura e a escrita?

Por outro lado, à medida que se trata de um sistema complexo, a leitura e a escrita beneficiam-se com o uso combinado de diversas estratégias que permitam seu crescente domínio. É necessário acabar com a ideia de que *existe apenas um caminho* para ir construindo noções adequadas sobre o código e para se tornar um usuário eficaz dos procedimentos da leitura e da escrita. Uma abordagem ampla, não restritiva, do ensino inicial da leitura e da escrita, pressupõe o seguinte:

- Aproveitar os conhecimentos que a criança já possui e que costumam envolver o reconhecimento global de algumas palavras – caso contrário, a primeira tarefa da escola será a de proporcionar oportunidades para que esse conhecimento e outros que já mencionamos neste capítulo se construam.
- Aproveitar as perguntas das crianças sobre o sistema para aprofundar sua consciência metalinguística, o que permitirá introduzir as regras de correspondência.
- Aproveitar e aumentar seus conhecimentos prévios em geral, para que possam utilizar o contexto e aventurar-se no significado de palavras desconhecidas.
- Utilizar integrada e simultaneamente todas essas estratégias em atividades que tenham sentido ao serem realizadas. Só desta maneira meninos e meninas poderão se beneficiar da instrução recebida.

• O ensino inicial da leitura deve garantir a interação significativa e funcional da criança com a língua escrita, como meio de construir os conhecimentos necessários para poder abordar as diferentes etapas da sua aprendizagem. Isso implica que o texto escrito esteja presente de forma relevante na sala de aula – nos livros, nos cartazes que anunciam determinadas atividades (passeios, acontecimentos), nas etiquetas que tenham sentido (por exemplo, as que indicam a quem pertence um determinado cabide, ou as que marcam o lugar onde devem ser guardadas as tintas) – e não de forma indiscriminada. Também implica que os adultos encarregados da educação das crianças usem a língua escrita quando seja possível e necessário diante delas (para escrever um bilhete para os pais, transmitir uma mensagem para outra classe, etc.).

Este uso significativo da leitura e da escrita na escola também é muito motivador e contribui para incitar a criança a aprender a ler e escrever. Em algumas ocasiões, quando se fala de contexto motivador, referimos prioritariamente à existência de materiais e livros adequados. Em minha opinião, a riqueza de recursos sempre deve ser bem recebida, porém me parece que o que mais motiva as crianças a ler e a escrever é ver os adultos que tenham importância para elas lendo ou escrevendo, assistir à leitura em grupos pequenos ou grandes, tentar e sentir-se aprovadas em suas tentativas.

- É imprescindível que professores e professoras explorem os conhecimentos dos alunos sobre o texto escrito; também seria recomendável que eles previssem que vão descobrir que diferentes crianças sabem coisas distintas sobre o tema, como sobre qualquer outro. O ensino planejado e implementado na sala de aula deve partir desses conhecimentos, pois a partir deles é que as crianças poderão progredir.

Esta exploração pode ser feita de muitas maneiras: observando as crianças quando olham/leem livros; sugerindo-lhes que acompanhem seus desenhos com uma explicação, ficando atentos às perguntas formuladas, que costumam ser um indicador eficaz tanto das dúvidas como dos conhecimentos mais assentados... Algumas situações facilitarão mais do que outras essa exploração; assim, nas salas de aula onde existe um cantinho de biblioteca, um cantinho de inventar histórias ou de criar livros, os professores terão muitas oportunidades, não só de ensinar a ler e a escrever, mas de observar os progressos e as dificuldades dos alunos, o que facilitará o ajuste progressivo da sua intervenção.

- A leitura e a escrita são procedimentos; seu domínio pressupõe poder ler e escrever de forma convencional. Para ensinar os procedimentos, é preciso "mostrá-los" como condição prévia à sua prática independente. Assim como os professores e professoras mostram como misturar as tintas para obter uma cor determinada, ou como se deve proceder para registrar as observações sobre o crescimento de uma planta, deveriam poder mostrar o que eles fazem quando leem e escrevem. Alguns autores denominam isto "demonstração de modelos" (Graves, 1983; Nisbet e Shucksmith, 1990). Em essência, consiste em oferecer à criança as técnicas, os "segredos" utilizados pelo professor quando lê e escreve, de modo que ela possa se apropriar progressivamente dos mesmos.

Nos capítulos seguintes falarei mais da demonstração de modelos. Quis que eles aparecessem aqui porque isso ajuda a compreender que a aprendizagem da leitura e da escrita se constrói no seio de atividades compartilhadas e que não se pode esperar que a criança se mostre competente em algo sobre o que não foi instruída. Embora em nossas escolas a aprendizagem do código ocorra em situações compartilhadas, nem sempre isso acontece quando se trata de ter acesso ao significado. Além disso, é preciso levar em conta que o fato de a criança e o professor estarem trabalhando, por exemplo, um fonema, não pressupõe em absoluto que ambos atribuam o mesmo significado a essa atividade. O professor pode ver a tarefa como um requisito imprescindível para a leitura, enquanto a criança pode achar que ela não tem nada a ver com esta última, porque a tarefa em si entra em contradição com o que ela já sabe sobre ler.

Permitam que faça três últimos comentários antes de concluir. Devem ter percebido que, desde que começamos a tratar da questão do código, falamos de leitura e escrita de uma forma bastante paralela. Embora este seja um livro que pretenda dizer coisas sobre estratégias de leitura, sempre que for necessário prestaremos atenção à escrita, não como objetivo em si mesma, mas para ajudar a compreender o que significa trabalhar a leitura em um contexto mais amplo e global. Nas primeiras etapas da aprendizagem, leitura e escrita se apoiam mutuamente; no adulto especialista, uma repercute na outra. Por esta razão, algumas vezes deveremos falar da escrita.

É provável que também tenham percebido que não prestei muita atenção àquilo que frequentemente se chama de "pré-requisitos" da leitura. Entendo esta como uma atividade cognitiva complexa, através da qual construímos um significado para um texto escrito. O único requisito é o de poder ter acesso a esse texto. O resto tem a ver com a construção de significados, da qual já falei no capítulo 2. O fato de trabalhar a lateralidade, a estruturação espaçotemporal ou a seriação pode ser útil para o desenvolvimento global da criança, ainda que nenhum destes aspectos seja específico da atividade de leitura. No caso de se pretender fomentar esta, o melhor é que a criança leia, ou ler para ela, e que se expliquem coisas relevantes para sua aprendizagem. Em nenhum caso deveria se pensar que a leitura é um conjunto de subabilidades e ainda menos deveria se usar como argumento para não deixar a criança ler ou escrever sua incapacidade em algum dos aspectos apontados ou outros. (Um dia, uma professora me comentou que, quando estava encarregada da classe de Maternal, na Escola Infantil, uma criança lhe levou uma ficha de discriminação visual – que era trabalhada como pré-requisito para a leitura – e lhe perguntou quando parariam de fazer essas coisas tão complicadas e poderiam ler, tarefa para a qual se sentia mais capacitada).

O último comentário refere-se ao material de leitura. Do que foi dito até aqui se deduz que é preciso que as crianças interajam com material de diferentes características, o que lhes permitirá fazer diferentes coisas com a leitura. Assim, nos inícios da leitura serão de grande utilidade os livros ilustrados que contem coisas desconhecidas – para escutar como outro lê – e as histórias tradicionais – nas quais as crianças, graças ao seu conhecimento, poderão tentar adivinhar o que vai acontecer. O trabalho com rimas e adivinhação permitirá a análise fonética; as notícias do jornal lhes apresentam textos diferentes, de características específicas; as instruções, cartas, receitas, notas... tudo aquilo que possa ser lido (pela criança ajudada pelo professor, ou independentemente quando for possível) pode estar em uma classe dedicada ao ensino inicial da leitura. Como sempre, porém, mais importante que o material é a atividade que se suscita em torno dele.

Aprender a ler não é muito diferente de aprender outros procedimentos ou conceitos. Exige que a criança possa dar sentido àquilo que se pede que ela faça, que disponha de instrumentos cognitivos para fazê-lo e que tenha ao seu alcance a ajuda insubstituível do seu professor, que pode transformar em um desafio apaixonante o que para muitos é um caminho duro e cheio de obstáculos.

Notas

[1] Existem atualmente numerosos programas de leitura para pais. Em castelhano, pode-se consultar a obra de Fredericks e Taylor (1991).

* N. de R. T. *El corte inglés* é o nome de uma cadeia de lojas de departamentos existente em muitas cidades da Espanha.

Capítulo 4

O Ensino de Estratégias de Compreensão Leitora

No resto da obra vamos tratar do tema das *estratégias* e seu *ensino,* e por isso considero necessário explicar logo em que consiste uma estratégia e qual é o papel que ela desempenha na leitura. Também oferecerei uma explicação geral sobre seu ensino, detendo-me em algumas propostas concretas. O resto do capítulo será dedicado ao objeto da leitura — o texto —, sua caracterização e a algumas propostas concretas para distingui-los. Como leitor, deveria considerar este capítulo como uma introdução aos seguintes, no sentido de que vai lhe proporcionar alguns conhecimentos prévios relevantes para a compreensão e localização adequada dos conteúdos seguintes.

Que é uma estratégia? O lugar das estratégias no ensino da leitura

Estratégias

No decorrer desta leitura poucas vezes não lhe peço alguma tarefa específica além de ler. Seria um grande abuso sugerir-lhe que tente explicar neste momento o que entende por "estratégia"? Obrigada.

Muito bem. Se já tentou, permita-me que continue fazendo-o trabalhar um pouco mais. Seria interessante que definisse, mais ou menos, o que é uma habilidade, uma destreza, uma técnica, um procedimento para você. Foi fácil? Pôde estabelecer diferenças nítidas entre estes conceitos?

Embora possamos encontrar alguns pontos que impedem a total assimilação entre os termos sobre os quais lhe pedi que refletisse, a verdade é que entre eles também se encontram semelhanças. Ainda que minha intenção não seja abordar detalhadamente suas características comuns e as que permitem diferenciá-los, considero interessante pronunciar-nos a respeito, especialmente pelo fato de que, nas novas propostas curriculares (MEC, 1989b; *Departament d'Ensenyament*, 1989), utiliza-se o termo "procedimentos" para referir-se a todos eles. Visto que na literatura especializada, na tradição psicopedagógica e também neste livro fala-se de "estratégias de leitura", parece necessário situá-las com relação aos procedimentos.

> "Um *procedimento* – com frequência chamado também de regra, técnica, método, destreza ou habilidade – é um conjunto de ações ordenadas e finalizadas, isto é, dirigidas à consecução de uma meta."
>
> Coll, 1987, p. 89.

> "(...) Pode-se falar de procedimentos mais ou menos gerais em função do número de ações ou passos envolvidos em sua realização, da estabilidade na ordem destes passos e do tipo de meta a alcançar. Nos conteúdos de procedimentos indicam-se conteúdos que também podem ser denominados "destrezas", "técnicas" ou "estratégias", pois todos estes termos se referem às características que definem um procedimento. Entretanto, em alguns casos podem ser diferenciados conteúdos que se referem a procedimentos ou destrezas mais gerais, que para o seu aprendizado exigem outras técnicas mais específicas, relacionadas a conteúdos concretos".
>
> MEC, 1989b, *Diseño Curricular Base*, p. 43.

Para entendermos, nas definições que acabei de propor se pressupõe que, quando amarramos os cadarços dos sapatos, quando cozinhamos alguma coisa gostosa, quando decidimos se é mais eficaz buscar o filho na escola antes de fazer as compras e levar uma cópia de um artigo a um colega que o pediu ou, pelo contrário, que é melhor deixar as compras para o final e fazer primeiro as outras coisas, então estamos tratando com procedimentos.

É provável que pense que, embora seja certo que amarrar os tênis, cozinhar e planejar um itinerário são ações ordenadas, destinadas à consecução de uma meta — não tropeçar com o cadarço; satisfazer uma necessidade básica; fazer o que tínhamos planejado para esta tarde — também é verdade que existem diferenças entre estes procedimentos.

Assim, enquanto no primeiro caso se trata de uma ação completamente automatizada (tente fazer o laço e o nó pensando neles e vai ver como é difícil!), no segundo seguimos instruções que nos garantem a consecução de um objetivo, de forma que nossa ação é praticamente controlada por tais instruções. Em troca, quando nos encontramos em uma situação como a do terceiro exemplo, as coisas são um pouco diferentes.

Neste caso, usamos nossa capacidade de pensamento estratégico, que embora não funcione como "receita" para ordenar a ação, possibilita avançar seu curso em função de critérios de eficácia. Para isso, no exemplo proposto, temos que representar o problema que tratamos de resolver – fazer tudo em pouco mais de uma hora e meia, e da forma mais eficaz possível, para não passar três vezes pelo mesmo lugar – e as condições e condicionantes de que dispomos em um momento adequado – se temos carro, as possibilidades oferecidas pelo transporte urbano, a hora em que as lojas fecham, se a criança vai esperar na rua ou pode permanecer na escola...

Como Valls frisou (1990), a estratégia tem em comum com todos os demais procedimentos sua utilidade para regular a atividade das pessoas, à medida que sua aplicação permite selecionar, avaliar, persistir ou abandonar determinadas ações para conseguir a meta a que nos propomos.

No entanto, uma das características das estratégias é o fato de que não detalham nem prescrevem totalmente o curso de uma ação; o mesmo autor indica acertadamente que as estratégias são suspeitas inteligentes, embora arriscadas, sobre o caminho mais adequado que devemos seguir. Sua potencialidade reside justamente nisso, no fato de serem independentes de um âmbito particular e poderem se generalizar; em contrapartida, sua aplicação correta exigirá sua contextualização para o problema concreto. Um componente essencial das estratégias é o fato de que envolvem autodireção – a existência de um objetivo e a consciência de que este objetivo existe – e autocontrole, isto é, a supervisão e avaliação do próprio comportamento em função dos objetivos que o guiam e da possibilidade de modificá-lo em caso de necessidade.

Compartilho com Valls (1990) a ideia de que as estratégias se situam no polo extremo de um contínuo, cujo polo oposto conteria os procedimentos mais específicos, aqueles cuja realização é automática e não exige o controle nem o planejamento prévio que caracteriza as primeiras. Outros autores (Nisbet e Shucksmith, 1987) se exprimem de forma similar, quando se referem às microestratégias (para nós, habilidades, técnicas, destrezas[1]...) como processo executivos, ligados a tarefas muito concretas, e concedem às macroestratégias (nossas estratégias) o caráter de capacidades cognitivas de ordem mais elevada, intimamente relacionadas à metacognição – capacidade de conhecer o próprio conhecimento, de pensar sobre nossa atuação, de planejá-la – e que permitem controlar e regular a atuação inteligente.

Proponho que reflita um pouco se essa consideração é adequada; considerarei que as estratégias de compreensão leitora às quais faremos referência neste livro são procedimentos de caráter elevado, que envolvem a presença de objetivos a serem realizados, o planejamento das ações que se desencadeiam para atingi-los, assim como sua avaliação e possível mudança. Esta afirmação tem várias implicações, entre as quais vou salientar duas:

1. A primeira é tão óbvia que nem sei se é preciso formulá-la... enfim, vamos lá. Se as estratégias de leitura são procedimentos e os procedimentos são conteúdos de ensino, então é preciso ensinar estratégias para a compreensão dos textos. Estas não amadurecem, nem se desenvolvem, nem emergem, nem aparecem. Ensinam-se – ou não se ensinam – e se aprendem – ou não se aprendem.
2. Se considerarmos que as estratégias de leitura são procedimentos de ordem elevada que envolvem o cognitivo e o metacognitivo, no ensino elas não podem ser tratadas como técnicas precisas, receitas infalíveis ou habilidades específicas. O que caracteriza a mentalidade estratégica é sua capacidade de representar e analisar os problemas e a flexibilidade para encontrar soluções. Por isso, ao ensinar estratégias de compreensão leitora, entre os alunos deve predominar a construção e o uso de procedimentos de tipo geral, que possam ser transferidos sem maiores dificuldades para situações de leitura múltiplas e variadas. Por esse motivo, ao abordar estes conteúdos e ao garantir sua aprendizagem significativa, contribuímos com o desenvolvimento global de meninos e meninas, além de fomentar suas competências como leitores. No próximo item insistirei nestes aspectos.

Por que devemos ensinar estratégias?
O papel das estratégias na leitura

"Pois para ler, claro! Para que poderia ser?". Imagino que você deve estar zangado com tamanha insistência. Apesar disso, vou correr o risco e vou abusar um pouquinho mais da sua qualidade de paciente leitor.

Já comentei que, em torno da leitura, se suscitaram polêmicas vibrantes e debates apaixonados. Entretanto, nem tudo é discrepância. Existe um acordo generalizado, pelo menos nas publicações que se situam em uma perspectiva cognitivista/construtivista da leitura, em aceitar que, quando se possui uma razoável habilidade para a decodificação, a compreensão do que se lê é produto de três condições (Palincsar e Brown, 1984).

1. Da clareza e coerência do conteúdo dos textos, da familiaridade ou conhecimento da sua estrutura e do nível aceitável do seu léxico, sintaxe e coesão interna. Alguns autores denominam essas propriedades de *considerate texts* (Anderson e Amsbruster, 1984). Se prestarmos atenção ao que acordamos no segundo capítulo a respeito da aprendizagem significativa, estaremos diante da condição de "significatividade lógica" do conteúdo que deve ser aprendido (Ausubel, Novak e Hanesian, 1983).
2. Do grau em que o conhecimento prévio do leitor seja relevante para o conteúdo do texto. Em outras palavras, da possibilidade de o leitor possuir os conhecimentos necessários que vão lhe permitir a atribuição de significado aos conteúdos do texto. Se levarmos em conta a noção de aprendizagem significativa, esta condição é a que Ausubel e seus colaboradores (1983) denominam "significatividade psicológica".

Isto é, para o leitor poder compreender, o texto em si deve se deixar compreender e o leitor deve possuir conhecimentos adequados para elaborar uma interpretação sobre ele. Não se esqueça de que já falamos destas condições no segundo capítulo, quando analisávamos as relações entre ler, compreender e aprender. Lembre-se também de que, ao nos referirmos ao "conhecimento prévio adequado" ou relevante do leitor, não estamos referindo ao fato de ele "saber" o conteúdo do texto, mas ao de que entre este e seus conhecimentos exista uma distância ótima que permita o processo de atribuição de significados que caracteriza a compreensão.

Contudo, estas condições são necessárias porém não suficientes. A compreensão também depende de outro fator, descrito por Palincsar e Brown (1984):

3. Das estratégias que o leitor utiliza para intensificar a compreensão e a lembrança do que lê, assim como para detectar e compensar os possíveis erros ou falhas de compreensão. Estas estratégias são as responsáveis pela construção de uma interpretação para o texto e, pelo fato de o leitor ser consciente do que entende e do que não entende, para poder resolver o problema com o qual se depara.

Pode ser um pouco difícil explicar isso, pois você, como todos os leitores experientes, *utiliza as estratégias de forma inconsciente*. Enquanto lemos e vamos compreendendo, não acontece nada; o processamento de informação escrita que o ato de leitura requer acontece de maneira automática. No entanto, quando encontramos algum obstáculo – uma frase incompreensível, um desenlace totalmente imprevisto, que contradiz nossas expectativas, uma página colocada de forma incorreta, que torna impossível a nossa compreensão – o estado de "piloto automático" (Brown, 1980; Palincsar e Brown, 1984) é abandonado. Quando nos deparamos com alguma das eventualidades que mencionei ou com outras parecidas, é imprescindível parar a leitura e prestar atenção ao problema surgido, o que significa dispensar-lhe um processamento e atenção adicional e, na maioria das vezes, realizar determinadas ações (reler o contexto da frase; examinar as premissas em que se baseiam nossas previsões sobre qual deveria ser o final do romance... e muitas outras). Entramos então em um "estado estratégico", caracterizado pela necessidade de aprender, de resolver dúvidas e ambiguidades de forma planejada e deliberada e que nos torna conscientes da nossa própria compreensão. No estado estratégico somos plenamente conscientes daquilo que perseguimos – por exemplo, ter certeza de que apreendemos o conteúdo do texto, ou esclarecer um problema de compreensão – e colocamos em funcionamento algumas ações que podem contribuir para a consecução do propósito. Simultaneamente, permanecemos alertas avaliando se conseguimos nosso objetivo e podemos variar nossa atuação quando isso nos parece necessário.

Vamos recordar agora o item anterior, em que consideramos as estratégias de compreensão leitora como um tipo particular de procedimentos de ordem elevada. Como poderão verificar, cumprem todos os requisitos: tendem à obtenção de uma meta; permitem avançar o custo da ação do leitor, embora não a prescrevam totalmente; caracterizam-se porque não estão sujeitas de forma exclusiva a um tipo de conteúdo ou a um tipo de texto, podendo adaptar-se a diferentes situações de leitura; envolvem os componentes metacognitivos de controle sobre a própria compreensão, pois o leitor especialista, além de compreender, sabe que compreende e quando não compreende.

Por que é necessário ensinar estratégias de compreensão? Em síntese, porque queremos formar leitores autônomos, capazes de enfrentar de forma inteligente textos de índole muito diversa, na maioria das vezes diferentes dos utilizados durante a instrução. Esses textos podem ser difíceis, por serem muito criativos ou por estarem mal escritos. De qualquer forma, como correspondem a uma grande variedade de objetivos, cabe esperar que sua estrutura também seja variada, assim como sua possibilidade de compreensão.

Formar leitores autônomos também significa formar leitores capazes de aprender a partir dos textos. Para isso, quem lê deve ser capaz de interrogar-se sobre sua própria compreensão, estabelecer relações entre o que lê e o que faz parte do seu acervo pessoal, questionar seu conhecimento e modificá-lo, estabelecer generalizações que permitam transferir o que foi aprendido para outros contextos diferentes... A contribuição de Pozo (1990), que define as estratégias na elaboração do texto escrito – atividades realizadas para aprender a partir dele – como estratégias de elaboração e de organização do conhecimento, na parte superior da hierarquia das estratégias de aprendizagem, parece-me muito sugestiva. Estas estratégias – torno a insistir – são necessárias para aprender a partir do que se lê, mas também quando a aprendizagem se baseia no que se escuta, no que se discute ou debate. Assim, o ensino de estratégias de compreensão contribui para dotar os alunos dos recursos necessários para aprender a aprender.

Para aprender estas estratégias – quais? – e poder usá-las, temos de organizar situações que permitam isso. Dedicarei o seguinte ponto a ambas as questões.

Que estratégias vamos ensinar? Como podemos ensiná-las?

As estratégias que vamos ensinar devem permitir que o aluno planeje a tarefa geral de leitura e sua própria localização – motivação, disponibilidade – diante dela; facilitarão a comprovação, a revisão, o controle do que se lê e a tomada de decisões adequada em função dos objetivos perseguidos.

Como foi ressaltado por diversos autores (Monereo, 1990; Nisbet e Shucksmith, 1987; Palincsar e Brown, 1984; Pozo, 1990), na literatura existem várias descrições de estratégias. Estas classificações costumam observar discrepâncias – o que às vezes é considerado uma estratégia, outras, uma técnica –, e o fato de apresentar listas de estratégias corre o perigo de transformar o que é um meio em um fim do ensino em si mesmo. É fundamental estarmos de acordo em que o que queremos não são crianças que possuam amplos repertórios de estratégias, mas que saibam utilizar as estratégias adequadas para a compreensão do texto.

Por outro lado, as listas podem nos ajudar a cair na tentação de ensinar as estratégias não como tais, mas como técnicas ou procedimentos de nível inferior – como de fato já ocorre em diversas propostas –, isto é, como procedimentos que detalham e prescrevem o que deve constituir o curso de uma ação, neste caso de leitura. Já estipulamos que as estratégias são outra coisa, e como tal teremos de ensiná-las, se não quisermos que seu potencial se dilua.

Por este motivo, considero mais adequado pensar naquilo que as diferentes estratégias que utilizamos devem possibilitar quando lemos e no que terá de ser levado em conta na hora de ensinar. Em um interessante trabalho mencionado várias vezes ao longo deste capítulo, Palincsar e Brown (1984) sugerem que as atividades cognitivas que deverão ser ativadas ou fomentadas mediante as estratégias são as que descreverei a seguir. Tentei precisar as questões que formulam ou deveriam formular ao leitor, cuja resposta é necessária para poder compreender o que se lê.

1. Compreender os propósitos implícitos e explícitos da leitura. Equivaleria a responder às perguntas: Que tenho que ler? Por que/para que tenho que lê-lo?

2. Ativar e aportar à leitura os conhecimentos prévios relevantes para o conteúdo em questão. Que sei sobre o conteúdo do texto? Que sei sobre conteúdos afins que possam ser úteis para mim? Que outras coisas sei que possam me ajudar: sobre o autor, o gênero, o tipo do texto...?
3. Dirigir a atenção ao fundamental, em detrimento do que pode parecer mais trivial (em função dos propósitos perseguidos; v. ponto 1. Qual é a informação essencial proporcionada pelo texto e necessária para conseguir o meu objetivo de leitura? Que informações posso considerar pouco relevantes, por sua redundância, seu detalhe, por serem pouco pertinentes para o propósito que persigo?
4. Avaliar a consistência interna do conteúdo expressado pelo texto e sua compatibilidade com o conhecimento prévio e com o "sentido comum". Este texto tem sentido? As ideias expressadas no mesmo têm coerência? É discrepante com o que eu penso, embora siga uma estrutura de argumentação lógica? Entende-se o que quer exprimir? Que dificuldades apresenta?
5. Comprovar continuamente se a compreensão ocorre mediante a revisão e a recapitulação periódica e a autointerrogração. Que se pretendia explicar neste parágrafo – subtítulo, capítulo – ? Qual é a ideia fundamental que extraio daqui? Posso reconstruir o fio dos argumentos expostos? Posso reconstruir as ideias contidas nos principais pontos? Tenho uma compreensão adequada dos mesmos?
6. Elaborar e provar inferências de diverso tipo, como interpretações, hipóteses e previsões e conclusões. Qual poderá ser o final deste romance? Que sugeriria para resolver o problema exposto aqui? Qual poderia ser – por hipótese – o significado desta palavra que me é desconhecida? Que pode acontecer com este personagem?

Deveria-se acrescentar a tudo isso que as estratégias devem ajudar o leitor a escolher outros caminhos quando se deparar com problemas na leitura. Ainda que Palincsar e Brown não se manifestem a respeito, podemos supor que estariam de acordo com que tudo o que as estratégias de leitura envolvem ou deveriam envolver (ou seja, pontos 1, 2, 3, 4, 5, 6) seria muito pouco útil se não estivesse subjacente a ideia de revisão e mudança da própria atuação quando fosse necessário.

Minha proposta é que nos ocupemos das seguintes estratégias nos capítulos sucessivos:

- As que permitem que nos dotemos de objetivos de leitura e atualizemos os conhecimentos prévios relevantes (prévias à leitura/durante ela): capítulos 5 e 6, especialmente.

- As que permitem estabelecer inferências de diferente tipo, rever e comprovar a própria compreensão enquanto se lê e tomar decisões adequadas ante erros ou falhas na compreensão (durante a leitura): capítulo 6.
- As dirigidas a recapitular o conteúdo, a resumi-lo e a ampliar o conhecimento que se obteve mediante a leitura (durante a leitura/depois dela): capítulos 6 e 7.

A verdade é que parece um pouco artificial estabelecer essa classificação, porque as estratégias aparecem integradas no decorrer do processo de leitura (por exemplo, estabelecer previsões, construir a ideia principal, chegar ao conhecimento prévio). Ao longo do texto, tentarei apontar este fato. No entanto, apesar desta limitação, considero que o fato de estudar deste modo as diversas estratégias poderá me permitir enfatizar a ideia de que o ensino da leitura pode e deve ocorrer em todas as suas etapas (antes, durante e depois) e que restringir a atuação do professor a uma dessas fases seria adotar uma visão limitada da leitura e do que pode ser feito para ajudar as crianças a dominá-la.

Por outro lado, organizar deste modo a exposição contribui para evidenciar que não há nenhuma contradição em se postular o ensino de estratégias de leitura e ao mesmo tempo sustentar a ideia de um leitor ativo, que constrói seus próprios significados e que é capaz de utilizá-los de forma competente e autônoma. Como ocorre com todos os conteúdos do ensino, também aqui se pode – e se deve – ensinar o que deve ser construído (Solé, 1991).

O ensino de estratégias de compreensão leitora

Embora me refira ao ensino ao abordar as diferentes estratégias que vamos tratar, é útil expor aqui o enfoque geral que, do meu ponto de vista, deve ser levado em conta em sua instrução. Da concepção construtivista do ensino e da aprendizagem escolar (Coll, 1990) na qual me situo, esta é entendida como uma ajuda proporcionada ao aluno para ele poder construir seus aprendizados. É uma ajuda, porque ninguém pode suplantá-lo nesta tarefa; mas é insubstituível, pois sem ela é muito duvidoso que meninos e meninas possam dominar os conteúdos do ensino e conseguir seus objetivos.

Três ideias, associadas à concepção construtivista, parecem-me particularmente adequadas quando se trata de explicar o caso da leitura e das estratégias que a tornam possível. A primeira considera a situação educativa como um *processo de construção conjunta* (Edwards e Mercer, 1988), através do qual o professor e seus alunos podem compartilhar progressivamente significados mais amplos e complexos e dominar procedimentos com maior precisão e rigor, de modo que ambos também se tornam progressivamente mais adequados para entender e incidir sobre a realidade – por exemplo, para compreender e interpretar os textos nela presentes. Se se trata de um "processo de construção", é óbvio que não se pode pedir que tudo se resolva adequadamente e de uma vez só; se também é uma "construção conjunta", parece claro que, embora o aluno seja o protagonista, o professor também desempenhará um papel de destaque.

A segunda ideia que me parece muito interessante é a consideração de que, nesse processo, o professor exerce uma função de *guia* (Coll, 1990), medida que deve garantir o elo entre a construção que o aluno pretende realizar e as construções socialmente estabelecidas e que se traduzem nos objetivos e conteúdos prescritos pelos currículos em vigor em um determinado momento. Assim, estamos perante um processo de construção conjunta que se caracteriza por constituir o que Rogoff (1984) denomina *participação guiada*. Se conseguirmos esclarecer o que significa um processo de ensino/aprendizagem em que esta participação esteja presente, teremos elementos para aprofundar mais sobre a tarefa do professor.

Para Rogoff, a participação guiada pressupõe, em primeiro lugar, uma situação educativa em que se ajude o aluno a contrastar e relacionar seu conhecimento prévio com o que vai ser necessário para abordar essa situação. Em segundo lugar, o aluno dispõe desde o princípio – porque o professor lhe proporciona isso – de uma visão de conjunto ou estrutura geral para levar a cabo a sua tarefa. São situações em que, como terceira característica, se permite que a criança assuma a responsabilidade em seu desenvolvimento de forma progressiva, até se mostrar competente na aplicação autônoma do que foi aprendido. Naturalmente, trata-se de situações em que o adulto – neste caso o professor, mas poderia ser um progenitor ou outra pessoa – participa muito ativamente.

A descrição da participação guiada aproxima-se enormemente da descrição dos processos de *"andaimes"*, terceira ideia que tinha me proposto a comentar. Bruner e colaboradores (Wood, Bruner e Ross, 1976) utilizam a metáfora do "andaime" para explicar o papel do ensino com relação à aprendizagem do aluno. Assim como os andaimes sempre estão localizados um pouco acima do edifício que contribuem para construir, os desafios do ensino devem estar um pouco além dos que a criança já seja capaz de resolver. Mas da mesma maneira que, depois da construção do edifício – se as coisas foram bem feitas –, o andaime é retirado sem ser possível encontrar seu rastro e sem que o edifício caia, também as ajudas que caracterizam o ensino devem ser retiradas progressivamente, à medida que o aluno se mostrar mais competente e puder controlar sua própria aprendizagem. Parece-me fundamental a ideia de que o bom ensino não é apenas o que se situa um pouco acima do nível atual do aluno, mas o que garante a interiorização do que foi ensinado e seu uso autônomo por parte daquele.

Entendo as situações de ensino/aprendizagem que se articulam em torno das estratégias de leitura como processos de construção conjunta, nos quais se estabelece uma prática guiada através da qual o professor proporciona aos alunos os "andaimes" necessários para que possam dominar progressivamente essas estratégias e utilizá-las depois da retirada das ajudas iniciais. Diversas propostas teórico/práticas orientam-se neste sentido ou em um sentido similar.

Em um interessante e pouco conhecido trabalho, Collins e Smith (1980) afirmam que é necessário ensinar uma série de estratégias que podem contribuir para a compreensão leitora e propõem um ensino em progressão ao longo de três etapas. Na primeira, ou etapa do *modelo,* o professor serve de modelo para seus alunos mediante sua própria leitura: lê em voz alta, para sistematicamente verbalizar e comentar os processos que lhe permitem compreender o texto – por exemplo, as hipóteses que realiza, os indicadores em que se baseia para verificá-las...; também comenta as dúvidas que encontra, as falhas de compreensão e os mecanismos que utiliza para resolvê-las..., etc. (Lembra que no capítulo anterior falamos da "demonstração de modelos"? Estamos diante do mesmo caso.)

Pode ser difícil explicar os próprios processos internos, porque em muitas ocasiões não nos damos conta de que os realizamos e também porque não estamos muito acostumados a falar sobre eles. Mas a aprendizagem de um conhecimento requer, como condição necessária – embora não suficiente – sua demonstração. Por isso a dificuldade não deve nos amedrontar e poderemos fazer com a leitura a mesma coisa que fazemos quando explicamos a soma: expor às crianças como procedemos para resolvê-la.

Depois da etapa do modelo, e à medida que as coisas ocorram ou se exija, segue a etapa de *participação do aluno.* Na mesma se pretende, em primeiro lugar, que, de uma forma mais dirigida pelo professor – por exemplo, formulando perguntas que sugiram uma hipótese bastante determinada sobre o conteúdo do texto – e dando maior liberdade progressivamente – sugerindo perguntas abertas, ou apenas elucidando as opiniões dos meninos ou meninas –, o aluno participe do uso de estratégias que vão lhe facilitar a compreensão dos textos.

Esta é uma etapa delicada, porque devemos garantir a transferência progressiva da responsabilidade e do controle do professor para o aluno. Isto não quer dizer que o professor deva se inibir, pelo contrário. Está lá para intervir de forma segura nas necessidades dos alunos, mas sua meta é a de conseguir sua realização competente e autônoma. Naturalmente, isto exige certas condições: tanto o professor como o aluno devem compreender que podem ocorrer erros, e isso não deve ser um impedimento para se arriscar. Tampouco se trata de ser temerário; não vale tudo. Nesta etapa, o importante é a fineza com que podem ir se ajustando as realizações melhores e mais desejáveis dos alunos, com a ajuda adequada do professor. A ideia de construção conjunta e de participação guiada à qual nos referíamos antes adquire aqui sua maior significação.

Por último, Collins e Smith (1980) falam da etapa de *leitura silenciosa,* na qual os alunos realizam sozinhos as atividades que, nas fases anteriores, efetuaram com ajuda do professor: dotar-se de objetivos de leitura, prever, formular hipóteses, buscar e encontrar apoio para as hipóteses, detectar e compensar falhas de compreensão, etc. Inclusive nesta etapa podem ser oferecidas ajudas de natureza diversa ao aluno: textos preparados que obriguem a realizar algumas inferências; textos com erros para resolver; textos de diversos tipos.

O modelo para o ensino proposto por Collins e Smith respeita os princípios antes assinalados para caracterizar uma situação de instrução da compreensão leitora. No mesmo se afirma que, como em qualquer conteúdo acadêmico, o domínio das estratégias de compreensão leitora requer progressivamente menor controle por parte do professor e maior controle do aluno.

De outra perspectiva podemos considerar um conjunto de propostas para o ensino de estratégias de compreensão leitora que se englobam sob a denominação de "ensino direto" ou "instrução direta" e que tem contribuído notavelmente para evidenciar a necessidade de ensinar a ler e a compreender de forma explícita. Baumann (1990) sintetiza tanto o modelo de ensino direto como os pressupostos em que se apoia, desenhando o "retrato robô" do professor eficaz:

"(...) Quando há ensino direto, dedica-se tempo suficiente à leitura, os professores aceitam sua responsabilidade no progresso dos alunos e esperam que estes aprendam. Os professores conhecem os objetivos de suas aulas e são capazes de expô-los claramente aos alunos. A atmosfera é séria e organizada, mas ao mesmo tempo cálida, relaxada e solidária. O professor seleciona as atividades e dirige as aulas; o ensino não é realizado por um livro de atividades, livro de texto ou por outro aluno. Geralmente é realizado em grupos grandes ou pequenos, os alunos obtêm mais êxitos do que fracassos e estão concentrados na tarefa durante a maior parte do tempo. O professor está bem preparado, é capaz de prevenir o mau comportamento, verifica que seus alunos compreendem, corrige adequadamente e torna a repetir as explicações em caso de necessidade. Mas o mais importante é que o professor comanda a situação de aprendizagem, mostrando, falando, demonstrando, descrevendo, *ensinando* o que deve ser aprendido."

Baumann, 1990; 141.

Baumann (1985; 1990) divide o método de ensino direto da compreensão leitora em cinco etapas:
    1. *Introdução.* Explica-se aos alunos os objetivos daquilo que será trabalhado e a forma em que eles serão úteis para a leitura.

2. *Exemplo*. Depois da introdução, exemplifica-se a estratégia a ser trabalhada mediante um texto, o que ajuda os alunos a entenderem o que vão aprender.
3. *Ensino direto*. O professor mostra, explica e descreve a habilidade em questão, dirigindo a atividade. Os alunos respondem às perguntas e elaboram a compreensão do texto, mas o professor é o encarregado do ensino.
4. *Aplicação dirigida pelo professor.* Os alunos devem pôr em prática a habilidade aprendida sob o controle e a supervisão do professor. Este pode realizar um acompanhamento dos alunos e, em caso de necessidade, tornar a ensinar.
5. *Prática individual.* O aluno deve utilizar independentemente a habilidade com material novo.

O método de instrução direta está baseado em um paradigma de pesquisa educativa que recebe o nome de "processo/produto", porque suas prescrições estipulam que se estabelece uma relação causal entre o processo de ensino – o que o professor faz – e seu produto – entendido em termos dos resultados conseguidos pelos alunos. Os processos internos próprios destes últimos – a atualização do conhecimento prévio, o estabelecimento de relações com a nova informação, a atribuição de significados, em suma –, que constituem o eixo em uma ótica construtivista, não são levados em consideração de uma forma explícita. Espera-se que, se o professor ensinar determinadas técnicas ou estratégias utilizando o modelo de instrução direta, os alunos aprenderão. Como o modelo é apresentado como uma sequência ordenada de passos lógicos, a tentação de ser rigoroso na aplicação e de considerar que com este rigor garante-se automaticamente a aquisição por parte dos alunos parece quase inevitável.

Assim, Cooper (1990), em uma obra baseada nos pressupostos deste modelo, adverte sobre os mal-entendidos que podem surgir na instrução direta, cuja origem pode ser situada, segundo o autor, em uma concepção errônea do que esta significa ou em sua aplicação incorreta. Entre estes mal-entendidos, aponta os seguintes:

- A instrução direta é o ensino de habilidades isoladas.
- A instrução direta consiste em explicar aos alunos algo referente a uma habilidade.
- A instrução direta equivale à totalidade do ensino da leitura.
- Os professores sabem como utilizar o modelo de instrução direta e de fato o utilizam.

Cooper insiste em que todas essas afirmações são tergiversações dos pressupostos em que se baseiam e das etapas que caracterizam o modelo. A meu ver, são justamente os pressupostos em que repousa – processo/produto – e as características de muitos dos trabalhos em que este modelo foi dado a conhecer, o que levou ao surgimento desses "mal-entendidos": não se explica claramente em que consiste que um aluno aprenda; muitas vezes trabalha-se com habilidades isoladas; decompõem-se de forma arbitrária estratégias complexas em habilidades de dificuldade inferior supostamente vinculadas às primeiras; não se presta muita atenção à fundamentação psicopedagógica do ensino, etc. Em contrapartida, o modelo de ensino direto coloca o dedo na ferida de um dos modelos mais preocupantes no âmbito da leitura: a necessidade de ensiná-la sistematicamente.

Considero que este modelo oferece uma proposta rigorosa e sistemática para o ensino que, como todas as propostas, deve ser adequada com flexibilidade a cada contexto. Se seu uso contextualizado se apoiar em uma conceitualização sobre o que pressupõe a aprendizagem do aluno e um modelo claro e global sobre a leitura e o que a compreensão leitora envolve, a contribuição ao seu ensino e aprendizagem atingirá toda a sua potencialidade. Da perspectiva adotada neste livro, isso equivale a dizer que, a partir de uma visão global daquilo que é o processo de leitura, mediante o ensino – com os recursos desta e de outras propostas – deve-se conseguir que os alunos se transformem em leitores ativos e autônomos, que aprenderam de forma significativa as estratégias responsáveis por uma leitura eficaz e que são capazes de utilizá-las independentemente em vários contextos.

No terreno das propostas, também gostaríamos de destacar a de Palincsar e Brown (1984). Estas autoras consideram que, inclusive quando os alunos são instruídos em estratégias de compreensão leitora, têm muitos problemas para generalizar e transferir os conhecimentos aprendidos. Isto se deve ao fato de que nos programas tradicionais o aluno é um *participante passivo* que responde ao ensino, que atua e que faz o que lhe pedem, porém sem compreender seu sentido; em nossas palavras, diríamos que não aprende significativamente – não pode atribuir um significado a – o que se ensina, e portanto essa aprendizagem não será funcional – útil para diversos contextos e necessidades. Em minha opinião, este poderia ser o caso de uma aplicação pouco reflexiva de uma proposta baseada nos pressupostos da instrução direta.

Por esta razão, elas propõem um *modelo de ensino recíproco,* em que o aluno deve assumir um papel ativo. O modelo, projetado para ensinar a utilização de quatro estratégias básicas de compreensão de textos – formular previsões, formular perguntas sobre o texto, esclarecer dúvidas e resumi-lo –, baseia-se na discussão sobre o fragmento que se trata de compreender, e essa discussão é dirigida por turnos pelos diversos participantes. Cada um deles começa formulando uma pergunta que deve ser respondida pelos demais, pede esclarecimentos sobre as dúvidas formuladas, resume o texto em questão e suscita as previsões que estes realizam sobre o fragmento posterior. Se um aluno lidera a discussão, o professor intervém proporcionando ajuda aos distintos participantes.

No modelo de ensino recíproco, o professor assume algumas tarefas essenciais; você já vai perceber que não se trata de um participante comum. No início, oferece um modelo especializado aos alunos, que veem como ele atua para solucionar determinados problemas. Em segundo lugar, ajuda a manter os objetivos da tarefa, centrando a discussão no texto e garantindo o uso e aplicação das estratégias que tenta ensinar. Por último, supervisiona e corrige os alunos que dirigem a discussão, em um processo cujo objetivo é fazer com que estes assumam a responsabilidade total e o controle correspondente. Explicação, demonstração de modelos, participação ativa e guiada, correção, transferência progressiva da competência... tornam a aparecer aqui como chaves do ensino em uma perspectiva construtivista.

Em um artigo em que expõe esta perspectiva, Coll (1990) situa os mecanismos de influência educativa no ajuste e articulação da atividade do aluno e do professor em torno dos conteúdos ou tarefas de ensino. A partir de um trabalho de Collins, Brown e Newman (1989, em Coll, 1990), considera que o planejamento do ensino deveria levar em conta, de maneira simultânea, quatro dimensões:

- Os conteúdos que devem ser ensinados. Estes não podem se limitar aos conteúdos factuais e conceituais, ou aos procedimentos de caráter específico intimamente ligados a um âmbito concreto, mas devem abranger as estratégias de planejamento e controle que garantem a aprendizagem nos especialistas. No caso da compreensão leitora, trata-se de ensinar os procedimentos estratégicos que podem capacitar os alunos para ler de forma autônoma e produtiva, isto é, utilizando a leitura para aprender e controlar que essa aprendizagem se realize.
- Os métodos de ensino. Trata-se aqui de buscar as situações mais adequadas para os alunos poderem construir seu conhecimento e aplicá-lo em contextos diversos. Não existem prescrições que possam garantir o sucesso de um método sobre outros, embora tenha afirmado em outro texto (Solé, 1991) que a perspectiva construtivista é incompatível com a homogeneização – na caracterização dos alunos, na consideração de suas estratégias de aprendizagem e, portanto, na dos métodos utilizados para ensiná-los. Só levando em conta a diversidade pode-se ajudar cada um deles a construir seu conhecimento. No entanto, a partir desta premissa, é possível reinterpretar e utilizar distintas propostas – as de ensino recíproco, as do modelo de etapas, as de instrução direta – que,

convenientemente adequadas, ajudarão a conseguir os propósitos do ensino.
- A sequenciação dos conteúdos. Ajudar os alunos a aprender pressupõe ajudá-los a estabelecer o maior número possível de relações entre o que já sabem e o que lhes é oferecido como novo. Quanto mais geral e simples for a nova informação, mais simples será esse processo, pois é de se esperar que o aluno possa relacionar seu conhecimento prévio com algo pouco específico, detalhado e complexo quando já possuir um referencial explicativo sobre o mais geral. Quero chamar sua atenção para o fato de que no ensino da leitura geralmente é seguido o caminho inverso, ou seja, ensinar procedimentos específicos, aplicáveis a um âmbito reduzido de problemas – por exemplo, responder a perguntas muito fechadas – antes de procedimentos de tipo geral – como formular perguntas relevantes sobre o texto.
- A organização social da sala de aula, aproveitando todas as possibilidades que oferece. No caso do ensino da leitura, geralmente o professor formula as perguntas a um grande grupo; ou os exercícios de extensão da leitura são realizados individualmente. Por que não criar situações em que os alunos tenham de construir perguntas interessantes para o texto e formulá-las para os outros? Por que não se aproveita a interação entre iguais nas tarefas de resumo, ou inferências, e inclusive na leitura silenciosa – para resolver dúvidas, esclarecer, etc.?

Enfim, como o leitor deve ter percebido, essa questão de ensinar a ler não é uma tarefa fácil, tampouco a de aprender a ler, pelo menos da forma em que neste livro se entende a leitura. Quer um dado curioso? Uma grande parte das propostas metodológicas para o ensino, que depois extrapolam para diferentes conteúdos e matérias – modelos de instrução direta, ensino explícito, modelos de ensino recíproco, projeto de ambientes educativos ideais –, das quais demos alguns exemplos neste item, foi elaborada para melhorar o ensino da leitura, a partir da preocupação suscitada pelo número alarmante de analfabetos funcionais – como expus no primeiro capítulo – nas sociedades ocidentais.

A análise das propostas concretas elaboradas de uma perspectiva construtivista, e de outras derivadas de outros referenciais explicativos, pretendia fazer com que entendêssemos o enfoque geral que, em minha opinião, deve presidir o ensino de estratégias de compreensão leitora: um enfoque baseado na participação conjunta – embora com responsabilidades diversas – de professor e aluno, para que este se torne autônomo e competente na leitura. Espero ter conseguido este propósito. Uma boa forma de verificá-lo seria a de responder a algumas perguntas, como: O que aprendi neste item? Posso considerar que se estabelecem diferenças entre as propostas construtivistas e as propostas processo/produto? É suficiente um aluno responder ao ensino e realizar as atividades propostas para aprender significativamente as estratégias de leitura que querem lhe ensinar? Existe apenas um modelo que possa garantir a aprendizagem dos alunos? etc.

Os tipos de texto

Nestes parágrafos vamos falar daquilo que se lê, dos textos. Não pretendo detalhar o tema, pois isso escapa ao limite destas páginas, mas apenas ilustrar sucintamente a diversidade de textos com os quais nos deparamos, assim como mostrar por que é necessário, a meu ver, que a leitura na escola não se limite a um ou dois tipos de textos. Considero que alguns textos são mais adequados que outros para determinados propósitos de leitura – assim como para determinadas finalidades de escrita – e que as estratégias que utilizamos para ler se diversificam e adaptam em função do texto que queremos abordar.

A seguir vou me ocupar dos textos, sabendo que existem múltiplas tipologias e que o que as caracteriza não é precisamente consensual. Não vou descrever as relações entre diferentes textos e estratégias de leitura, pois este aspecto será tratado precisamente nos capítulos 5, 6 e 7, dedicados ao ensino de estratégias. A exposição que farei aqui é um recurso que adoto para poder me referir a ela em parágrafos posteriores, quando for necessário.

Tipos de texto e expectativas do leitor

Um primeiro motivo pelo qual é importante distinguir entre os textos que usamos é porque, como tais, eles são diferentes. Não é a mesma coisa ler este livro que um romance – não acha? –, nem um relatório de pesquisa que uma aventura de Rintintin. Isso é evidente e, para nossos propósitos, não é necessário insistir na questão.

Um segunda razão que justifica que os distingamos são as *diferentes expectativas* que diferentes textos despertam no leitor. Quando se fala de "tipos" de texto ou de "superestruturas" (Bronckart, 1979; Van Dijk, 1983), sugere-se que estas atuam como esquemas aos quais o discurso escrito se adapta. Assim, independentemente do conteúdo, o autor que quer narrar um acontecimento adapta-se à estrutura formal da narração, à qual pode emergir sua criatividade, modificando ou alterando determinados aspectos, mas sem comprometer sua identidade com esse tipo de textos. Quando se quer elaborar a ata de uma reunião, também se utilizam uma organização do texto e uma série de marcas peculiares. Da mesma forma, quando eu quiser expor sucintamente o procedimento seguido em uma pesquisa, da formulação do problema à discussão dos resultados obtidos, meu escrito tenderá a se ajustar a uma estrutura formal diferente das enunciadas anteriormente.

> "Denominaremos superestruturas as estruturas *globais* que caracterizam o *tipo* de um texto. Portanto, uma estrutura narrativa é uma superestrutura, independentemente do *conteúdo* (isto é, da macroestrutura) da narração, ainda que vejamos que as superestruturas impõem certas limitações ao conteúdo de um texto."
>
> Van Dijk, 1983; 142.

Como ressaltei em outro texto (Solé, 1987a; 1987b), estes tipos de texto ou superestruturas funcionam como esquemas de interpretação para o leitor. Quando revisamos um relatório de pesquisa, esperamos que ele enuncie um problema, que nos comunique o que já se sabe e se pesquisou sobre a questão e que explique a forma concreta em que isso foi abordado no caso tratado, assim como as conclusões às quais tenha podido chegar. Ficaríamos enormemente surpreendidos se o relatório sobre as habilidades de decodificação na aprendizagem da leitura, por exemplo, contivesse elementos claramente narrativos:

> "Era uma vez, há algum tempo, em que havia dois autores, chamados Smith e Gough que não conseguiam concordar sobre [...]. Então, Gough frisou que, embora às vezes o contexto pudesse influenciar o reconhecimento das palavras, duvidava muito que isso acontecesse normalmente. Smith, já irritado, respondeu que teorias como as de Gough não conseguiam explicar a leitura especialista [...]".

Da mesma maneira, pareceria estranho que o conteúdo da história do Chapeuzinho Vermelho não se ajustasse à superestrutura narrativa:

a) *Problema:* A avó de Chapeuzinho Vermelho ficou doente. Alguém tem que lhe levar comida, atravessando a floresta. Na floresta há um lobo.
b) *Hipótese:* 1) Chapeuzinho Vermelho conseguirá escapar do lobo. 2) O lobo enganará Chapeuzinho Vermelho. 2a) O lobo vai devorar Chapeuzinho.

Fica muito esquisito, não é? Porque nossas expectativas sobre o que um relatório de pesquisa ou uma narração deve conter não se realizam, e a leitura – como vimos e veremos a seguir – é um processo contínuo de elaboração de expectativas e previsões que vão sendo verificadas.

Por isso, é interessante que os alunos leiam diferentes tipos de textos na escola, que conheçam e se acostumem com diversas superestruturas. Para nós, leitores especialistas, o simples fato de saber que vamos ler uma notícia, um relato, uma peça de teatro, as instruções de montagem de um aparelho ou a definição do que se entende por "esquema" em Psicologia nos faz ficar alertas, nos faz esperar determinados conteúdos e não outros, nos permite atualizar certas estratégias e nos prepara para uma leitura mais ágil e produtiva e para uma melhor compreensão.

Quais são os tipos de texto ou superestruturas existentes? A verdade é que diferentes autores chegam a conclusões distintas, provavelmente porque os objetivos das suas classificações e as variáveis que levam em conta para realizá-las diversas vezes são discrepantes. Assim, Van Dijk (1983) distingue a superestrutura narrativa, a argumentativa e o tratado científico, porém reserva a categoria "Outros tipos de texto" para incluir os que não se ajustam às categorias anteriores. Outros autores, como Cooper (1990) ou Adam (1985), também se ocuparam deste tema, talvez de uma perspectiva mais pedagógica.

Adam (1985), por exemplo, baseando-se nos trabalhos de Bronckart e Van Dijk, propõe a seguinte classificação de textos:

1. Narrativo. Texto que pressupõe um desenvolvimento cronológico e que aspira explicar alguns acontecimentos em uma determinada ordem. Alguns textos narrativos seguem uma organização: estado inicial/complicação/ação/resolução/estado final. Outros introduzem uma estrutura dialogal dentro da estrutura narrativa. Exemplos: conto, lenda, romance...
2. Descritivo. Sua intenção é descrever um objeto ou fenômeno, mediante comparações e outras técnicas. Adam ressalta que este tipo de texto é frequente tanto na literatura quando nos dicionários, os guias turísticos, os inventários etc. Também é frequente nos livros de texto.
3. Expositivo. Relacionado à análise e síntese de representações conceituais, o texto expositivo explica determinados fenômenos ou proporciona informações sobre estes. Os livros de texto e os manuais utilizam-nos profusamente.
4. Instrutivo-indutivo. Adam agrupa nesta categoria os textos cuja pretensão é a de induzir à ação do leitor: palavras de ordem, instruções de montagem ou de uso, etc.

A estes, que considera "tipos reconhecidos", Adam acrescenta os textos *que tratam de previsões* (baseados na profecia, mais ou menos justificada; boletins meteorológicos, horóscopos...), os *conversacionais* ou dialogais e o tipo *semiótico* ou retórico poético (que agrupa a canção, a poesia, a prosa poética, o *slogan,* a oração religiosa, o provérbio, o *grafitti,* textos que jogam com a brevidade, o ritmo e a íntima relação entre o conteúdo e sua expressão).

Outros autores (Teberosky, 1987) distinguem um tipo de texto "informativo/jornalístico", cujo exemplo característico é constituído pelas notícias da mídia escrita; para a autora, estas constituem uma derivação da superestrutura narrativa. Embora seja provável que esta categoria pudesse se inscrever dentro de outras, pela sua potencialidade na aprendizagem escolar da leitura e da escrita, para ressaltá-la adequadamente.

Cooper (1990), por sua vez, afirma que é necessário ensinar os alunos a reconhecer as diferentes superestruturas e distingue dois tipos básicos de texto, os narrativos e os expositivos. Os *narrativos* organizam-se em uma sequência que inclui um princípio, uma parte intermediária e um final. Uma narração pode ter diversos episódios, e cada um deles inclui personagens, um cenário, um problema, a ação e a resolução. Para este autor, o argumento é a forma em que se organiza o relato (que inclui os diversos episódios).

Quanto aos textos expositivos, sua característica fundamental é justamente que não apresentam apenas uma. Organização; esta varia em função do tipo de informação de que se trate e dos objetivos perseguidos. Existe acordo em considerar que os autores utilizam alguma das seguintes estruturas expositivas: descritiva; agrupadora; causal; esclarecedora e comparativa.

Na estrutura *descritiva* se oferece informação sobre um tema em particular. Mediante o texto de tipo *agrupados,* o autor costuma apresentar uma quantidade variável de ideias sobre um tema, enumerando-as e relacionando-as entre si. É o texto em que aparecem palavras-chaves como "em primeiro lugar (...) em segundo lugar (...) por último (...)."

Os textos *causais* também contêm indicadores ou palavras-chaves, mas de tipo diferente: "por causa de (...); o motivo pela qual (...); devido a (...); pelo fato de que (...)." Nestes textos, o autor apresenta a informação organizando-a em uma sequência que evidencia as relações causa/efeito.

No texto *esclarecedor* apresenta-se uma pergunta, um problema e também se oferece sua solução (exceto em alguns textos nos quais se espera que o próprio leitor a gere, como nos de matemática). Em algumas ocasiões, a pergunta é formulada claramente; em outras, são utilizados indicadores do tipo: "O problema que se apresenta consiste em (...); A pergunta que se formula (...)." Às vezes é necessário inferir o problema que está sendo tratado no texto.

Por último, no texto *comparativo* utiliza-se o recurso de apresentar as semelhanças e diferenças entre determinados fatos, conceitos ou ideias, a fim de aprofundar a informação que se pretende expor. As palavras-chaves neste caso podem ser: "tal como sucedia com (...); diferentemente de (...)" e outras expressões sinônimas.

Embora os livros trabalhados na escola costumem estar integrados por narrações e por algumas das estruturas expositivas que revimos, estes tipos de texto, como frisou Adam (1985), geralmente não são encontrados em estado "puro" nos materiais de leitura que utilizamos na vida cotidiana. Por isso, é interessante a escola não se limitar a um tipo de texto, nem a concretizações mais ou menos paradigmáticas destes; sempre que for possível deve-se trabalhar com textos habituais, menos perfeitos porém mais reais.

Talvez você esteja se perguntando por que insisto tanto sobre as diferentes estruturas textuais ou superestruturas. Será que os alunos devem aprendê-las? Em minha opinião, o importante é que tanto os professores como os alunos saibam reconhecê-las, pois a estrutura do texto oferece indicadores essenciais que permitem antecipar a informação que contém e que facilitam enormemente sua interpretação – por exemplo, mediante as palavras-chaves. Por outro lado, prestar atenção à estrutura do texto permite melhorar de forma drástica a possivelmente única estratégia de compreensão leitora utilizada de forma universal por todos os professores/as: a formulação de perguntas (v. capítulo 7).

Assim, não se trata tanto de ensinar que isto é uma narração e aquilo um texto comparativo, mas de ensinar o que caracteriza cada um destes textos, mostrar as pistas que nos conduzem à sua melhor compreensão e fazer com que o leitor adquira consciência de que pode utilizar as mesmas chaves que o autor usou para formar um significado, porém desta vez para interpretá-lo. Fomentar as estratégias de escrita a fim de redigir textos diferentes pode ser, sem qualquer dúvida, uma das melhores formas de contribuir com este objetivo.

Por isso, não é preciso "casar-se" com nenhuma tipologia em particular: para o uso na escola, sua utilidade reside em que elas nos recordam que estes textos existem e que devem ser trabalhados quando se trata de aprender a ler e de ler para aprender. É necessário questionar uma prática muito difundida, que consiste em fazer que as crianças aprendam a ler determinados tipos de textos e depois pedir-lhes que leiam para aprender outros textos diferentes. Além disso, parece claro que a diversificação dos tipos de escritos quando se aprende a ler e a escrever, e quando a leitura e a escrita são utilizadas como meio para a aprendizagem, não é uma questão de "progresso" ou de "modernidade", mas de realismo pedagógico e de adequação dos meios disponíveis para os alunos alcançarem os objetivos previstos. Para isso, é preciso ensinar estratégias que ajudem a compreender diferentes tipos de texto. Se estiver de acordo, vamos nos ocupar desta questão.

Nota

[1] Estes termos não são sinônimos. Embora sua diferenciação não seja o objetivo dessas páginas, para sua caracterização pode-se consultar o trabalho de Valls (1990).

Capítulo 5

Para Compreender...
Antes da Leitura

Neste capítulo e nos seguintes vamos analisar com certo detalhe algumas das estratégias de compreensão leitora descritas com maior frequência na literatura especializada. Sua exposição será organizada, neste capítulo, levando em conta as estratégias incentivadas antes do início propriamente dito da atividade de leitura, reservando para os dois capítulos seguintes as que devem ser trabalhadas durante e depois da leitura, respectivamente. Como o leitor poderá verificar, esta distinção não deixa de ser um tanto artificial, pois muitas das estratégias são passíveis de trocas, e outras estarão presentes antes, durante e depois da leitura. No entanto, essa diferenciação me parece mais útil que outras, porque nela se ressalta que as estratégias de leitura devem estar presentes ao longo de toda a atividade.

Examinaremos a seguir o que pode ser feito antes da leitura para ajudar a compreensão dos alunos. Dividirei a exposição em seis pontos: ideias gerais; motivação para a leitura; objetivos da leitura; revisão e atualização do conhecimento prévio; estabelecimento de previsões sobre o texto e formulação de perguntas sobre ele.

Ideias gerais

A principal ideia geral é a concepção que o professor tem sobre a leitura, o que fará com que ele projete determinadas experiências educativas com relação a ela. Neste livro se expõe uma certa maneira de entender o que pressupõe ler, porém não se trata agora de sintetizar o que foi apresentado nos capítulos anteriores. Apenas gostaria de enfatizar alguns aspectos que teriam de ser levados em conta para um ensino correto de estratégias de compreensão leitora antes de entrar na matéria:

- Ler é muito mais do que possuir um rico cabedal de estratégias e técnicas. Ler é sobretudo uma atividade voluntária e prazerosa, e quando ensinamos a ler devemos levar isso em conta. As crianças e os professores devem estar motivados para aprender e ensinar a ler.
- De acordo com o ponto anterior, seria preciso distinguir situações em que "se trabalha" a leitura e situações em que simplesmente "se lê". Na escola, ambas deveriam estar presentes, pois ambas são importantes; além disso, a leitura deve ser avaliada como instrumento de aprendizagem, informação e deleite.
- Os alunos não vão acreditar que ler – em silêncio, só para ler, sem ninguém lhes perguntar nada sobre o texto, nem solicitar nenhuma outra tarefa referente ao mesmo – tenha a mesma importância que trabalhar a leitura – ou qualquer outra coisa – se não virem o professor lendo ao mesmo tempo que eles. É muito difícil que alguém que não sinta prazer com a leitura consiga transmiti-lo aos demais.
- A leitura não deve ser considerada uma atividade competitiva, através da qual se ganham prêmios ou se sofrem sanções. Assim como os bons leitores nos refugiamos na leitura como forma de evasão e encontramos prazer e bem-estar nela, os maus leitores fogem dela e tendem a evitá-la. Compartilho com Winograd e Smith (1989) a convicção de que a transformação da leitura em uma competição – aberta ou encoberta – entre as crianças tende a prejudicar os sentimentos de competência das que encontram maiores problemas, o que contribui para o seu fracasso.
- Como podemos fazer diferentes coisas com a leitura, é necessário articular diferentes situações – oral, coletiva, individual e silenciosa, compartilhada – e encontrar os textos mais adequados para alcançar os objetivos propostos em cada momento. A única condição é conseguir que a atividade de leitura seja significativa para as crianças, corresponda a uma finalidade que elas possam compreender e compartilhar.
- Por último, antes da leitura, o professor deveria pensar na complexidade que a caracteriza e, simultaneamente, na capacidade que as crianças têm para enfrentar – de seu modo – essa complexidade. Assim, sua atuação

tenderá a observá-las e a lhes oferecer as ajudas adequadas para que possam superar os desafios que sempre deveriam envolver a atividade de leitura.

Estas reflexões, "antes" da leitura, podem contribuir para que seu ensino e sua aprendizagem se tornem mais fáceis e produtivos.

"Fantástico! Vamos ler!" Motivando para a leitura

Nenhuma tarefa de leitura deveria ser iniciada sem que as meninas e meninos se encontrem motivados para ela, sem que esteja claro que lhe encontram sentido.

Como já dissemos no capítulo 2, para encontrar sentido no que devemos fazer – neste caso, ler – a criança *tem de saber o que deve fazer –* conhecer os objetivos que se pretende que alcance com sua atuação –, *sentir que é capaz de fazê-lo –* pensar que pode fazê-lo, que tem os recursos necessários e a possibilidade de pedir e receber a ajuda precisa – e *achar interessante* o que se propõe que ela faça.

A primeira condição refere-se aos objetivos fundamentais da leitura, e ela será examinada mais tarde. Agora vou abordar as outras duas de uma maneira bastante conjunta.

Um fator que sem dúvida contribui para o interesse da leitura de um determinado material consiste em que este possa oferecer ao aluno certos desafios. Assim, parece mais adequado utilizar textos não conhecidos, embora sua temática ou conteúdo deveriam ser mais ou menos familiares ao leitor; em uma palavra, trata-se de conhecer e levar em conta o conhecimento prévio das crianças com relação ao texto em questão e de oferecer a ajuda necessária para que possam construir um significado adequado sobre ele – o que não deveria ser interpretado como explicar o texto, ou seus termos mais complexos, de forma sistemática.

Também é preciso levar em consideração que existem situações de leitura mais motivadoras do que outras; por exemplo, a prática da leitura fragmentada – um parágrafo cada um, duas páginas por dia... – muito frequente em nossas escolas, é mais adequada para "trabalhar a leitura" em determinados aspectos que para as crianças lerem. De qualquer forma, este tipo de leitura nunca deveria ser usado com exclusividade.

As situações de leitura mais motivadoras também são as mais reais: isto é, aquelas em que a criança lê para se libertar, para sentir o prazer de ler, quando se aproxima do cantinho de biblioteca ou recorre a ela. Ou aquelas outras em que, com um objetivo claro – resolver uma dúvida, um problema ou adquirir a informação necessária para determinado projeto – aborda um texto e pode manejá-lo à vontade, sem a pressão de uma audiência. Como ressaltam acertadamente Colomer e Camps (1991), seria mais produtivo dedicar boa parte do tempo atualmente dedicado nas escolas a oralizar os textos, a discutir e comentar o que e como ele foi lido, que se pretendeu... etc. As autoras também indicam que a leitura em voz alta deveria sempre corresponder a um propósito real: comunicar algo escrito aos demais que necessitam do texto, pois se o têm é francamente absurdo ter que escutar como outros o leem.

Por outro lado, a motivação está intimamente relacionada às relações afetivas que os alunos possam ir estabelecendo com a língua escrita. Esta deveria ser mimada na escola, e mimados os conhecimentos e progressos das crianças em torno dela. Ainda que muitas vezes se preste atenção à presença e funcionalidade do aspecto escrito na sala de aula, gostaria de insistir de novo em que esta vinculação positiva se estabelece principalmente quando o aluno vê que seus professores, e em geral as pessoas importantes para ele, valorizam, usam e desfrutam da leitura e da escrita e, naturalmente, quando ele mesmo pode desfrutar com sua aprendizagem e domínio.

Para que uma criança se sinta envolvida na tarefa de leitura ou simplesmente para que se sinta motivada com relação a ela, precisa ter alguns indícios razoáveis de que sua atuação será eficaz, ou pelo menos, que ela não vai consistir em um desastre total. Não se pode pedir que o aluno para o qual a leitura se transformou em um espelho que lhe devolve uma imagem pouco favorável de si mesmo tenha vontade de ler. Só com ajuda e confiança, a leitura deixará de ser uma prática enfadonha para alguns e poderá se converter naquilo que sempre deveria ser: um desafio estimulante.

Portanto, motivar as crianças para a leitura não consiste em que o professor diga: "Fantástico! Vamos ler!", mas em que elas mesmas o digam – ou pensem. Isto se consegue planejando bem a tarefa de leitura e selecionando com critério os materiais que nela serão trabalhados, tomando decisões sobre as ajudas prévias de que alguns alunos possam necessitar, evitando situações de concorrência entre as crianças e promovendo, sempre que possível, aquelas situações que abordem contextos de uso real, que incentivem o gosto pela leitura e que deixem o leitor avançar em seu próprio ritmo para ir elaborando sua própria interpretação – situações de leitura silenciosa, por exemplo. (Percebeu que estas são as mais habituais na leitura cotidiana e as mais distantes do que costuma acontecer na escola?)

Para que vou ler? Os objetivos da leitura

Nos dois primeiros capítulos falamos, genericamente, da importância dos objetivos da leitura. Neles citei Brown (1984), o qual considera que os objetivos da leitura determinam a forma em que um leitor se situa frente ela e controla a consecução do seu objetivo, isto é, a compreensão do texto. Existe um acordo geral sobre o fato de que nós, os bons leitores, não lemos qualquer texto da mesma maneira, e que este é um indicador da nossa competência: a possibilidade de utilizar as estratégias necessárias para cada caso.

Os objetivos dos leitores com relação a um texto podem ser muito variados, e ainda que os enumerássemos nunca poderíamos pretender que nossa lista fosse exaustiva; haverá tantos objetivos como leitores, em diferentes situações e momentos. Portanto, vou falar de alguns objetivos gerais cuja presença é importante na vida adulta e que podem ser trabalhados na escola[1]. Estes objetivos ou finalidades não são apresentados em ordem hierárquica: *todos* devem ser considerados nas situações de ensino.

Ler para obter uma informação precisa

É a leitura que realizamos quando pretendemos localizar algum dado que nos interessa. Este tipo de leitura caracteriza-se pelo fato de que, na busca de alguns dados, ocorre concomitantemente o desprezo por outros. Não poderia ser de outra maneira, pois caso contrário, nossa atuação seria muito pouco eficaz. Exemplos característicos de leitura para localizar uma informação concreta são os seguintes: a busca de um número telefônico em uma lista; a consulta do jornal para descobrir em que cinema e horário será projetado um filme a que queremos assistir; a consulta de um dicionário ou de uma enciclopédia, etc.

O ensino da leitura para obter uma informação precisa requer o ensino de algumas estratégias, sem as quais este objetivo não será atingido. Nos exemplos propostos, é preciso conhecer a ordem alfabética e saber que as listas telefônicas, os dicionários e as enciclopédias (embora nem todas) estão organizadas conforme essa ordem; também deve-se saber que os jornais destinam páginas especiais aos espetáculos e que geralmente existe um índice para mostrar o número da página em que se encontra a informação buscada. Contudo, os textos a serem consultados para obter informações precisas podem ser muito variados.

Podemos afirmar que este tipo de leitura caracteriza-se por ser muito seletiva – à medida que deixa de lado grande quantidade de informação como requisito para encontrar a necessária –, por sua rapidez, quando se "passa os olhos" pela informação não relevante, e por ser, ao mesmo tempo, muito minucioso, quando se encontra o que se busca. Assim, o fomento da leitura como meio para encontrar informações precisas tem a vantagem de aproximá-la de um contexto de uso real tão frequente que nem somos conscientes disso e, ao mesmo tempo, oferecer ocasiões significativas para trabalhar aspectos de leitura, como a rapidez, muito valorizados na escola.

Ler para seguir instruções

Neste tipo de tarefa, a leitura é um meio que deve nos permitir fazer algo concreto: ler as instruções de um jogo, as regras de uso de um determinado aparelho, a receita de uma torta, as orientações para participar de uma oficina de experiências, etc.

Quando se lê com o objetivo de "saber como fazer...", é imprescindível compreender o texto lido, e no caso de se fazer uma coisa coletiva, deve-se garantir que essa compreensão seja compartilhada. Assim, no caso anterior, o leitor selecionava o que precisava ou não ler, enquanto agora é absolutamente necessário ler tudo e compreendê-lo, como requisito para atingir o fim proposto.

Nestes casos, uma vantagem inegável é que a tarefa de leitura é completamente significativa e funcional; a criança lê porque é preciso, e além disso tem a necessidade de controlar sua própria compreensão. Não é suficiente ler, mas garantir a compreensão do que se leu. Por este motivo, a leitura de instruções, receitas, regras de funcionamento, etc., constituem um meio adequado para incentivar a compreensão e o controle da própria compreensão – a metacompreensão, estão lembrados? –, especialmente se as orientações lidas devem ser compartilhadas por um grupo de alunos.

Ler para obter uma informação de caráter geral

Esta é a leitura que fazemos quando queremos "saber de que trata" um texto, "saber o que acontece", ver se interessa continuar lendo... Quando lemos para obter uma informação geral, não somos pressionados por uma busca concreta, nem precisamos saber detalhadamente o que diz o texto; é suficiente ter uma impressão, com as ideias mais gerais. Poderíamos dizer que é uma leitura guiada sobretudo pela necessidade do leitor de aprofundar-se mais ou menos nela, e neste ponto ela difere um pouco das anteriores.

Por exemplo, se quisermos encontrar a definição da palavra *zurrón* (sacola de couro) no dicionário, não basta lembrar que essas definições são encontradas no dicionário, e talvez também não seja útil ter uma ideia aproximada da definição buscada. Tampouco será suficiente ter uma ideia geral dos ingredientes necessários para fazer uma torta de beringelas; é provável que nesse caso façamos algo com beringelas, mas talvez não possamos assar a torta.

No entanto, quando pegamos o jornal, não lemos cada notícia ou matéria. No caso das primeiras, é bastante provável que leiamos a manchete; às vezes, essa simples leitura já é suficiente para passarmos para outra notícia. Em outras ocasiões, a manchete nos parece sugestiva e então passamos ao cabeçalho, em que se sintetiza a notícia. Podemos ficar por aí, ou talvez desejemos aprofundar um pouco mais, neste caso, temos a opção de ler toda a notícia ou "saltear" e procurar o parágrafo que trata de algum ponto concreto que suscita nosso interesse.

No caso das matérias, muitas vezes somos mais drásticos: dependendo do autor, do título e das colunas que ocupa, podemos decidir se vamos lê-la ou não.

Este tipo de leitura, muito útil e produtivo, também é utilizado quando consultamos algum material com propósitos concretos; por exemplo, se precisamos elaborar uma monografia sobre algum tema, geralmente lemos com todos os detalhes o que nos dizem sobre o mesmo diversas obras e enciclopédias, livros de ficção, etc. Antes de nos decidirmos a ler em profundidade as obras capazes de nos ajudarem em nossa tarefa, tentamos ter uma visão ampla delas e depois selecionamos o que mais nos interessa.

Este é um tipo de leitura muito usado na escola – pense no Ensino Médio, em que são habituais os trabalhos sobre determinados assuntos, sobretudo em algumas áreas –, mas que geralmente não se ensina, porque não se criam as ocasiões em que ele deve ser feito. Entretanto, como vimos, é muito útil. Gostaria de acrescentar apenas que o incentivo deste tipo de leitura é essencial para o desenvolvimento da "leitura crítica", em que o leitor lê segundo seus próprios interesses e propósitos, formando uma impressão do texto, e sabe tanto o que tem que ler com relação a eles quanto o que pode opor-se. Chall (1979) considera que este é o tipo de leitura mais elevado, cuja aprendizagem – no caso de ser realizada – nunca termina. Assim, seria desejável que ocupasse na escola um lugar maior do que geralmente lhe é concedido, pois com ele o aluno assume plenamente sua responsabilidade como leitor.

Ler para aprender

Embora, naturalmente, sempre aprendamos com a leitura que realizamos para conseguir outros propósitos, como os que acabei de enunciar, vamos tratar do objetivo de "ler para aprender" quando a finalidade consiste de forma explícita em ampliar os conhecimentos de que dispomos a partir da leitura de um texto determinado. Este texto pode ter sido indicado por outros, como geralmente acontece na escola e na Universidade, ou também pode ser fruto de uma decisão pessoal, isto é, lemos para aprender um texto selecionado depois de ler para obter uma informação geral sobre vários textos.

De qualquer forma, quando por decisão pessoal ou para acatar decisões de outros, o aluno lê para aprender, sua leitura possui características diferentes das formas de ler dominadas por outros objetivos. Isto é, quando se estuda, pode-se realizar uma leitura geral do texto para situá-lo em seu conjunto, e depois as ideias que ele contém são aprofundadas. No caso da leitura, o leitor sente-se imerso em um processo que o leva a se autointerrogar sobre o que lê, a estabelecer relações com o que já sabe, a rever os novos termos, a efetuar recapitulações e sínteses frequentes, a sublinhar, a anotar... Quando se lê para estudar, é comum – e de grande ajuda – elaborar resumos e esquemas sobre o que foi lido, anotar todas as dúvidas, ler o texto ou outros que possam contribuir para a aprendizagem, etc. Quando lemos para aprender, as estratégias responsáveis por uma leitura eficaz e controlada atualizam-se de forma integrada e consciente, permitindo a elaboração de significados que caracterizam a aprendizagem.

Ainda que ler para aprender seja uma finalidade em si mesma, sua consecução pode ser muito facilitada se o aluno tiver alguns objetivos concretos de aprendizagem. Ou seja, que não saiba apenas que lê para aprender, mas que saiba o que se espera que ele aprenda concretamente. As orientações para a leitura e as discussões prévias podem ser de grande ajuda neste sentido. Visto que neste capítulo nos centramos nos objetivos da leitura, parece-me fundamental que, quando esta é usada como meio para a aprendizagem, o aluno conheça detalhadamente os objetivos que se pretende que atinja.

Ler para revisar um escrito próprio

Este é um tipo de leitura muito habitual em determinados grupos – aqueles que utilizam a escrita como instrumento de seu trabalho –, embora seja muito restrito fora deles. Quando lê o que escreveu, o autor/revisor revisa a adequação do texto que elaborou para transmitir o significado que o levou a escrevê-lo; neste caso, a leitura adota um papel de controle, de regulação, que também pode adotar quando se revisa um texto alheio, mas não é mesma coisa. Quando leio o que escrevi, sei o que queria dizer e tenho que me pôr simultaneamente em meu lugar e no do futuro leitor, isto é, você. Por isso, às vezes os textos são tão difíceis de entender – é possível que o autor tenha se posto apenas em seu próprio lugar e não no dos possíveis leitores; por isso em algumas ocasiões também é tão difícil revisar nossos próprios textos – parece-nos tão claro o que queremos dizer, que não percebemos que não o dizemos claramente!

É uma leitura crítica, útil, que nos ajuda a aprender a escrever e em que os componentes metacompreensivos tornam-se muito evidentes. No contexto escolar, a autorrevisão das próprias redações escritas é um ingrediente imprescindível em um enfoque integrado do ensino da leitura e da escrita, útil para capacitar as crianças no uso de estratégias de redação de textos.

Ler por prazer

Pouco posso dizer sobre este objetivo, e é lógico, pois o prazer é algo absolutamente pessoal, e cada um sabe como o obtém. Assim, talvez a única coisa a ressaltar neste caso é que a leitura é uma questão pessoal, que só pode estar sujeita a si mesma. Neste caso, o leitor poderá reler um parágrafo ou mesmo um livro inteiro tantas vezes quantas for necessário; poderá saltear capítulos e voltar a eles mais tarde; o que importa, quando se trata deste objetivo, é a experiência emocional desencadeada pela leitura. É fundamental que o leitor possa ir elaborando critérios próprios para selecionar os textos que lê, assim como para avaliá-los e criticá-los.

Talvez valha a pena fazer um comentário. Em geral, a leitura por prazer associa-se à leitura de literatura. É natural que isso aconteça, pois os textos literários, cada um em seu nível e no nível adequado dos alunos, poderão "enganchá-los" com maior probabilidade. Entretanto, também é muito frequente que a leitura do texto literário seja associada ao trabalho sobre estes textos – questionários de comentário de textos, análise da prosa, etc.– que, por outro lado, é totalmente necessário. Por isso seria útil distinguir entre ler literatura só para ler e ler literatura – e aqui tem sentido, por exemplo, que todos os alunos leiam um mesmo fragmento – para realizar determinadas tarefas que, se abordadas adequadamente, não só não interferirão no primeiro objetivo, como também ajudarão a elaborar critérios pessoais que permitam aprofundá-lo.

Ler para comunicar um texto a um auditório

Este tipo de leitura é própria de grupos de atividades restritos (ler um discurso, um sermão, uma conferência, uma aula magistral; ler poesia em uma apresentação). Sua finalidade é que as pessoas para as quais a leitura é dirigida possam compreender a mensagem emitida, e para isso o leitor pode utilizar toda uma série de recursos – entoação, pausas, exemplos não lidos, ênfase em determinados aspectos... – que envolvem a leitura em si e que estão destinados a torná-la amena e compreensível.

Neste tipo de leitura, os aspectos formais são muito importantes; por isso, um leitor experiente *nunca lerá em voz alta um texto para o qual não disponha de uma compreensão*, ou seja, um texto que não tiver lido previamente, ou para o qual não dispuser de conhecimentos suficientes. A leitura eficaz em voz alta requer a compreensão do texto, como ocorre com a leitura rápida, que é um produto e não um requisito da compreensão. Você mesmo pode comprovar que, se decidir ler as duas páginas seguintes em voz alta, sua compreensão diminuirá com isso, pois ficará preocupado com outros aspectos – entoação, respeito à pontuação, clareza na dicção... Mas ao mesmo tempo, é bastante provável que também tenha problemas na oralidade. Todos esses aspectos resolvem-se muito melhor se o texto que deve ser lido em voz alta for previamente conhecido, por exemplo, se ler as duas páginas anteriores.

Naturalmente, uma condição para que a leitura em voz alta tenha sentido, tanto para o leitor como para os ouvintes, relaciona-se ao fato de que estes não podem ter acesso ao conteúdo emitido de outra maneira; em outras palavras, escutar alguém lendo – exceto no caso da rapsódia, em que costuma ser tão importante o que se diz como a forma com que se diz – pode ser pouco interessante e custoso, se tivermos na nossa frente o texto que está sendo lido.

Até aqui tentei organizar em diversas categorias os – na minha opinião – usos fundamentais da leitura na vida cotidiana, sabendo que alguns deles não são extensivos ao conjunto da população, mas também levando em conta que, para formar bons leitores, todos esses usos devem ser fomentados na escola, em atividades significativas de leitura. Para que não se diga que isto é "muito teórico", gostaria de enumerar algumas tarefas realizadas em determinadas escolas e que cumprem os requisitos de variedade e relevância:

- Trabalhar com jornais na sala de aula.
- Revisar as redações realizadas.
- Consultar diversas obras para uma pequena pesquisa.
- Organizar uma sessão de leitura de poesia.
- Ler um texto em silêncio e compartilhar as dúvidas e perguntas suscitadas por ele.
- Realizar alguma tarefa a partir de instruções.
- Incentivar a escolha de livros de uma biblioteca ou de um cantinho de leitura.
- Perguntar às crianças que objetivos perseguem com a leitura de um determinado texto.

Para terminar com esta revisão de objetivos, relatarei agora dois que são tipicamente escolares, isto é, cuja frequência na escola é muito alta e que raramente podem ser exercitados fora dela.

Ler para praticar a leitura em voz alta

Na escola este objetivo preside com grande frequência as atividades de ensino de leitura, às vezes mesmo com exclusividade.

Em síntese, pretende-se que os alunos leiam com clareza, rapidez, fluência e correção, pronunciando adequadamente, respeitando as normas de pontuação e com a entoação requerida. De fato, todas essas exigências fazem com que, inclusive para o aluno, o primordial da leitura seja respeitá-las, e nestes casos a compreensão se situa em um nível secundário. No entanto, o professor costuma acrescentar aos objetivos apontados o da compreensão; por isso, é frequente que, depois de uma atividade de leitura coletiva em voz alta, ele faça perguntas sobre o conteúdo do texto, para avaliar se o compreenderam. Já estamos entrando no segundo objetivo que queria comentar, mas antes gostaria de fazer uma reflexão.

Se se trata de compreender um texto, o aluno deve ter a oportunidade de lê-lo com essa finalidade; neste caso, deve haver uma leitura individual, silenciosa, permitindo que o leitor siga seu ritmo, para atingir o objetivo "compreensão". Não se pode esperar que a atenção dos alunos (especialmente nas etapas iniciais de aprendizagem da leitura) possa distribuir-se da mesma maneira entre a construção do significado e a necessidade de oralizar bem. Portanto, não parece muito razoável organizar uma atividade cuja única justificativa seja treinar a leitura em voz alta para depois querer checar o que se compreendeu.

Por outro lado, sabe-se muito bem que, como já comentamos, para ler com eficácia em voz alta, se *requer a compreensão do texto*. Em muitas classes isso se soluciona fazendo com que as crianças leiam em voz alta textos cujo conteúdo conhecem embora não os tenham lido previamente – por exemplo, histórias que conhecem por tradição oral. O problema é que, quando esses textos e esses tipos de leitura se generalizam ou se tornam exclusivos, os alunos podem ir construindo uma ideia bastante pitoresca sobre a leitura: ler é dizer em voz alta o que está escrito em livros cujo conteúdo já conhecíamos antes de começar a ler. É provável que para você, que é um leitor experiente, a leitura seja algo bem diferente.

De qualquer forma, a leitura em voz alta não passa de um tipo de leitura que permite cobrir algumas necessidades, objetivos ou finalidades de leitura. A "preparação" da leitura em voz alta, permitindo que as crianças façam uma primeira leitura individual e silenciosa, antes da oralidade, parece-me um recurso que deveria ser utilizado.

Ler para verificar o que se compreendeu

Ainda que quando enfrentamos um texto tenhamos algum propósito, este pode implicar a compreensão total ou parcial do texto lido, um uso escolar da leitura, muito aplicado por outro lado, consiste em que alunos e alunas devam dar conta da sua compreensão, respondendo a perguntas sobre o texto ou recapitulando-o através de qualquer outra técnica.

É compreensível que os professores avaliem se realmente houve compreensão, pois esta constitui um objetivo que se pretende alcançar. No entanto, como analisaremos com mais detalhe no capítulo 7, ao falar das estratégias "depois da leitura", não se tem certeza de que, mediante uma série de perguntas/respostas, possa se avaliar de fato a compreensão do leitor. Algumas pesquisas (Raphael, 1982; Raphael, Winograd e Pearson, 1980) mostram que é possível responder a perguntas sobre um texto sem tê-lo compreendido globalmente.

Gostaríamos de frisar, no tocante ao assunto que estamos considerando aqui, que quando a sequência leitura/perguntas/respostas se generaliza, também se generalizam para os alunos certos objetivos de leitura: ler para depois poder responder a certas perguntas formuladas pelo professor. Conforme suas características – por exemplo, se se referem a detalhes do texto, a aspectos periféricos –, este objetivo pode entrar em clara contradição com o de construir um significado do texto, que paradoxalmente é o objetivo que se pretende avaliar.

Não estou afirmando que uma sequência como a descrita não seja útil; simplesmente quero chamar a atenção para o fato de que ela deve ser convenientemente planejada e que, mesmo assim, permite-nos trabalhar apenas determinados objetivos e aspectos da leitura. Uma visão ampla da leitura, e um objetivo geral que consiste em formar bons leitores não só para o contexto escolar, mas para a vida, exige maior diversificação nos seus propósitos, nas atividades que a promovem e nos textos utilizados como meio para incentivá-la.

Três considerações para terminar. Em primeiro lugar, apontei neste capítulo diferentes finalidades para a leitura; como é óbvio, dentro de cada categoria cabe uma grande variedade de objetivos mais concretos, que devem ser compreendidos pelo leitor, isto é, que devem ser acordados com ele na situação de ensino.

Em segundo lugar, como você deve ter percebido, quando falamos de objetivos nos referimos tangencialmente ao tema dos tipos de texto (v. capítulo 4). É lógico que isso seja assim, já que os diversos objetivos costumam aplicar-se melhor a certos textos que a outros e, por outro lado, se tem sentido ler diferentes textos na escola é porque isso nos facilita o trabalho de determinados objetivos, que permitam aprender os distintos usos da leitura. Entretanto, não deveríamos extrair desses fatos uma assimilação total entre tipos de leitura/tipos de texto.

Embora a literatura seja o tipo de texto ideal para experimentar o prazer de ler, algumas pessoas desfrutam enormemente quando encontram um texto científico que as faz pensar. E ainda que você leia uma receita culinária para segui-la e realizá-la, esta leitura pode ser precedida de outra leitura muito mais seletiva (como a resenhada no primeiro parágrafo: buscar uma informação concreta) que o leve a rejeitar aquelas receitas que exijam o uso da técnica de "banho Maria"; ou que sua decisão seja precedida de uma leitura para buscar informação geral, que lhe dará uma informação geral sobre os diferentes sorvetes que poderá preparar de sobremesa. Em terceiro lugar, gostaria de lembrar que sempre é preciso ler com algum propósito e que o desenvolvimento da atividade de leitura deve ser relacionada com algum propósito. No caso de ler por ler, não é adequado ficar fazendo depois perguntas sobre o que se leu – pode imaginar que isso lhe suceda de forma sistemática depois de folhear o jornal? Se for preciso depois resumir o que se leu, será bom que os alunos o saibam, porque lerão de forma diferente. É claro que, para fazer um resumo, também será preciso ensinar-lhes como se faz...; bem, trataremos disso em outro capítulo.

Por último, é preciso levar em conta que o propósito de ensinar as crianças a ler com diferentes objetivos é que, com o tempo, elas mesmas sejam capazes de se colocar objetivos de leitura que lhes interessem e que sejam adequados. O ensino seria muito pouco útil se, quando o professor desaparecesse, não pudesse se usar o que se aprendeu. Convém refletir sobre isso, pois embora concordemos em que, na escola, o objetivo principal – implícito, na maioria das vezes – das tarefas de leitura é "responder a perguntas sobre o texto lido" e também concordemos em que esta habilidade tem poucas possibilidades de ser atualizada em situações habituais de leitura, não é de se estranhar que o que as crianças aprendem na escola com relação à leitura circunscreva-se a alguns dos usos que a escola fomenta e que fora dela sua funcionalidade diminua muito.

Ativar o conhecimento prévio: o que eu sei sobre este texto?

Leia, por favor, os seguintes exemplos, extraídos de três classes da segunda série do ensino fundamental. Nas três utiliza-se o mesmo livro para a leitura, embora cada vez o texto seja diferente. No primeiro exemplo, transcreve-se um fragmento da terceira sessão em que as crianças estão lendo – uma parte por dia – o mesmo texto. Os dois seguintes mostram o que acontece quando se inicia um texto.

(As crianças estão realizando um trabalho, relacionado ao livro didático, para saber o que é a planta do pé. Há bastante barulho na sala. P. [a professora] pergunta quem não acabou a tarefa, e algumas crianças levantam a mão. P. indica que poderão acabá-la mais tarde. Tenta colocar um pouco de ordem, pede que escutem, que não gritem).
P.: Escutem... escutem... por favor... começar a ler... começar... Começar a ler baixinho a 67... logo depois do que lemos ontem.

(Depois de algumas indicações para que as crianças abram o livro na página correta, cada criança começa a ler duas linhas do texto).

(C-3)

(P. indica às crianças que vão trabalhar com linguagem.)
P.: Bem... como já tínhamos terminado a história... que história tínhamos terminado, Eva?
Eva: A do Chapeuzinho Vermelho.
P.: A do Chapeuzinho Vermelho. Hoje vamos começar uma história nova.
Crianças: A dos porquinhos.
P.: A dos três porquinhos. Tudo bem, agora vamos escutar. Vamos escutar... é claro que todos ou quase todos – Mari Carmen, fique sentada, por favor – sabemos a história dos três porquinhos, mas escutem porque vou lhes dizer algumas coisas que vocês não ouviram ou não se lembram e depois vou fazer perguntas sobre a história. Entenderam? Tudo bem, então agora vamos escutar bem a história e depois eu vou fazer perguntas. Vamos começar. Todos quietinhos, certo?
(P. explica a história).

(A-1)

(P. está escrevendo a data no quadro-negro, acompanhando o ditado das crianças).

P.: Vamos ver, peguem o livro de leitura e o livro de atividades.
(As crianças colocam-nos em cima da mesa).
P.: A história de Garbancito, todos sabemos mais ou menos... de que se trata... Quem poderia explicar um pouco o mais importante da história, ou o mais divertido, o que acontece com esse que se chama Garbancito? Vamos ver, José, conte um pouquinho.

(José não responde. Outras crianças levantam a mão. P. pede que uma delas explique).

Criança 1: Que Garbancito nasceu muito pequeno e o que aconteceu foi que... quando ia fazer compras, ou seja, podiam esmagá-lo, porque as pessoas não podiam vê-lo, e cantava.
P.: E que mais?... Quem quer continuar?... Ninguém?... Tudo bem, continue (para a mesma criança).
Criança 1: Então, quando ia para a loja, então os da loja não o viam, e ele subiu na mesa... e quando Garbancito foi levar a comida para o seu pai foi quando se escondeu na couve, veio a vaca, comeu a couve e Garbancito... Depois a mãe deu mais couves para a vaca, ela soltou um peido e o Garbancito saiu.
P.: É, mais ou menos, esta é a história de Garbancito. Agora então, cada um com o seu livro de leitura...
Crianças: Que página?
P.: Já vou lhes dizer a página. Vão ser quatro páginas, certo? A 34, a 35, a 36 e a 37 do livro de leitura. Olhem o que devem fazer agora. Esqueçam por enquanto do livro de atividades. Só o livro de leitura... vamos ler, mas fazendo de conta que estamos na biblioteca. Ou seja, cada um tem que ler esquecendo-se de que tem boca, só...
Criança: A cabeça!
P.: Com a cabeça, tentando entender o que conta a história, certo, o mais importante. Outra coisa que vocês têm que fazer, sem apertar no livro, aquelas palavras que vocês não sabem o que querem dizer, que não entendem o que querem dizer, vocês... vamos fazer um risquinho embaixo delas, vamos sublinhá-las e depois, quando todos tiverem acabado de ler, vamos perguntar e ver se sabemos o que elas querem dizer. Prestem bastante atenção porque depois vou fazer perguntas, tudo bem?

(As crianças começam a ler em silêncio e sublinham algumas palavras. Perguntam a P. as que não sabem ler).

(B-1)

Como devem ter percebido, sucedem coisas diferentes nas três classes. É claro que há diferenças no estilo ou forma de proceder de cada professor e também, levando em conta o que nos interessa aqui, no grau de explicitação dos objetivos de leitura formulados às crianças (o que ilustra o que estivemos vendo no item "Para que vou ler?...") e nos recursos utilizados para ajudar as crianças a atualizarem o conhecimento prévio que vai lhes ser útil para entender o texto que têm à sua frente. Pode parecer paradoxal que, para exemplificar este último aspecto, ofereça fragmentos em que as crianças *já conhecem de antemão o conteúdo do texto que vão ler*. Depois veremos outros casos em que isso não ocorre, mas vale a pena levar em conta que mandar ler o que já se conhece é uma prática muito comum. De qualquer forma, acontecem coisas diferentes.

Assim, no exemplo C-3, a única referência que pode ajudar as crianças é a frase "logo depois do que lemos ontem". A professora já tinha explicado a história às crianças em uma sessão anterior e nas seguintes sessões limita-se a mostrar a página correspondente.

Os dois exemplos seguintes também são diferentes. Em ambos os casos, os professores pressupõem que as crianças conhecem as histórias que vão ler, porém sua atuação é muito diferente. Enquanto em A-1 a professora explica a história com todos os detalhes – em cerca de nove minutos – e tem que fazer grandes esforços para que as crianças não a interrompam, no exemplo B-1 o professor pede que uma criança explique o que sabe da história, fazendo com que as outras – se é que não a tinham – adquiram uma informação geral sobre a mesma. Além disso, enquanto em A-1 o resto da sessão é dedicada a uma sequência perguntas/respostas sobre o explicado, na B-1 é realizada uma atividade de leitura silenciosa, seguida de outra para esclarecer as dúvidas das crianças. A sessão também se encerra com as perguntas habituais.

A questão do conhecimento prévio é muito importante neste livro. De fato, se você não possuísse o conhecimento pertinente, não poderia entendê-lo, interpretá-lo, criticá-lo, utilizá-lo, recomendá-lo, rejeitá-lo, etc. Mas se já conhece tudo o que estou contando, ou se aborrece mortalmente ou tem um grande espírito de sacrifício, porque a graça não reside em saber o que o texto diz, mas em saber o necessário para saber mais a partir do texto. Quando um escrito já é conhecido, o leitor não tem que fazer nenhum esforço para compreendê-lo.

Se o texto estiver bem escrito e o leitor possuir um conhecimento adequado do mesmo, terá muitas possibilidades de poder atribuir-lhe significado. Se isso não acontecer, e considerando sempre o caso de um texto razoavelmente redigido, isto pode suceder por três tipos de motivos (Baker e Brown, 1984):

- Pode ser que o leitor não possua os conhecimentos prévios exigidos para poder abordar o texto. Isto é o que acontece conosco, que não temos experiência no assunto, quando tentamos entender um documento legal complicado. Nestes casos, ou adquirimos o conhecimento necessário, ou abandonamos o texto (ou consultamos um advogado).

- Podemos possuir o conhecimento prévio, mas o texto em si não nos oferece nenhuma pista que nos permita recorrer a ele. Por exemplo, se você ler o seguinte título:

"Características e funções do resumo"

É possível que não saiba que coisas das que já sabe podem ser úteis para enfrentar o que vem por aí. Se alguém lhe explicar previamente que vai lhe passar um texto que tem a ver com uma teoria que pretende oferecer critérios para sequenciar os conteúdos do ensino, poderá aportar ao texto o pouco ou o muito que você souber sobre o tema, não dos resumos, mas da sequenciação, dos conteúdos escolares, etc.

- Por último, pode acontecer que o leitor possa aplicar determinados conhecimentos e construir uma interpretação sobre o texto, mas esta pode não coincidir com a que o autor pretendia. Winograd (1985) ressalta que as dificuldades que, conforme muitos professores, alguns alunos encontram para elucidar a ideia principal de um texto, refere-se ao fato de que o que eles consideram essencial é diferente daquilo que, de um ponto de vista adulto – que também pode incluir o do autor – considera-se fundamental.

Por exemplo, no caso A-1, depois da explicação da professora, nenhuma criança considera que o mais importante da história dos três porquinhos é a ideia de que quem trabalha bem e faz uma casa forte obtém benefícios do seu trabalho, enquanto os que se dedicam a cantar e a dançar depois de construírem uma casinha com qualquer coisa têm grandes problemas quando o lobo aparece. Ao contrário, as crianças acham muitas coisas importantes – cada uma acha uma coisa diferente: que os porquinhos não tinham comida, que o lobo era grande demais para passar pela chaminé, que a palha da primeira casinha não aguenta nada. Uma criança chega a exasperar a professora perguntando insistentemente por que os porquinhos comem o lobo e não deixam sua mãe, que ficou esquecida na primeira página da história, participar do banquete.

Por fim, frente a leitura na escola, parece necessário que o professor se pergunte com que bagagem as crianças poderão abordá-la, prevendo que esta bagagem não será homogênea. Esta bagagem condiciona enormemente a interpretação que se constrói e não se refere apenas aos conceitos e sistemas conceituais dos alunos; também está constituída pelos seus interesses, expectativas, vivências... por todos os aspectos mais relacionados ao âmbito afetivo e que intervêm na atribuição de sentido ao que se lê. Além disso, se o professor prevê que um texto ficará além das possibilidades das crianças, talvez deva pensar em substituí-lo ou em articular algum tipo de ensino que lhes proporcione o que necessitam. Com relação ao conhecimento prévio, algumas coisas podem ser feitas para ajudar as crianças a atualizá-lo. Em cada ocasião pode-se escolher o que parecer mais adequado, embora não haja inconveniente em proceder a tudo isso em um estilo mais ou menos informal.

> **1.** Dar alguma explicação geral sobre o que será lido. Não se trata tanto de explicar o conteúdo, mas de indicar sua temática aos alunos, para que possam relacioná-la a aspectos da sua experiência prévia. Por exemplo, caso se leia um texto relacionado aos eclipses solares, o professor pode aproveitar o fato de boa parte dos alunos terem assistido pela televisão ao eclipse ocorrido no México em julho de 1991.

Pode-se considerar que informar os alunos sobre o tipo de texto – ou superestrutura textual – que vão ler também é uma forma de lhes proporcionar conhecimentos úteis para sua tarefa; como vimos no capítulo anterior, saber que vamos ler um conto, um texto expositivo, uma notícia ou instruções permite que nos situemos diante da leitura. Por exemplo, esta informação vai orientar os alunos para que eles saibam se se trata de um conteúdo real ou de ficção; se nos informa sobre algo que aconteceu recentemente ou se, ao contrário, descreve fatos do passado; se ele vai nos expor determinados conceitos; se vai nos ajudar a saber como podemos fazer alguma coisa.

Em certo sentido, quando o professor tenta dar algumas pistas para seus alunos abordarem o texto, está fazendo algo semelhante ao que Edwards e Mercer (1988) denominam "construir contextos mentais compartilhados" para se referir àquilo que os participantes de uma tarefa ou conversa compartilham sobre ela e que pode garantir uma compreensão compartilhada, pelo menos em suas características gerais. Ao combinar esta informação com o solicitado – objetivos que se pretendem – para a leitura, o aluno leitor passa a possuir, antes de iniciá-la, um esquema ou plano de leitura que lhe diz o que tem de fazer com ela e o que ele sabe ou não sobre o que vai ler.

> **2.** Ajudar os alunos a prestar atenção a determinados aspectos do texto que podem ativar seu conhecimento prévio. Ainda que isso varie muito em função do texto a ser lido, o professor pode explicar a meninos e meninas que as ilustrações, quando acompanham a escrita, os títulos, os subtítulos, as enumerações (tanto do tipo 1, 2... ou "em primeiro lugar... em segundo lugar..."), os sublinhados, as mudanças de letra, as palavras-chaves e expressões como "A ideia fundamental que se pretende transmitir...", "Um exemplo do que se quer dizer...", "Os aspectos que

serão desenvolvidos...", as introduções e os resumos, etc., são aspectos que os ajudarão a saber do que trata o texto.

Em cada caso serão destacados os indicadores considerados mais oportunos, e pode ser muito útil discutir o que o grupo já sabe do texto. Esta estratégia se mescla com a que vou expor a seguir e com a destinada a formular previsões sobre o texto. Isto não é nenhum problema; o que se expõe neste item, como no resto do livro, são ideias que, contextualizadas em cada caso concreto, podem ser úteis para incentivar a compreensão do texto, organizadas segundo uma lógica – formulação geral, estratégias antes, durante e depois da leitura. Não estamos perante um manual de instruções que tenham que ser seguidas de "a até z", nem cada passo terá valor se for tomado de forma isolada.

3. Incentivar os alunos a exporem o que já sabem sobre o tema. Trata-se aqui de substituir a explicação do professor proposta no ponto 1 pela dos alunos. Esta explicação será tanto mais útil quanto mais habituais forem as atividades propostas em 1 e 2, que funcionarão como modelos para a atuação de meninos e meninas.

É comum que os alunos, sobretudo se forem pequenos, expliquem aspectos ou experiências próprias sobre o tema, cuja relação pode ser muito evidente para eles, mas difícil de estabelecer para o resto dos mortais. O seguinte exemplo foi extraído de uma classe de 3ª série do Ensino Fundamental – em que as crianças e a professora, antes de ler um texto intitulado *Os meios de transporte*, expõem seus conhecimentos sobre o tema:

(As últimas intervenções têm tentado estabelecer as diferenças entre os ônibus urbanos e os interurbanos. Eva pede insistentemente para falar).
Eva: É... que quando vão por exemplo fazer uma excursão, como vão as crianças, não? Quando vão ver algum lugar, vão de duas em duas, porque se não podem se perder.
P. (aparentemente surpreendida): Certo, Eva, mas agora você pode nos dizer que relação tem isso com o que estamos vendo? O fato das crianças irem de duas em duas para não se perderem.
Eva: (Não responde).
P.: Tudo bem, vamos continuar... Cristina.
Cristina: É que eu... que eu, bem, eu e o meu pai, fomos um pouco longe e lá tinha um campo e passeamos por lá e então o carro escorregou e fomos caindo devagarinho em um barranco!... E desses automóveis que estamos falando, o que faz mais ruído é a moto, e os que têm quatro rodas são o carro, a carreta e o patinete... Duas rodas... mmm... duas rodas têm a moto e a bicicleta.

(B-1 – Experiências)

Neste fragmento pode-se observar que Eva e Cristina não podem resistir à tentação de explicar algumas experiências ou preocupações que lhes sugerem "Os meios de transporte". Cristina parece perceber que tem que dizer algo mais relacionado a esses meios e então descreve algumas das suas características. Como sequências parecidas a estas ocorrem com frequência quando se deixa os alunos falarem (e isto é fundamental para assumirem um papel ativo na aprendizagem) é importante o papel do professor no sentido de reconduzir as informações e centrá-las no tema em questão.

Cooper (1990) ressalta que a discussão sobre as contribuições dos alunos é um dos melhores meios de atualizar o conhecimento prévio, mas adverte simultaneamente sobre o perigo de, no caso de não ser conduzida de forma correta, desviar da temática ou dos aspectos principais da leitura, cansar os alunos ou não lhes proporcionar uma organização clara. Em sua opinião – que compartilho –, depois da discussão, breve e centrada, devem ser sintetizados os aspectos mais relevantes, que ajudarão as crianças a enfrentar o texto.

Estabelecer previsões sobre o texto

Embora toda a leitura seja um processo contínuo de formulação e verificação de hipóteses e previsões sobre o que sucede no texto, vamos nos ocupar aqui das previsões que podem ser estabelecidas antes da leitura. Para estabelecer previsões, nos baseamos nos mesmos aspectos do texto que já mencionamos: superestrutura, títulos, ilustrações, cabeçalhos, etc. E, naturalmente, em nossas próprias experiências e conhecimentos sobre o que estes índices textuais nos permitem entrever sobre o conteúdo do texto.

Transcrevo a seguir um fragmento de uma sessão de leitura em uma classe de 3ª série do Ensino Fundamental na qual as crianças vão ler um texto intitulado "As sopas de alho". (A propósito, sem olhar mais para baixo, o que pensa que vai encontrar nesse texto? De que ele vai tratar? Depois veja se suas previsões se realizaram.)

(Todas as crianças estão com o livro aberto na mesma página).

P. Vamos ver... escutem um momento. Ainda não vamos começar a ler. Não vamos começar a ler porque antes temos que pensar um pouco olhando só para o título, certo? Vamos ver... olhando o titulo... este título das "sopas de alho"... sobre o que será esta história?
Várias crianças: Sobre uma sopa de alho! (Algumas fazem caretas de nojo).
P.: Sobre uma sopa de alho que não sabemos de quem é nem o que acontece, nem nada... E se olharmos o desenho? Vamos olhar o desenho...

(Muitas crianças começam a falar simultaneamente.
P.: impõe silêncio e pede que uma menina dê sua opinião).

P.: E que...? Que comem? Risoto de frango?
Marta: Nãaao! Comem sopa de alho.
P.: Pode ser... não sabemos, certo? Vamos ver, David.
David: Um senhor que mora na casa de uma senhora e a senhora lhe prepara sopas de alho.
P.: Também pode ser...
Outra criança: Uns senhores que são velhos e que quase sempre comem sopas de alho e que têm um sítio.
P.: Pode ser, não sabemos. Alguém tem uma ideia diferente? Pode falar.
Uma menina: Um casal que mora em uma casa no campo e que normalmente comem alhos.
P.: Bem, isto é o que nos parece olhando para o título e para o desenho. Pois agora todos podem começar a ler em silêncio para ver se é verdade que eles tomam sopas de alho. Primeiro vamos ler a história inteira para nós mesmos e depois em voz alta, para ver se é verdade que tudo o que dissemos acontece nesta história.

(As crianças leem o texto em silêncio).

(F-1)

Que acharam? As previsões de vocês eram parecidas com as formuladas pelas crianças? Ajustavam-se ao conteúdo da história? Tornaremos a falar da questão das previsões no capítulo seguinte. Por enquanto, gostaria de fazer alguns breves comentários sobre o exemplo que acabaram de ler.

Em primeiro lugar, e embora infelizmente seja muito difícil descrever o ambiente de uma classe em um exemplo tão concreto como este, temos que destacar o fato de que meninos e meninas arriscam-se a formular abertamente suas previsões. Isto é muito importante. Formular hipóteses, fazer previsões, exige correr riscos, pois por definição não envolvem a exatidão daquilo que se previu ou formulou. Para correr riscos é preciso ter certeza de que isso é possível, ou seja, que ninguém vai ser sancionado por ter se aventurado. Mas por outro lado, o exemplo ilustra que as previsões feitas por alunos e alunas nunca são absurdas, isto é, que com a informação disponível – título e ilustrações – formulam expectativas que, ainda que não se realizem, bem poderiam se realizar; embora não sejam exatas, são pertinentes.

Um segundo aspecto que queria ressaltar tem a professora como protagonista. Já prestaram atenção no que ela faz? Não se limita a suscitar as previsões das crianças, mas o tempo todo faz com que elas percebam que são isso, previsões, que pode ser, mas que não se sabe, *neste momento,* se as coisas são como o grupo as imagina ou de outra maneira. Por isso, quando induz os alunos a ler, indica-lhes que *"com a leitura vão ver se é verdade tudo o que dis-*

seram". Indica um objetivo claro e contribui para dar significância à atividade que as crianças vão realizar. Isto é bastante diferente de "leiam a página 36", não acham?

O último comentário refere-se às crianças e deriva diretamente do anterior. Nesta sequência, as crianças se tornam protagonistas da atividade de leitura, não só porque leem, mas porque transformam a leitura em algo seu – o que é que eu penso, até que ponto minha opinião é correta. Aprendem que suas contribuições são necessárias para a leitura e veem nesta um meio de conhecer a história e de verificar suas próprias previsões.

As previsões podem ser suscitadas ante qualquer texto. Quando nos deparamos com uma narração ou com uma poesia, pode ser mais difícil ajustá-las ao conteúdo real, e por isso é importante ajudar as crianças a utilizar simultaneamente diversos indicadores – títulos, ilustrações, o que se conhece sobre o autor, etc. – assim como os elementos que a compõem: cenário, personagens, problema, ação, resolução. Considero fundamental trabalhar esta estratégia com outros tipos de texto, como a notícia, por exemplo. Ao contrário do que acontece com os textos narrativos, as manchetes das notícias costumam se ajustar perfeitamente ao conteúdo ao qual servem de cabeçalho e em geral proporcionam bastante informação sobre ele (com alunos maiores também podemos trabalhar manchetes sensacionalistas, como forma de adquirir uma leitura crítica). Os alunos verão como, a partir da manchete, suas expectativas costumam se realizar, total ou parcialmente, o que contribui para que adquiram segurança.

Outro caso é o dos textos expositivos (isto é, as diferentes estruturas expositivas que víamos no capítulo anterior). Os títulos não costumam enganar neste caso, porém muitas vezes resultam de difícil compreensão para as crianças. Não é por acaso. Em diversas ocasiões, um texto expositivo nos introduz em um tema desconhecido para nós (recorde o caso de "Características e funções do resumo"). Contudo, é bom que os alunos reflitam sobre esses títulos, pois eles lhes dão a oportunidade não só de saber o que sabem, mas também aquilo que não conhecem, permitindo que orientem a atividade de leitura.

Nestes textos, em que geralmente aparecem subtítulos para cada item, palavras sublinhadas e mudanças de letra, enumerações e expressões utilizadas para marcar o que vai ser tratado (recorde as chaves que identificávamos nos cinco tipos de estruturas expositivas), as previsões dos alunos não deveriam se limitar aos títulos, mas levar em conta todos estes indicadores como meio de prever e atualizar o conhecimento prévio necessário. Para encerrar este subcapítulo, vou reproduzir o título e os subtítulos de um capítulo de uma enciclopédia temática, que dedica um dos seus volumes à "Modernização de Barcelona"'.

"2. Barcelona: da Cidadela aos Jogos Olímpicos.
A Cidadela e a cidade tradicional (século XVIII).
As reformas da cidade tradicional (primeira terça parte do século XIX).

A demolição das muralhas (1841-1856).
O Plano Cerdà e os projetos de uma grande cidade.
A construção do *Ensanche* (alargamento) e os equipamentos urbanos.
Sexênio revolucionário e parque da Cidadela.
A ligação entre Barcelona e os povoados do Plano. A Exposição Universal de Barcelona de 1888.
Da agregação dos povoados do Plano aos Jogos Olímpicos de 1992".

Como pode-se ver, só com a leitura do título e dos subtítulos é possível imaginar o que vamos encontrar no texto, e isso inclui tanto uma delimitação temporal como uma primeira cronologia. A partir destes enunciados, podem ser formuladas algumas previsões, como:

- No texto explicar-se-á como eram as muralhas.
- Nem sempre houve parque Zoológico na Cidadela (atualmente, ele está situado no parque que tem aquele nome).
- Em Barcelona houve uma revolução.
- Implantaram-se linhas de transporte para ligar Barcelona a outros povoados.
- *Etc.*

Por outro lado, mediante a informação proporcionada, podemos ver alguns dos marcos mais importantes da modernização da cidade no período em questão e ao mesmo tempo nos conscientizamos de que sabemos algumas coisas e desconhecemos outras. Isto pode nos levar à estratégia que descreverei a seguir.

Promover as perguntas dos alunos sobre o texto

Em geral, fala-se muitos nas escolas (cerca de duas terças partes do tempo); os professores ocupam outros dois terços da fala; e outros dois terços são compostos por perguntas e explicações (é o que se chama de "regra dos dois terços", citada em Edwards e Mercer, 1988). De acordo com esta regra e com o que indicam diversas pesquisas sobre a leitura, podemos afirmar que, em seu ensino, os professores dedicam a maior parte das suas intervenções a formular perguntas aos alunos e estes, logicamente, dedicam-se a respondê-las, ou pelo menos a tentar. No entanto, alguém que assume responsabilidade em seu processo de aprendizagem é alguém que não se limita a responder às perguntas feitas, mas que também pode interrogar e se autointerrogar.

Quando os alunos formulam perguntas pertinentes sobre o texto, não só estão utilizando o seu conhecimento prévio sobre o tema, mas também – talvez sem terem essa intenção – conscientizam-se do que sabem e do que não sabem sobre esse assunto. Além do mais, assim adquirem objetivos próprios, para os quais tem sentido o ato de ler. Por outro lado, o professor pode inferir das perguntas formuladas pelos alunos qual é sua situação perante o texto e ajustar sua intervenção à situação.

Em geral, as perguntas que podem ser sugeridas sobre um texto guardam estreita relação com as hipóteses que podem ser geradas sobre ele e vice-versa. Se são consideradas em um item diferente, é porque não são assimiláveis. Por exemplo, no fragmento sobre "As sopas de alho", cada previsão sugere a pergunta sobre se esta previsão vai ou não se realizar; mas também podemos formular outro tipo de perguntas: Além da história, no texto aparecerá a receita utilizada para fazer sopas de alhos? Toda a história ocorre na casa de campo?

A partir das previsões, e inclusive à margem delas, pode ser útil formular perguntas concretas a que se gostaria de responder mediante a leitura. Cassidy e Baumann (1989) afirmam que estas perguntas manterão os leitores absortos na história, o que contribuirá para melhorar sua compreensão. É importante levar em conta que as perguntas que possam surgir devem estar de acordo com o objetivo geral da leitura do texto. Se o que interessa é uma compreensão global do texto, as perguntas não deveriam se referir a detalhes ou informações precisas, pelo menos em um primeiro momento. Nada impede que, depois de se alcançar o primeiro objetivo, outros possam ser formulados.

A este respeito, convém ressaltar que a própria superestrutura dos textos (o fato de se tratar de uma narração ou de uma exposição em suas diferentes modalidades) e sua organização oferecem uma série de pistas que podem ajudar a formular e a ensinar a formular perguntas pertinentes sobre o texto. Vamos considerar "pergunta pertinente" aquela que leva a estabelecer o tema do texto, suas ideias principais ou seu núcleo argumentativo (conforme os objetivos com que ele seja abordado). Numerosas pesquisas (Beck e outros, 1979; citados por Pearson e Gallagher, 1983) constataram que as perguntas dirigidas pelos professores ou as formuladas por materiais e guias didáticos costumam abordar indistintamente aspectos essenciais e detalhes pouco importantes, sem observar qualquer progressão. Este fato, segundo os autores, faz com que as crianças não aprendam estratégias que as ajudem a analisar os textos em função de critérios de importância *(a ideia principal;* ver capítulo 7).

Entretanto, a organização interna de um texto oferece algumas pistas que permitem estabelecer um conjunto de questões cuja resposta ajuda a construir o significado do texto. Cooper (1990) sugere as seguintes perguntas a partir dos elementos do texto narrativo:

Cenário
Onde ocorre esta história?
Em que época sucede esta história?
Personagens
De que trata a história?
Quais são os personagens da história?
Qual é o personagem principal ou a estrela da história?

Problema
Os personagens da história (pessoas/animais) tinham algum problema?
Ao escutar esta história, o que vocês acham que os personagens pretendiam?
Ação
Quais foram os fatos importantes dentro da história?
Resolução
Como é que os personagens desta história resolveram seus problemas?
Tema
O que é que esta história tentou nos comunicar?
Que lições podem ser extraídas desta história?"

Cooper, 1990; 343.

É claro que as perguntas concretas podem variar; o importante é que elas se refiram aos componentes essenciais do texto. Quando se trata de um texto expositivo, sua organização também permite orientar quanto à informação que ele vai abordar e, assim, a fazer com que as questões formuladas antes da leitura afetem seu conteúdo essencial.

Ante um texto fundamentalmente descritivo, as perguntas pertinentes serão orientadas para os aspectos descritos pelo autor sobre o tema. Nos restantes tipos de texto (agrupador, causal, esclarecedor e comparativo), os indicadores e as palavras-chaves oferecem pistas para orientar a compreensão e para gerar perguntas pertinentes com relação a eles. Assim, em um texto aglutinador, perguntaremos quais são as funções, características, traços etc. expostos nele sobre o tema. Quando se tratar de um texto causa/efeito, as perguntas farão referência aos fatos ou problemas apresentados no texto e aos efeitos que eles produzem. Em um escrito esclarecedor, deveremos perguntar sobre os problemas formulados e as soluções oferecidas. Por último, uma exposição comparativa levar-nos-á a perguntas sobre as semelhanças e diferenças entre fatos ou conceitos expostos no texto.

Se a formulação de perguntas sobre o que vai ser lido ajuda a melhorar a compreensão — de fato, sempre nos formulamos alguma pergunta, mesmo que seja inconscientemente ou tão geral como "será que eu vou gostar?"—, esta estratégia torna-se fundamental quando se pretende aprender a partir da leitura de textos. Por exemplo, o índice do capítulo sobre "A modernização de Barcelona" nos informa sobre o conteúdo que vamos encontrar — o que contribui para ativar nossos conhecimentos sobre ele —, permite que façamos algumas previsões como as mencionadas e ao mesmo tempo pode nos propor determinadas perguntas: O que aconteceu concretamente no denominado "sexênio revolucionário"? Até que ponto o *Ensanche* que temos hoje em dia tem a ver com o que foi planejado? O que representou a Exposição Universal de 1888 para uma cidade como Barcelona? Que aspectos isso tem em comum com a Expo 92, realizada em Sevilha? Muitas destas perguntas serão induzidas pelo professor ou pelo menos negociadas com os alunos; é importante que eles possam formulá-las, que elas sejam ouvidas e, em caso de necessidade, transformadas, para que possam funcionar como desafios a serem enfrentados com o estudo e a compreensão.

Para alcançar este objetivo, assim como qualquer outro relacionado à compreensão daquilo que se lê, os alunos devem escutar e compreender as perguntas formuladas pelos seus professores com relação aos diferentes textos lidos e constatar que a leitura permite respondê-las. De forma paulatina, eles poderão formular suas próprias perguntas, o que significa autodirecionar sua leitura de maneira eficaz. Além disso, perceberão que textos diferentes sugerem perguntas diferentes para diferentes pessoas, o que os ajudará a compreender adequadamente tanto a importância dos textos – e o fato de que diferentes estruturas textuais contêm informações diversas – como a importância do leitor, do seu papel ativo perante a leitura e de tudo o que contribui para ela (conhecimentos, expectativas, perguntas, etc.).

Por último, gostaria de ressaltar que provocar perguntas sobre o texto é uma estratégia que pode ser praticada em diferentes níveis de leitura – como, por outro lado, ocorre com quase todas elas. Pode-se fomentar a compreensão de narrações ensinando as crianças para as quais elas são lidas (porque elas ainda não sabem lê-las) a centrar sua atenção nas questões fundamentais, como sugeria Cooper (1990), na direção das "atividades de escuta estruturada" propostas por Choate e Rakes (1989). Com crianças pequenas, também pode-se utilizar textos expositivos, ilustrados, adequados para o seu nível, que desde o início as familiarizem com a diversidade que caracteriza o universo do escrito e com a multiplicidade de estratégias que estão ao alcance de nós, leitores experientes, para construir significados adequados.

Conclusão

Tentei explicar neste capítulo aquilo que pode ser feito antes da leitura, para melhorar a compreensão de meninos e meninas. Agora gostaria de refletir brevemente sobre alguns aspectos relacionados a este tema.

As estratégias revisadas – motivar as crianças, oferecer-lhes objetivos de leitura, atualizar seu conhecimento prévio, ajudá-las a formular previsões, incentivar suas perguntas – encontram-se estreitamente relacionadas, fazendo com que uma geralmente leve à outra. De fato, o natural é que, quando se apresenta um texto e se tem a intenção de fazer um trabalho prévio sobre ele, elas apareçam mescladas, sem que às vezes tenhamos muita certeza de estar formulando perguntas ou previsões.

Na minha opinião, isto não deveria representar nenhum problema. O fundamental é entender *para que* se ensinam estas estratégias, ou outras, o que leva ao seu uso racional, ao fato de elas serem vistas como meios mais que como fins e à progressiva interiorização e utilização autônoma pelos alunos. Ainda que já o tenha dito outras vezes, deixem-me insistir na necessidade de situá-las e contextualizá-las em cada situação concreta, sem considerar que se trata de uma sequência fixa, estática, que deve ser aplicada.

Com relação ao aluno, tudo o que pode ser feito antes da leitura tem a finalidade de:

- Suscitar a necessidade de ler, ajudando-o a descobrir as diversas utilidades da leitura em situações que promovam sua aprendizagem significativa. Proporcionar-lhe os recursos necessários para que possa enfrentar com segurança, confiança e interesse a atividade de leitura.
- Transformá-lo em todos os momentos em *leitor ativo*, isto é, em alguém que sabe por que lê e que assume sua responsabilidade ante a leitura (depois veremos que também durante e depois dela), aportando seus conhecimentos e experiências, suas expectativas e questionamentos.

No tocante ao próprio processo em que as estratégias "antes da leitura" se atualizam, vale a pena recordar o que dissemos no capítulo 4 com relação ao seu ensino. Parece-me que considerar esse processo como algo compartilhado entre o professor e os alunos – e entre os alunos – é a única possibilidade de que o ensino de estratégias seja significativamente compreendido pelos alunos e, portanto, que seja funcional para eles. Diversificar situações, de tal modo que permitam que tanto o professor como os alunos façam suas contribuições à leitura, que possam negociar os objetivos que pretendem conseguir com esta, porém sem esquecer que isto requer que o próprio professor "ensine seu processo" aos alunos, é uma condição para que, com o passar do tempo – às vezes mais rapidamente do que esperamos –, os alunos possam assumir aquele papel ativo ao qual nos referíamos antes.

Se ler é um processo de interação entre um leitor e um texto, antes da leitura (antes de saberem ler e antes de começarem a fazê-lo quando já sabem) podemos ensinar estratégias aos alunos para que essa interação seja o mais produtiva possível. O que se pretendia neste capítulo, sem intenção de exaustividade, era facilitar a análise e a compreensão das diferentes possibilidades que temos para conseguir este propósito. Agora você é que tem de decidir se isso foi conseguido, levando em conta justamente o que dizia ao princípio da frase, que ler e, naturalmente, compreender, é fruto da interação entre este texto e seu leitor.

Notas

[1] A classificação de objetivos ou finalidades de leitura apresentada adota as contribuições do *IEAP del Baix Empordà*, incluídas no documento não publicado (fevereiro, 1990), "L'ensenyament de la comprensió lectora".

[2] Adaptado para o castelhano da edição original em catalão. Boladeras, J.; Farràs, P.; Mestre, J. (1990): L'Exposiciò Universal del 1888. La modernizaciò de Barcelona. Barcelona: Graó (BC n. 44).

Capítulo 6

CONSTRUINDO A COMPREENSÃO... DURANTE A LEITURA

Vimos até agora algumas estratégias que fomentam a compreensão dos textos, porque permitem situar o leitor devidamente aparelhado diante da leitura e levam-no a assumir um papel ativo perante ela. No entanto, á maior parte da atividade compreensiva — e a maior parte do esforço do leitor — ocorrem durante a própria leitura, o que com certeza você já pôde comprovar. Neste capítulo, depois de recordar sucintamente em que consiste o processo de leitura, ocupar-nos-emos do ensino de estratégias que acontecem durante esse processo, tanto para construir uma interpretação possível do texto como para resolver os problemas que aparecem no decorrer da atividade.

O que acontece quando lemos? O processo de leitura

Neste item tentaremos recordar brevemente o que já dissemos sobre o processo de leitura no primeiro capítulo. Afirmamos no mesmo que a leitura é um processo de emissão e verificação de previsões que levam à construção da compreensão do texto. A compreensão de um texto envolve a capacidade de elaborar um resumo, que reproduz seu significado global de forma sucinta

(Van Dijk, 1983). Para isso, deve-se poder diferenciar o que constitui o essencial do texto e o que pode ser considerado em um determinado momento – para alguns objetivos concretos – como secundário.

Assim, para que o leitor seja efetivamente um leitor ativo que compreende o que lê, deve poder fazer algumas previsões com relação ao texto; também vimos que algumas características do texto – a superestrutura ou tipo de texto, sua organização, algumas marcas, etc. –, assim como os títulos, as ilustrações que às vezes os acompanham e as informações abordadas pelo professor, por outros alunos e pelo próprio leitor, constituíam o "material" que gerava essas hipóteses ou previsões. Estas previsões, antecipações, ou seja lá o que for, devem ser compatíveis com o texto, ou ser substituídas por outras. Quando estas são encontradas, a informação do texto integra-se aos conhecimentos do leitor e a compreensão acontece.

Um aspecto essencial de todo o processo tem a ver com o fato de que nós, os leitores experientes, não só compreendemos, mas também sabemos quando não compreendemos e, portanto, podemos realizar ações que nos permitam preencher uma possível lacuna de compreensão. Esta é uma atividade metacognitiva, de avaliação da própria compreensão, e só quando é assumida pelo leitor sua leitura torna-se produtiva e eficaz (não se esqueçam do exemplo de Inés – capítulo 1, a menina que não compreendia e não se dava conta do fato). Embora em nível inconsciente, à medida que lemos, prevemos, formulamos perguntas, recapitulamos a informação e a resumimos e ficamos alertas perante possíveis incoerências ou desajustes. Este processo também ocorre de forma constante, mas às vezes não acontece, quando não se aprende a ler de maneira adequada. Nesses casos, a leitura não pode servir para nenhum dos seus propósitos, ou seja, é inútil, não é funcional, não é leitura.

O processo de leitura deve garantir que o leitor compreenda os diversos textos que se propõe a ler. É um processo interno, porém deve ser ensinado. Uma primeira condição para aprender é que os alunos possam ver e entender como faz o professor para elaborar uma interpretação do texto: quais as suas expectativas, que perguntas formula, que dúvidas surgem, como chega à conclusão do que é fundamental para os objetivos que o guiam, que elementos toma ou não do texto, o que aprendeu e o que ainda tem de aprender... em suma, os alunos têm de assistir a um processo/modelo de leitura, que lhes permita ver as "estratégias em ação" em uma situação significativa e funcional.

No resto do capítulo, não nos dedicaremos tanto à "modelagem" cujas características foram mencionadas nos capítulos 4 e 5, mas às situações de ensino compartilhado, articuladas em torno das estratégias enunciadas.

Estratégias durante a leitura: tarefas de leitura compartilhada

Ler é um procedimento, e se consegue ter acesso ao domínio dos procedimentos através da sua exercitação compreensiva. Por este motivo, não é suficiente – embora seja necessário – que alunos e alunas assistam ao processo mediante o qual seu professor lhes mostra como constrói suas previsões, como as verifica, em que indicadores do texto se baseia para fazer, isso etc. Os próprios alunos devem selecionar marcas e indicadores, formular hipóteses, verificá-las, construir interpretações e saberem que isso é necessário para obter certos objetivos.

Neste item dedicar-me-ei à leitura como atividade compartilhada – ainda que toda a proposta deste livro – antes, durante e depois da leitura – esteja baseada em uma conceitualização das situações de ensino e aprendizagem como situações conjuntas, destinadas a compartilhar o conhecimento – em que se aprende a utilizar toda uma série de estratégias que deverão fazer parte da bagagem do aluno, para que ele possa utilizá-las de maneira autônoma. Com relação ao que se afirmava no capítulo 4 sobre o ensino da leitura, vamos falar da transferência de determinadas estratégias no decorrer de tarefas de leitura compartilhadas.

Antes de continuar, gostaria de fazer uma observação. Seria incorreto, ao ler neste livro que o professor mostra o que faz, que existem atividades compartilhadas e que depois ocorre um uso autônomo de estratégias, que o leitor tirasse a conclusão de que existe uma determinada sequência temporal e que até o aluno ser totalmente competente em cada uma destas fases não se pode passar para a seguinte. Isto também implicaria que, ao passar para a etapa consecutiva, a anterior seria abandonada.

A meu ver, as coisas são mais dinâmicas, e as etapas às quais nos referimos sucedem em diferentes situações de leitura de complexidade diversa. Talvez em determinados momentos a demonstração do modelo do professor seja mais necessária e em outros possa ser omitida. Ou talvez, em níveis elevados, sua intervenção se limite a acordar os objetivos de leitura com os alunos. O importante é pensar que, por um lado, os alunos e alunas *sempre* podem aprender a ler melhor mediante as intervenções do seu professor e, por outro, que *sempre*, no nível adequado, deveriam poder mostrar-se e considerar-se competentes mediante atividades de leitura autônoma. Às vezes essa competência será atualizada lendo o nome de um colega no cabide correspondente, ou o título de uma história que já foi trabalhada e, mais tarde, em textos narrativos e expositivos de complexidade crescente.

Neste contexto, as tarefas de leitura compartilhada devem ser consideradas a melhor ocasião para os alunos compreenderem e usarem as estratégias úteis para compreender os textos. Também devem ser consideradas o meio mais poderoso ao alcance do professor para realizar a avaliação formativa da leitura dos seus alunos e do próprio processo e, neste sentido, devem considerar-se como um recurso imprescindível para intervir de forma possível nas necessidades que os alunos mostram ou que ele infere. (No capítulo 8 farei referência, ainda que breve, aos aspectos da avaliação).

Existe um acordo bastante generalizado em considerar que as estratégias responsáveis pela compreensão durante a leitura que podem ser incentivadas em atividades de leitura compartilhada são as seguintes (Palincsar e Brown, 1984):

- Formular previsões sobre o texto a ser lido.
- Formular perguntas sobre o que foi lido.
- Esclarecer possíveis dúvidas sobre o texto.
- Resumir as ideias do texto.

Como pode-se ver, trata-se de que o leitor possa estabelecer previsões coerentes sobre o que está lendo, que as verifique e se envolva em um processo ativo de controle da compreensão (ver capítulo 1).

Alguns autores (por exemplo, Cassidy Schmitt e Baumann, 1989) ressaltam outras estratégias, como "avaliar e fazer novas previsões" e "relacionar a nova informação ao conhecimento prévio", cujo interesse é evidente. No entanto, na minha opinião, estas estratégias podem ser incluídas em uma leitura ampla das anteriormente mencionadas e por isso podem ser consideradas integradas a elas. Em síntese, trata-se de que o aluno seja um leitor ativo, que constrói uma interpretação do texto à medida que o lê. As estratégias concretas, antes enunciadas, já foram comentadas em profundidade ou o serão ao longo deste capítulo e dos seguintes, pois aparecem durante a leitura, mas também antes e depois dela. Assim, limitar-me-ei aqui a considerar os aspectos relativos ao seu ensino. Em conjunto, estas estratégias aplicam-se à leitura propriamente dita, durante a qual ocorre o maior esforço compreensivo do leitor, e estão pensadas para que este possa regular sua compreensão. Portanto, não podem ser ensinadas à margem da atividade de leitura, mas no que vamos chamar de *tarefas de leitura compartilhada*.

A ideia que preside as tarefas de leitura compartilhada é, na verdade, muito simples: nelas, o professor e os alunos assumem – às vezes um, às vezes os outros – a responsabilidade de organizar a tarefa de leitura e de envolver os outros na mesma. Isto é o que propõem Palincsar e Brown (1984) em seu modelo de ensino recíproco, que comentamos no capítulo 4. Nestas tarefas ocorre, de maneira simultânea, uma demonstração do modelo do professor e o assumir progressivo de responsabilidades de parte dos alunos em torno de quatro estratégias fundamentais para uma leitura eficaz[1].

O professor e os alunos devem ler um texto, ou um trecho de um texto, em silêncio (embora também possa haver leitura em voz alta). Depois da leitura, o professor conduz os alunos através das quatro estratégias básicas. Primeiro se encarrega de fazer um resumo do que foi lido para o grupo e solicita sua concordância. Depois pode pedir explicações ou esclarecimentos sobre determinadas dúvidas do texto. Mais tarde formula uma ou algumas perguntas às crianças, cuja resposta torna a leitura necessária. Depois desta atividade, estabelece suas previsões sobre o que ainda não foi lido, reiniciando-se deste modo o ciclo (ler, resumir, solicitar esclarecimentos, prever), desta vez a cargo de outro "responsável" ou moderador.

Nas tarefas de leitura compartilhada, resumir – talvez fosse mais adequado falar aqui de recapitulação – significa expor sucintamente o que foi lido. Esclarecer dúvidas refere-se a comprovar se o texto foi compreendido, fazendo perguntas para si mesmo. Com o autoquestionamento pretende-se que os alunos aprendam a formular perguntas pertinentes para o texto em questão. A previsão consiste em estabelecer hipóteses ajustadas e razoáveis sobre o que será encontrado no texto, baseando-se na interpretação que está sendo construída sobre o que já se leu e sobre a bagagem de conhecimentos e experiências do leitor.

A sequência que acabei de descrever pode e deve ter diversas variantes: além disso, embora estejamos falando aqui de estratégias durante a leitura, gostaria de lembrar que sua eficácia diminuirá bastante se todo o processo não estiver guiado pelas estratégias prévias (ver capítulo 5). Quando os alunos estiverem acostumados a trabalhar assim, e talvez como passo prévio à leitura individual e autônoma, podem ser organizadas situações de pequenos grupos ou duplas, nos quais cada participante se reveza para assumir o papel diretor. Também deveriam ser estabelecidas situações em que o professor leia individualmente desta forma com algum aluno.

Também seria útil formular variações na própria sequência, alterando sua ordem (perguntar, esclarecer, recapitular, prever). Uma forma de aumentar o envolvimento dos participantes pode consistir em que eles formulem perguntas que serão respondidas por todos depois da leitura; ou que elaborem um pequeno resumo, individualmente ou em duplas, para contrastar e enriquecer o realizado pelo "responsável". Em outro sentido, e segundo os objetivos da leitura (por exemplo, ler para aprender), a sequência geral poderá se adaptar ao propósito estabelecido. Nesse caso concreto, será preciso que todas as estratégias se destinem a comparar e a relacionar o conhecimento prévio à informação abordada pelo texto (mediante a formulação de perguntas, contraste de previsões – utilizando os indicadores considerados adequados –, o esclarecimento de dúvidas e perguntas, o surgimento de novas dúvidas e a constatação do que se aprendeu e do que ainda não se sabe).

De qualquer forma, não é recomendável seguir uma sequência fixa e estática, mas adaptá-la às diferentes situações de leitura, aos alunos que participam delas e aos seus objetivos. O importante é entender que, para dominar as estratégias responsáveis pela compreensão – antecipação, verificação, autoquestionamento... – não é suficiente explicá-las; é preciso colocá-las em prática, compreendendo sua utilidade. As atividades de leitura compartilhada, como afirmava antes, devem permitir a transferência da responsabilidade e o controle da tarefa de leitura das mãos do professor ("Do que vocês acham que este texto vai tratar? Quem pode explicar o que é a Mineralogia? Não compreenderam alguma coisa? Em síntese, como leram, esta lenda fala de...") para as mãos do aluno.

Não existem receitas exatas para fazer isso, pois as situações de leitura podem ser muito variadas, tanto no caso de se comparar as que ocorrem em diferentes salas de aula e níveis, como se comparássemos, em um mesmo grupo, as que são guiadas por propósitos diferentes e/ou as que utilizam textos de diversa complexidade. Só o professor pode avaliar o que pode ou não pedir aos seus alunos, assim como o tipo de ajuda de que estes vão precisar. Para isso, é imprescindível que planeje adequadamente a tarefa de leitura e que tenha a oportunidade de observar os alunos, como meios de oferecer os desafios e apoios que vão permitir que continue avançando. Também é fundamental que as tarefas de leitura compartilhada, cujo objetivo é ensinar as crianças a compreender e a controlar sua compreensão, se encontrem presentes na leitura desde os seus níveis iniciais, e que os alunos se acostumem a resumir, a fazer perguntas, a resolver problemas de compreensão a partir do momento em que começam a ler algumas frases, e até mesmo antes, quando assistem à leitura que outros fazem para eles. Desta forma, aprenderão a assumir um papel ativo na leitura e na aprendizagem. (No anexo também se oferece um exemplo de leitura de contos de fadas para a Educação Infantil, que pode contribuir para o envolvimento ativo das crianças.)

Você deve ter percebido que as tarefas de leitura compartilhada podem apresentar uma enorme variedade e que neste aspecto podemos considerá-las bastante diferentes da sequência frequentemente realizada na escola (leitura coletiva em voz alta-sessão de pergunta/resposta-atividade de extensão). Sua maior diferença reside no fato de que nesta sequência *não se ensinam explicitamente estratégias que possam ser utilizadas no processo de leitura*. As tarefas de leitura compartilhada, ao contrário, estão pensadas para ensinar estas estratégias, além de garantir, com todos os suportes necessários, que os alunos possam utilizá-las com competência. Por esta razão prefiro falar de "leitura compartilhada" em vez de "leitura dirigida", um termo muito encontrado nas publicações sobre o assunto.

Nas propostas de "leitura dirigida" (Cassidy Schmitt e Baumann, 1989; Cooper, 1990; Smith e Dahl, 1989, entre outros) parte-se do princípio de que o professor é que convida os alunos a resumir determinados pontos, os induz a avaliar suas previsões e a tornar a prever, os leva a fazer perguntas... Nestas propostas também se utiliza um estilo bastante direto: "Explique aos alunos que... Diga aos estudantes... Diga aos seus alunos...". As recomendações das propostas, por outro lado, não diferem das que vimos neste capítulo e nos anteriores. A principal divergência encontra-se na atribuição exclusiva ou quase exclusiva de responsabilidade ao professor.

Como já comentamos, é preciso que os alunos compreendam e que usem compreendendo as estratégias apontadas. Do meu ponto de vista, isto só é possível em tarefas de leitura compartilhada, nas quais o leitor vai assumindo progressivamente a responsabilidade e o controle de seu processo. Não há nenhum inconveniente em que ao princípio, ou em textos muito complexos, a atividade de leitura compartilhada se assemelhe mais a uma atividade de leitura dirigida, no sentido exposto no parágrafo anterior; ao contrário, já definimos em outros parágrafos que pode ser muito útil e necessário que os alunos assistam ao modelo do professor. Mas nunca deveriam se transformar em "participantes passivos" da leitura, isto é, em alunos que respondem às perguntas, que atuam, porém que não interiorizam nem se responsabilizam por essas estratégias nem por quaisquer outras. Não devemos esquecer que a finalidade última de todo ensino – e isso também ocorre no caso da leitura – é que os aprendizes deixem de sê-lo e dominem com autonomia os conteúdos que foram objeto de instrução.

Utilizando o que se aprendeu: a leitura independente

Quando os alunos leem sozinhos, em classe, na biblioteca ou em suas casas, tanto com o objetivo de ler por prazer, como para realizar alguma tarefa para a qual é preciso ler, devem poder utilizar as estratégias que estão aprendendo. De fato, este tipo de leitura, em que o próprio leitor impõe seu ritmo e "trata" o texto para seus fins, atua como uma verdadeira avaliação para a funcionalidade das estratégias trabalhadas. Como este é o tipo mais verdadeiro de leitura, as situações de leitura independente devem ser incentivadas na escola.

Além de propiciar a leitura independente pelo prazer de ler, a escola pode se propor o objetivo de promover o uso de determinadas estratégias em tarefas de leitura individual. Neste caso, pode-se proporcionar ao aluno materiais preparados para que ele pratique por sua própria conta algumas estratégias que podem ter sido objeto das tarefas de leitura compartilhada, com toda a classe, ou em pequenos grupos ou duplas, como as descritas nos parágrafos anteriores.

Estes materiais podem corresponder a diferentes objetivos de leitura: com eles pode-se induzir o trabalho autônomo de diversas estratégias. Se o que se pretende é que o aluno realize previsões sobre o que está lendo, podem ser inseridas ao longo do texto perguntas que o façam prever o que pensa que vai acontecer a seguir. Vamos ver um exemplo em um texto curto (Cocabamba, 1987, *Ay, qué risa! Selección de cuentos humorísticos*, Barcelona: Graó, 55-56):

A velha e os ladrões

"Era uma vez uma velha que morava nos arredores de um povoado. Uma noite estava se aquecendo junto ao fogo com a única companhia das ardentes chamas, quando, de repente, ouviu ruídos em cima, em seu quarto. Surpresa, disse:
– Eu diria que há ruídos lá em cima... ou será impressão minha?
Depois ouviu claramente passos que iam de um lado para o outro e compreendeu que se tratava de ladrões que tinham ido roubá-la. Como estava sozinha e ninguém podia acudir em sua ajuda, começou a pensar: — O que é que eu poderia fazer para esses ladrões irem embora? Ah, já sei!" *Qual você acha que foi a ideia da velhinha para expulsar os ladrões? Leia bem o texto antes de responder e preste atenção no lugar em que ela mora, no fato de se encontrar sozinha e ser velha. Escreva sua resposta, acabe a leitura e veja se adivinhou.*
"E, decidida, dirigiu-se para o pé da escada e começou a gritar:
Bernardo, suba para o terraço! Maria, pegue a espingarda!
– Juan, cace-os!
E você, Pedro, bata neles!
– Ramón, conte quantos são!
Ao ouvir os gritos da velha, os ladrões se assustaram muito e disseram:
– Olhe que não tem pouca gente nesta casa... É melhor ir embora, porque entre todos, eles vão nos pegar...
Mais tarde a velha, sentada diante do fogo, começou a gargalhar... e contam que ainda continua rindo."
Onde você acha que estavam Bernardo, María, Juan, Pedro e Ramón? Onde é que os ladrões pensaram que eles estavam? Por que a velha ria tanto?

Naturalmente, o professor pode preparar um texto deste tipo, mas esta estratégia também pode e deve ser trabalhada com os textos habituais de leitura. Para fazer isso, bastaria colar por cima de determinados fragmentos (para os quais se quer uma previsão) um papel autoadesivo com a pergunta: "O que você acha que pode acontecer agora? Por quê? Depois de ler o que está aqui embaixo, e até encontrar outro papel, veja que coisas você acertou e quais você errou." A pergunta escrita pode ser omitida se os alunos souberem que devem formulá-la ao encontrar o papel. É importante não abusar deste sistema e colocar as perguntas que induzem à previsão em trechos adequados do texto, nos quais realmente tenha sentido aventurar uma previsão.

(No final do texto incluí algumas perguntas que podem ser úteis para ajudar o aluno a fazer uma interpretação do relato e que servem para avaliar o seu grau de compreensão. Vamos nos ocupar disso no próximo capítulo.)

Se a intenção for trabalhar o controle da compreensão, pode-se proporcionar aos alunos um texto que contenha erros ou inconsistências, pedindo que eles as encontrem – e algumas vezes não lhes pedir nada, para ver se também as detectam. Esta tarefa vai se complicar um pouco mais se o pedido não se limitar à identificação de coisas estranhas ou incoerentes, e solicitar que isto seja substituído por algo que tenha sentido.

O fomento da compreensão e do controle da compreensão também pode ser feito através de textos com lacunas, isto é, textos nos quais faltam algumas palavras, que devem ser inferidas pelo leitor. Como no caso anterior, o importante não é a exatidão, mas a coerência da resposta, que constitui a prova de uma boa compreensão. Exemplo:

O cavaleiro e as ostras

"Era um entardecer de... e fazia um frio infernal. Um viajante... à Hospedaria da Costa, deixou o cavalo no... e entrou no restaurante, que estava cheio... Percorreu a sala com o olhar, procurando a... para sentar-se perto e se aquecer." (Adaptado do catalão original. Badia, D.; Vilá, N.; Vilá, M. (1988), *Jocs de Ploma, Propostes per a l'expressió escrita*. Barcelona, Graó).

Também pode-se abordar a questão do resumo em determinados fragmentos da leitura, oferecendo algumas ajudas no texto que possam ser utilizadas pelo aluno para sua própria produção. Exemplo:

O gigante Sete Homens

"Era uma vez um gigante alto como uma montanha e que só no café da manhã comia sete homens, e por isso era chamado de Sete Homens".

Sete Homens era um gigante muito grande que comia homens.

"Tinha bosques imensos, tantos que sete dias de caminhada sem parar não eram suficientes para rodeá-los; mas ele, que tinha aquelas pernas tão compridas, os percorria em um abrir e fechar de olhos."

Tinha bosques imensos que ele rodeava em um momento.

"Por lá vivia um corcunda, pequeno como um pião, com uma corcunda que era vinte vezes maior que o resto da sua pessoa. Por isso era chamado de Sete Corcundas".

Lá vivia.

(...) Intercalam-se parágrafos com seu resumo com outros sem ele, para que os alunos o façam.
(Adaptado do original catalão, Badía, D.; Vilá, N.; Vilá, M. (1988). *Contes per fer i refere. Recursos per a la creativitat*. Barcelona, Graó).

Todas estas atividades baseiam-se em "textos preparados"; sua utilidade será mais incentivada caso se abusar menos da "preparação", isto é, à medida que as atividades de leitura individual se assemelhem o mais possível à leitura autônoma. Alguns autores propõem textos com muitas perguntas, com lacunas, com pedidos de resumos, etc., criando o que se conhece como "leitura guiada" parágrafo por parágrafo ou página por página. Como frisa Cooper (1990), este tipo de leitura deveria ser abandonado logo que o leitor possa ler textos inteiros, com um objetivo claro de leitura, e após uma discussão para atualizar algumas estratégias já mencionadas quando nos ocupamos da leitura compartilhada (esclarecer dúvidas, resumir, fazer perguntas, etc.). De qualquer forma, este tipo de trabalho, com material mais ou menos preparado, nunca deveria substituir a leitura independente, cujo fim é ela mesma e depois da qual não cabe formular qualquer tipo de pedidos.

Muitas atividades poderiam ser pensadas para fomentar a aplicação de determinadas estratégias. Por outro lado, quase todas elas também podem ser objeto – e provavelmente seria desejável que fossem – de situações mais dirigidas pelo professor e de tarefas de leitura compartilhada em grupos pequenos ou grandes. Cada vez com maior frequência, os materiais para a leitura escolar fornecem atividades deste tipo, mas a verdade é que no nosso país elas não têm a tradição de que gozam em outros âmbitos. Talvez por isso é pouco frequente observar nas salas de aula tarefas de leitura individual, ou de leitura compartilhada, que se afastem da sequência clássica já mencionada.

No entanto, como poderão comprovar, nada do que aparece neste livro é uma invenção. Também não poderíamos dizer que parece muito difícil colocá-lo em prática; no máximo, poderia ser uma novidade para alguns profissionais. Se é que há alguma dificuldade, ela reside na própria conceitualização daquilo que é a leitura. Se ela é considerada um hábito, uma tradução de códigos ou coisas similares, o que dizemos aqui sem dúvida parecerá uma extravagância e um exagero. Se é uma atividade cognitiva complexa, que envolve o texto e o leitor e que tem numerosos usos e funções, entre eles o de ficarmos mais espertos, então tudo parece pouco para garantir sua aprendizagem significativa. Além disso, para aceitar que a leitura é isto, não é preciso ser especialista; só é necessário ler com frequência e perceber o que isso pressupõe e para o que serve.

Não estou entendendo, o que eu faço?
Os erros e as lacunas da compreensão

Concluirei este capítulo sobre as estratégias que ocorrem durante a leitura ocupando-me de algo muito frequente: os erros (interpretações falsas) e as lacunas na compreensão (a sensação de não estar compreendendo).

Vamos começar lembrando algo que já tínhamos comentado: o fato de que um obstáculo na leitura – não compreender algo – nos preocupe ou não, dependendo do nosso objetivo. Às vezes não compreendemos um parágrafo, por exemplo, em um artigo jornalístico, e passamos sem problema para o seguinte. Mas se lemos as cláusulas de um contrato que vamos assinar, a quase inevitável sensação de não compreender algumas coisas não só nos preocupa, como nos inquieta, e sentimos necessidade de compreender.

Outra coisa que já comentamos, e que portanto só vou recordar brevemente, é o fato de que não estamos continuamente nos perguntando se compreendemos ou não o que lemos. O conhecimento que temos sobre o nosso grau de compreensão é um subproduto da própria compreensão (Markman, 1981); se tentarmos compreender ativamente, logo detectaremos lacunas e erros em nosso processo. Entretanto, detectar os erros ou as lacunas de compreensão é apenas um primeiro passo, uma primeira função do controle que exercemos sobre a nossa compreensão. Para ler eficazmente, precisamos saber o que podemos fazer quando identificamos o obstáculo, o que significa tomar decisões importantes no decorrer da leitura.

Gostaria de voltar agora ao exemplo de Inés, seu professor e Branca de Neve caindo "usasta" (exausta) no capítulo 1. Como já comentamos, Inés não compreende, comete um erro de leitura e uma lacuna de compreensão e não se dá conta. Não pode realizar o primeiro passo mencionado no parágrafo anterior, porque *não controla sua compreensão*. Naturalmente, se não identifica o que não compreende, como poderá fazer alguma coisa para resolver esse problema que para ela não existe? Por este motivo é que seu professor tem que exercer o controle que ela não interiorizou, apontando primeiro o seu erro e depois oferecendo-lhe uma maneira de compensá-lo.

Da perspectiva adotada neste livro, a questão dos erros e do que se faz quando eles são detectados é da maior importância, pois nos informam – e isto pode parecer um paradoxo – sobre o que o leitor compreendeu, sobre o que ele sabe ou não sabe que compreendeu e sobre sua possibilidade de tomar decisões adequadas para resolver o problema. Não se trata de fazer uma apologia da leitura com erros, mas de ser capazes de interpretá-los em uma dimensão mais ampla da que costuma ser frequente na escola.

Como vimos, uma situação tipicamente escolar de leitura inclui sua versão coletiva e em voz alta, seguida de uma sessão de perguntas e respostas sobre o que se leu. Nesta situação pode acontecer que o aluno que está lendo erre – não se esqueçam de Maria José, que transforma belos porquinhos em porquinhos enormes. Cabe perguntar qual é a resposta que o leitor recebe ante o seu erro.

Em uma pesquisa realizada exclusivamente para explorar esta questão, Allington (1980) descobriu que a maioria dos professores limita-se a pronunciar corretamente o que o aluno leu errado.

Um aspecto interessante deste estudo é a constatação de que os professores tendem a corrigir uma proporção mais elevada de erros cometidos pelos alunos considerados "maus leitores" (74% de correções) que os produzidos pelos "bons leitores" (neste caso, Allington observou que só eram feitas correções em 34% dos casos em que elas teriam sido possíveis). Aprofundando mais o tema, o autor descobriu que, no primeiro caso, as intervenções do professor eram do tipo "dizer a forma correta" ou induziam o aluno a prestar atenção a certos aspectos da decodificação, enquanto no caso dos bons leitores, os professores tendiam a lhes apontar o contexto para que eles mesmos pudessem compensar seu erro ou lacuna.

Este último dado parece-me digno de comentário. Aparentemente, quando um mau leitor erra – o que deve acontecer com bastante frequência – o professor exerce um controle total de sua leitura e lhe mostra o erro, ou lhe oferece indicações para utilizar estratégias de decodificação do texto. No entanto, para que um mau leitor deixe de sê-lo, é absolutamente necessário que possa assumir progressivamente o controle do seu próprio processo e que entenda que pode utilizar muitos conhecimentos para construir uma interpretação plausível do que está lendo: estratégias de decodificação, naturalmente, mas também estratégias de compreensão: previsões, inferências, etc., para as quais precisa compreender o texto.

Se uma criança lê em voz alta, as dificuldades que o professor pode observar em sua leitura são de dois tipos: dificuldades no reconhecimento e pronúncia das palavras que configuram o texto – o que seria considerado um problema de decodificação, como acontecia com Inés, que separava as sílabas e não conseguia ler "exausta" – ou pausas e dúvidas – que, embora possam ter sido causadas por incompreensão, também podem ser interpretadas como um problema de decodificação. Em decorrência dos estudos realizados sobre a questão, parece que as crianças que não conseguem ler com fluidez porque ainda estão demasiado "ligadas" ao texto, deparam-se com numerosas interrupções que as levam a prestar atenção e a confiar exclusivamente no texto para poder resolver o problema. Para estas crianças, a leitura vai se transformando cada vez mais em "dizer o que está escrito", em vez de ser uma questão de construção de significado.

Por que acontece isto? Provavelmente, porque a tendência dominante considera necessário poder oralizar corretamente um texto escrito para poder entendê-lo. Esta tendência leva à interrupção sistemática cada vez que a criança erra, para lhe pedir "mais da mesma coisa"; isto é, pedir que o decodifique corretamente. Além disso, nesse caso se está "dizendo" à criança que não é preciso que se preocupe muito em controlar sua leitura, porque esse controle é exercido pelo professor. Não seria correto interpretar, a partir do que estou dizendo, que não se deve corrigir nem usar a decodificação. Estou tentando explicar que não se deveria corrigir tudo, porque nem todos os erros são iguais e que, por isso mesmo, não deveriam ser corrigidos da mesma maneira. De qualquer forma, o uso do contexto, da interpretação que seria possível aventurar para algo que não se sabe exatamente o que significa – esta era a estratégia utilizada pelo professor de Inés, lembram? – pode contribuir poderosamente para dotar a criança de recursos para construir o significado e, paulatinamente, controlar sua própria compreensão.

Na escola também se faz leitura silenciosa, ainda que geralmente ela não seja feita quando se trabalha a linguagem, mas em outras áreas curriculares. Embora não se possa generalizar, é muito frequente que nestas situações os alunos recorram ao professor quando se deparam com dificuldades no tocante a algumas palavras. Também aqui podemos ver como o aluno precisa confiar em uma "fonte especializada" para solucionar seus problemas, o que é uma boa estratégia se ela for usada em caso de real necessidade, porém é uma estratégia ruim se for utilizada com exclusividade. Contudo, não é a única coisa que pode ser feita na escola. No capítulo anterior vimos um exemplo em que o professor pede que as crianças leiam a história de *Garbancito* "usando apenas a cabeça", sublinhando as palavras que não entenderam (p. 102).

No decorrer da atividade de leitura, evidenciou-se que as crianças sublinhavam determinadas palavras e, às vezes, posteriormente e sem a mediação do professor, elas mesmas apagavam o que tinham grifado, porque a leitura lhes permitira elaborar um significado coerente para algumas delas. É claro que isto não acontecia com todas e, assim, na atividade posterior à leitura, havia um espaço para esclarecer dúvidas, imerso em uma atividade mais global de recapitulação dirigida do que tinha sido lido:

(Depois da leitura silenciosa).

P.: Vamos ver, destas quatro páginas que leram, quem sabe resumir o que leu, quem sabe dizer o que acontece nestas quatro páginas? Você, Ana.
Ana: Que o Garbancito... sua mãe estava fazendo arroz e não tinha açafrão e então Garbancito saiu e foi comprar...
P.: Mas sua mãe deixava ele ir?
Crianças: Nãããoǃ
P.: E o que aconteceu com o Garbancito?
Menino: Ele chorou!
Outras crianças: Ficou bravo! Esperneava!
Menina: Gritava e esperneava e ficava zangado.

P.: Por quê?
Menino: Porque sua mãe não deixava ele ir...
P.: E por quê? Meritxell.
Meritxell: Porque ele era muito pequeno e ela tinha medo que não o vissem e pisassem nele.
P.: Muito bem. Mas como era o Garbancito?
Crianças: Ele chorava! Era teimoso!
P.: Teimoso. O que será que quer dizer teimoso?
Menino: Cabeçudo.
P.: Cabeçudo, quando alguém enfia alguma coisa na cabeça...
O mesmo menino que tinha respondido antes: ... e ninguém a consegue tirar.
P.: E ninguém consegue tirar, e tem de fazer isso, não é? E se não começa a chorar e a espernear... Essa palavra (teimoso) estava sublinhada, não é mesmo?
(Algumas crianças respondem afirmativamente e apagam o sublinhado). (B-1)

Em uma entrevista posterior, em que se pergunta ao professor os motivos que o induzem a trabalhar desta forma – sublinhando e tentando fazer com que as crianças encontrem o significado das palavras difíceis para elas –, a resposta é a seguinte:

P.: Em suma, quem compreende o que está lendo, acabará entendendo as palavras (...); eu, que não sei falar catalão, quando o leio me deparo com palavras que não entendo, mas no fim acabo entendendo a mensagem do que estou lendo, e aqui acontece a mesma coisa (...). Não posso ir explicando as palavras para cada criança e quebrando o ritmo da leitura. Então sim, correm o risco de não compreenderem nada! Prefiro deixar isso para o final, ver se elas mesmas vão entendendo e se não, no final, explico em conjunto e tento não tirar a palavra de onde ela está, mas ler um pouco a frase onde está esta palavra.

O exemplo não ilustra um modelo, mas uma maneira diferente de abordar os problemas na leitura. Com relação à questão dos erros e lacunas de compreensão, a meu ver deve-se tentar distingui-los e também estabelecer as estratégias que podem ser adotadas ante eles. Neste sentido, pode ser útil referir-nos novamente ao trabalho de Collins e Smith (1980).

Diferentes problemas, diferentes soluções

Estes autores distinguem problemas na compreensão de palavras, de frases, nas relações que se estabelecem entre as frases e no texto em seus aspectos mais globais. Em todos os casos, as lacunas na compreensão podem ser atribuídas ao fato de não conhecer algum dos elementos mencionados, ou ao fato de o significado atribuído pelo leitor não ser coerente com a interpretação do texto. Também podem existir diversas interpretações possíveis para a palavra, frase ou para um fragmento, e então a dificuldade reside em ter que decidir qual a mais idônea. Quando os problemas situam-se em nível do texto em sua globalidade, as dificuldades mais comuns referem-se à impossibilidade de estabelecer o tema, de identificar o núcleo da mensagem que se pretende transmitir ou à incapacidade de entender por que sucedem determinados acontecimentos.

Estas situações, que provavelmente sejam apenas um exemplo dos conflitos com os quais um leitor pode se deparar, exigem uma tomada de decisão sobre o que se pode fazer. Uma delas, evidente, é abandonar o texto e dedicar-se a outra coisa, mas se me derem licença, não vamos considerá-la, pois embora possa ser uma estratégia muito produtiva no caso da leitura independente, não é muito apreciada na escola. Portanto, vamos nos referir às ações que o leitor pode realizar ao decidir que precisa compreender o texto.

Uma consideração, que em geral não deixa de ser interessante, é que as estratégias que levam à interrupção drástica da leitura (por exemplo, consultar o dicionário ou perguntar ao professor uma palavra desconhecida) só se justificam se a palavra em questão for crítica, isto é, absolutamente imprescindível para a compreensão do texto. Quando a leitura é interrompida, o leitor "desliga", perde o ritmo e precisa se ligar novamente. Para Collins e Smith é importante ensinar diversas estratégias e ensinar também que aquelas que cortam a leitura só devem ser utilizadas em caso de real necessidade.

Portanto, a primeira decisão a tomar perante um problema de leitura, perante uma incompreensão, é se deve-se ou não realizar alguma ação compensatória. Nesta decisão desempenham um papel fundamental os objetivos de leitura do leitor, sua necessidade de compreender e a própria estrutura do texto.

Quando uma frase, palavra ou trecho não parece essencial para a compreensão do texto, a ação mais inteligente que nós, os leitores, realizamos é a de *ignorá-la e continuar lendo*. Isto às vezes dá resultado e de fato é uma estratégia que os leitores experientes utilizam com grande frequência; por isso, entre outras razões, sua leitura é rápida e eficaz. Mas outras vezes não funciona: se a palavra aparece repetidamente, ou se ao saltar o parágrafo problemático percebemos que nossa interpretação do texto se ressente, não podemos continuar ignorando e precisamos fazer algo mais. Antes de nos ocuparmos do "algo mais", gostaria de salientar que é muito difícil aprender a estratégia de "ignorar e continuar lendo" em situações de leitura em que o erro ou a lacuna é sistematicamente corrigido, seja qual for seu valor para a compreensão geral do texto.

Suponhamos que decidimos que não podemos clarificar nossa falta de compreensão em um elemento se não quisermos correr o risco de não compreender o texto em sua globalidade. Neste caso, temos outras opções, e em algumas pesarão muito as características do texto. Por exemplo, ante um artigo intitulado "Intertextualidade: ecos infecciosos do passado" (Cairney, T., 1990, *Intertextuality: infectious echos from the past, The Reading Teacher,* 43, 7, 478-484), pode ser que não compreenda muito bem alguma palavra (intertextualidade) ou mesmo a frase inteira (é um bom título, não acham?). No entanto, saber que se trata do título de um artigo científico permite que *esperemos para avaliar sua compreensão,* porque temos certeza de que, ao longo do texto, o enigma será resolvido. Quando se ensina as crianças a ler diferentes tipos de textos, também lhes ensinamos que em alguns deles – os expositivos em suas diferentes modalidades – a leitura é que vai ajudá-la a entender e oferecerá novas informações sobre o tema que a motivou. Elas aprendem então que, embora em um primeiro momento não saibam o que significam determinadas palavras, conhecerão seu significado mediante a leitura.

Outra coisa que se pode fazer é *aventurar uma interpretação* para o que não se compreende e ver se ela funciona ou se é preciso deixá-la de lado. Em algumas ocasiões não se pode aventurar em uma interpretação, e é preciso *reler o contexto prévio* – a frase, o fragmento – para encontrar indicadores que permitam atribuir um significado. Mais ou menos é esta a estratégia que o professor de Inés tenta transmitir-lhe para que ela possa deduzir o significado de "exausta". É a mesma que o professor espera que seus alunos efetuem quando lhes sugere que sublinhem as palavras cujo significado não conhecem e que depois apaguem as que já conseguiram interpretar.

Quando nenhuma destas estratégias dá resultado, e o leitor avalia que o fragmento ou elemento problemático é crucial para sua compreensão, então tem de *acudir a uma fonte especializada* (o professor, um colega, o dicionário) que lhe permita eliminar a dúvida. Esta estratégia é apresentada em último lugar porque é a que mais interrompe o ritmo da leitura; você deve ter observado que há uma progressão com relação a este aspecto, que vai desde estratégias que não envolvem qualquer interrupção – continuar lendo – até a que acabamos de apontar, passando por termos intermediários. Reler o texto corta o ritmo da leitura, mas muito menos do que interrompê-la e perguntar.

Em suma, nem todos os erros são iguais, nem todos têm o mesmo significado e importância para o projeto de construir uma interpretação do texto, e consequentemente não cabe reagir do mesmo modo antes eles. Ensinar a ler também significa ensinar a avaliar o que compreendemos, o que não compreendemos e a importância que isto tem para construir um significado a propósito do texto, assim como estratégias que permitam compensar a não compreensão. Torna a ser uma questão de incentivar uma leitura ativa, em que o leitor sabe o que lê e por que o lê, assumindo, com a ajuda necessária, o controle de sua própria compreensão.

Para ensinar as estratégias que podem ser adotadas ante as lacunas de compreensão, não se deve fazer muito mais do que o imprescindível para a compreensão do texto: discutir com os alunos os objetivos da leitura; trabalhar com materiais de dificuldade moderada que representam desafios, mas não tarefas pesadas para o aluno; proporcionar e ajudar a ativar os conhecimentos prévios; ensinar-lhes a inferir, a fazer conjeturas, a se arriscar e a buscar verificação para suas hipóteses; explicar às crianças o que podem fazer quando se depararem com problemas no texto. Em um recente artigo, Mateos (1991) mostra como se pode ensinar a utilizar o contexto para identificar uma palavra desconhecida. O professor explica o que significa utilizar o contexto, mostra sua forma de proceder para deduzir o significado de uma palavra através deste recurso e expõe uma situação para o aluno poder praticar o procedimento.

Para aprender as estratégias adequadas para resolver erros ou lacunas, assim como quando se tratava de ensinar as estratégias responsáveis pela compreensão, o aluno deve poder integrá-las a uma atividade de leitura significativa, deve assistir ao que o professor faz quando ele mesmo se depara com dificuldades de leitura, deve poder trabalhar em situações de leitura compartilhada e deve ter a oportunidade de pôr em prática o que aprendeu em sua leitura individual. Quando lemos prevemos, erramos, interpretamos, recapitulamos, fazemos perguntas, voltamos a prever, etc., e por isso não se trata tanto de pensar em situações muito específicas, cada uma para trabalhar um aspecto – agora a previsão, agora a estratégia de "ignorar e continuar lendo" – como de saber que a leitura de verdade, a eficaz, utiliza todas estas estratégias quando é necessário e, assim, devemos articular situações de ensino da leitura em que se garanta sua aprendizagem significativa.

Nota.

[1] No anexo oferece-se um exemplo – não um modelo – da forma que pode tomar uma atividade de leitura compartilhada.

Capítulo 7

DEPOIS DA LEITURA: CONTINUAR COMPREENDENDO E APRENDENDO

Neste capítulo tratarei com maior profundidade, e em outro sentido, de algumas estratégias que já apareceram, nomeadas ou explicadas, nos capítulos anteriores: identificação da ideia principal, elaboração de resumo e formulação e resposta de perguntas. Em um sentido um pouco diferente, pois anteriormente nos ocupamos de alguns destes aspectos enquanto processos que contribuem com a elaboração da compreensão durante a leitura, e aqui verificaremos basicamente sua concretização prática posterior. O fato de centrar-me nestas três estratégias permitirá que as aprofunde um pouco mais, o que não podia fazer antes sem correr o risco de esmagá-lo com uma sobrecarga de informação. (Você sabia que esta é uma causa importante de desmotivação ante a leitura?)

Entretanto, o que se disser aqui sobre estas estratégias também pode ser aplicado às mesmas quando são ativadas durante a leitura. Além disso, de novo evidencia-se que não é possível estabelecer limites claros entre o que acontece antes, durante e depois da leitura. De qualquer forma, estamos falando de um leitor ativo e daquilo que pode ser feito para incentivar a compreensão durante o processo de leitura, um processo que não pode ser assimilado a uma sequência de passos rigidamente estabelecida, constituindo uma atividade cognitiva complexa guiada pela intencionalidade do leitor.

A ideia principal

O capítulo inicial de uma recente e interessante compilação, *La comprensión lectora (cómo trabajar la idea principal en el aula)* (Baumann, 1990), se intitula: "O confuso mundo da ideia principal". Seus autores, Cunningham e Moore (1990) identificam até nove tipos de respostas proporcionadas por uma mostra de bons leitores quando se pedia que eles decidissem qual era a ideia principal de um parágrafo. As respostas podiam se agrupar em torno de: essência, interpretação, palavra-chave, resumo seletivo/diagrama seletivo, tópico, título, tema, assunto, frase temática/tese, outros. Cunningham e Moore consideram que, ainda que as respostas sejam diferentes, todas elas abordam informação sobre o texto, podendo-se portanto defender a legitimidade de diversas ideias principais.

Embora certamente esta afirmação possa ser muito estratégica, no sentido de que permite "viver" com a confusão terminológica, concordo com Carriedo e Alonso (1991), no sentido de que para os propósitos do ensino e da aprendizagem, não é a mesma coisa – não pressupõe o mesmo esforço, não proporciona a mesma informação – que, em um parágrafo como "Rochas e minerais", a ideia principal sugerida seja "As rochas e os minerais" ou "As rochas constituem a crosta terrestre e classificam-se em três tipos segundo sua origem: magmáticas, sedimentárias e metamórficas".

Como a maior parte dos especialistas, estes autores recomendam que se parta de uma definição clara – o professor, os editores, os especialistas, os pesquisadores, os alunos – daquilo que constitui a ideia principal, como condição necessária para poder ensinar aos alunos o que é e como chegar a ela. Talvez isto lhe pareça simples e óbvio, porém eu lhe garanto que não é. Cunningham e Moore realmente tinham encontrado um bom título para o seu artigo.

Para os propósitos deste livro, considerei mais produtivo pronunciar-me sobre o que é para mim a ideia principal, para depois tratar da forma em que ela pode ser ensinada, em vez de iniciar uma discussão terminológica mais formal e analítica, porém sem dúvida necessária. Sabendo que se trata de uma visão compartilhada por outros autores, porém questionada, pelo menos parcialmente a partir de outras perspectivas, darei meu ponto de vista sobre o tema.

Você percebeu o que aconteceu comigo? Poderia ter corrigido, porém não o fiz, porque acho que isso será bom para o que tentarei explicar. Na segunda linha do parágrafo anterior, escrevi que vou "(...) pronunciar-me sobre o que é para mim a ideia principal". No entanto, na última frase do mesmo parágrafo, afirmo que "(...) darei meu ponto de vista sobre o tema". Não fiz isso de propósito, mas no fim das contas, de que se trata, de um tema ou da ideia principal? O fato de utilizar essas palavras como sinônimos não passa de um recurso de redação? É uma assimilação conceitual? Tentarei responder a estas perguntas.

Como escritora, costumo utilizar sinônimos porque acho desagradável repetir os mesmos termos, como deve acontecer com todos os que desejam escrever. Mas na verdade aqui não se tratava de sinônimos. Em minha última frase queria dizer que daria minha visão sobre o tema da ideia principal. Isto poderia ser interpretado no sentido de que vou falar sobre o que é a "ideia principal", hipótese que se reforça se levarmos em conta o título deste item. Mas vou aproveitar o que aconteceu dois parágrafos acima para falar também do "tema".

Em uma obra clássica, Aulls (1978) distingue o *tema* da *ideia principal*. Para o autor, o *tema* indica aquilo do que trata um texto e pode exprimir-se mediante uma palavra ou um sintagma. Tem-se acesso a ele respondendo à pergunta: De que trata este texto? A *ideia principal*, por outro lado, informa sobre o enunciado (ou enunciados) mais importante que o escritor utiliza para explicar o tema. Pode estar explícita no texto e aparecer em qualquer lugar dele, ou pode estar implícita. Exprime-se mediante uma frase simples ou duas ou mais frases coordenadas e proporciona maior informação – e diferente – da que o tema inclui. Para Aulls (1978, 1990), a ideia principal é a resposta à seguinte pergunta: Qual é a ideia mais importante que o autor pretende explicar com relação ao tema? No exemplo sobre "Rochas e minerais" que apresentei novamente no início deste item, a primeira produção ("As rochas e os minerais" ou outras parecidas: "as rochas", "as rochas na terra") faria referência ao tema, enquanto a segunda ("As rochas constituem a crosta terrestre e se classificam em três tipos conforme sua origem: magmáticas, sedimentárias e metamórficas) ajustar-se-ia melhor à ideia de "ideia principal" estabelecida por Aulls.

A distinção entre tema e ideia principal parece-me útil porque permite esclarecer um pouco mais o conceito da última; por outro lado, a partir dela – da distinção –, Aulls (1990) faz derivar algumas considerações gerais interessantes para o ensino: ensinar que o tema é diferente da ideia principal; ensinar o que é o tema antes de ensinar o que é a ideia principal; ensinar a identificar o tema em primeiro lugar; ensinar a ideia principal e o tema de maneira diferente em narrações e exposições. Em concreto, o autor propõe o ensino do tema em narrações e exposições simples nos primeiros cursos, para trabalhar a ideia principal somente em exposições, voltando a ela na narração nos cursos superiores, quando se aborda sistematicamente o comentário do texto com relação à literatura. A opinião de que a identificação da ideia principal é mais fácil em textos expositivos também é compartilhada por diversos autores, entre eles Cooper (1990). Entretanto, não devemos esquecer que, quando falamos de alunos e conservamos a distinção genérica entre a estrutura narrativa e a expositiva, concorda-se em considerar que a primeira é muito mais acessível, pelo conhecimento tácito que dela têm as crianças, do que a segunda. Aparentemente, o esquema apresentação/complicação/resolução é utilizado pelos leitores para compreender e extrair informação importante das narrações. Por outro lado, a habilidade para entender e justificar os acontecimentos e ações dos personagens de uma narração não difere basicamente da habilidade para entender e justificar as interações sociais cotidianas, nas quais a criança se encontra imersa. Assim, seu conhecimento prévio sobre a estrutura narrativa é, pelo menos, duplo.

No tocante aos textos expositivos, ao desconhecimento prévio da sua estrutura acrescenta-se o fato de que seu uso não se generaliza na escola até a 3ª série do Ensino Fundamental e que nesse momento não são trabalhados como objeto de leitura, mas como meio de aprendizagem. A respeito, considero que a proposta de distinguir entre textos descritivos, agrupadores, causais, esclarecedores e comparativos (Cooper, 1990) e de prestar atenção aos indicadores, marcas e palavras-chaves que lhes são próprios, pode ajudar na tarefa de ensinar a encontrar as ideias principais, pois proporcionam indicadores para formular perguntas relevantes que levam ao núcleo dos textos.

Pois bem, nestas e outras contribuições evidencia-se uma limitação, pois quando se fala da ideia principal recorre-se ao texto e ao propósito do autor, porém se omite ou se concede pouca importância ao que se refere ao autor, aos seus conhecimentos prévios e objetivos de leitura, que em parte determinarão o que ele considerar "principal" nela (como já vimos nos capítulos anteriores). A meu ver, tudo o que se diga ou escreva sobre a ideia principal deveria levar em conta este fato, inerente à ideia de um leitor ativo e responsável pela variedade de "ideias principais" que diferentes leitores podem identificar em um texto, ou inferir do mesmo, ainda que se tenha pedido a eles que descubram a ideia fundamental que o autor queria transmitir.

Neste sentido, parece-nos útil a definição estabelecida por Van Dijk (1979) entre "relevância textual" e "relevância contextual". Com a primeira, o autor refere-se à importância atribuída aos conteúdos de um texto em função da sua estrutura e dos sinais utilizados pelo autor para marcar o que ele considerou mais importante – tema; comentários; sinais semânticos; palavras e frases temáticas; repetições; síntese; recapitulações e introduções; sinais léxicos: "o importante...", "o relevante é..."; sinais sintáticos; ordem das palavras e das frases; sinais gráficos: tipo e tamanho das letras, enumerações, grifos... (A respeito, não se esqueça também das "palavras-chaves" dos diferentes tipos de estrutura expositiva aportados por Cooper e que vimos no capítulo 4.) A relevância contextual, por outro lado, designa a importância que o leitor atribui a determinados trechos ou ideias contidas em um texto, em função de sua atenção, interesse, conhecimentos e desejos. É o que o leitor considera importante durante a leitura e pode coincidir ou não com o que o autor considerou fundamental.

De fato, os leitores jovens – bons leitores jovens – têm dificuldades para diferenciar a relevância textual da contextual. Winograd (1986) descobriu que alunos da oitava série tendiam a recordar mais os aspectos interessantes e gráficos de um texto em vez dos considerados importantes pelos adultos. Isto levou o autor a ressaltar que não se trata de que as crianças não possam extrair a ideia principal, mas que o que elas consideram "principal" simplesmente não coincide com o critério adulto.

Winograd e Bridge (1990) resumem os resultados da pesquisa sobre diferenças individuais e evolutivas na compreensão da informação importante da seguinte maneira:

1. Os leitores jovens, assim como os adultos, tendem a recordar a informação importante.
2. Os leitores jovens, mesmo quando podem reconhecer ou identificar o importante, têm dificuldades para explicar as causas de sua atribuição.
3. Os leitores jovens não percebem da mesma maneira os sinais de relevância textual utilizados pelos autores; além disso, possuem um menor conhecimento do mundo e experiência social, que contribuem para complicar a tarefa de julgar a importância da informação.
4. Um dos aspectos em que bons e maus leitores diferenciam-se de forma clara é precisamente na habilidade de identificar e utilizar a informação importante.
5. As diferenças entre bons e maus leitores adultos e jovens variam conforme o texto e a atividade em que se envolvem durante e depois da leitura.

Que implicações derivam destas afirmações para o ensino da ideia principal na sala de aula? Para alguns autores, é preciso estabelecer uma sequência estrita com relação ao tipo de texto com o qual se trabalham as ideias principais, começando pela narração, continuando com a descrição e introduzindo em último lugar os textos expositivos em suas diversas modalidades (Meyer e outros, 1980). Outros (Baumann, 1990, pp. 145-147) propõem uma sequência de tarefas para identificar a ideia principal, marcando os níveis mínimos em que podem começar a ser implantadas.

Quanto a mim, considero que é preciso ser prudente na interpretação dos resultados da pesquisa educativa. Muitos deles foram obtidos em condições e com materiais sensivelmente diferentes dos característicos das situações didáticas. Isto não significa que tenhamos que subestimá-los, porém nos aconselha cuidado em sua extrapolação. A meu ver, a utilidade das suas conclusões reside em que nos oferecem um conjunto de conhecimentos sobre as limitações do conhecimento do mundo em geral e sobre diversas superestruturas textuais que os leitores jovens apresentam com relação aos adultos bons leitores. Este saber nos permite identificar de onde partimos na situação de ensino/aprendizagem e pode contribuir para elaborar *expectativas realistas* com relação aos resultados do ensino. Não vamos esperar que os alunos possam encontrar a ideia principal de todos os textos depois de terem mostrado uma vez sua competência em um deles na sala de aula; tampouco seria sério acreditar que essa competência será adquirida de um dia para o outro.

Da perspectiva em que me situo, estes resultados contribuem sobretudo para mostrar os caminhos que a intervenção do professor pode e deve seguir ou, em outros termos, contribuem para orientar a *ajuda pedagógica* insubstituível aqui, como em todos os âmbitos do ensino, para que os alunos possam ir se situando cada vez um pouco além do ponto de partida. No caso da compreensão leitora e da identificação da ideia principal, isso equivale a ajudar a fazer com que possam interiorizar as estratégias que lhes permitirão uma leitura fluida, autônoma e eficaz.

O ensino da ideia principal na sala de aula

Consideramos que a ideia principal resulta da combinação entre os objetivos de leitura que guiam o leitor, entre os seus conhecimentos prévios e a informação que o autor queria transmitir mediante seus escritos. Entendida deste modo, a ideia principal seria essencial para que um leitor pudesse aprender a partir de sua leitura e para que pudesse realizar atividades associadas a ela, como tomar notas ou elaborar um resumo.

O primeiro aspecto sobre o qual gostaria de chamar a atenção refere-se à *necessidade de ensinar a identificar ou a gerar a ideia principal* de um texto em função dos objetivos de leitura perseguidos. Quando um professor pede aos seus alunos que digam "o mais importante deste capítulo", "o que o autor quis transmitir", ou quando esta recomendação aparece nos guias didáticos, é fundamental entender que não estamos ensinando a encontrar a ideia principal. Nestes casos estamos verificando se o aluno pôde ou não encontrá-la, em um ato que substitui o ensino pela avaliação, o que é bastante frequente na instrução da leitura.

Um segundo aspecto que me parece essencial é que, se não ensinamos, não é por não querer ensinar. Ainda sabemos muito pouco, apesar das diversas pesquisas efetuadas, sobre o processo de leitura e seu ensino, e muitas vezes o que sabemos não pode ser extrapolado facilmente para os alunos. Mas sabemos que encontrar a ideia principal é uma condição para que os alunos possam aprender a partir dos textos, para que possam realizar uma leitura crítica e autônoma, e isso deveria ser ensinado.

A maior parte dos programas elaborados para ensinar a ideia principal parte do princípio de que é preciso ensinar *o que é* e *para que serve* a ideia principal, assim como ensinar *como ela é identificada e gerada*. Já falamos um pouco neste capítulo sobre o que ela é e para que serve. Em geral, aceita-se que existe uma forte relação entre a sensibilidade com relação ao principal e a compreensão global do texto (Baumann, 1985), assim como um acordo em torno do fato de que construir ou gerar – melhor do que reconhecer – as ideias principais é uma atividade mais funcional, mais próxima da leitura autônoma e que tem uma importante repercussão na lembrança (Bridge e outros, 1984). Os alunos precisam saber o que é a ideia principal e para que ela vai servir e devem poder encontrar os laços necessários entre o que buscam, seus objetivos de leitura e seus conhecimentos prévios.

Recuperemos agora algumas ideias sobre a forma de ter acesso à ideia principal que apareceram no primeiro capítulo. Em síntese, dizíamos naquele capítulo que o leitor tem acesso às ideias principais de um texto (globalmente ou parágrafo a parágrafo) aplicando uma série de regras (Brown e Day, 1983): regras de omissão ou supressão – levam a eliminar informação trivial ou redundante –, regras de substituição – mediante as quais se integram conjuntos de fatos ou conceitos em conceitos supraordenados –, regras de seleção – que levam a identificar a ideia no texto, se ela estiver explícita – e de elaboração – mediante as quais se constrói ou gera a ideia principal. Em geral, os pesquisadores concordam que, através do uso competente destas regras, os leitores experientes podem ter acesso às ideias principais (Aulls, 1990; Cooper, 1990; Van Dijk, 1983).

Contudo, enunciar essas regras, informar os alunos sobre elas, é apenas um passo, necessário porém não suficiente para que eles possam aprender a utilizá-las. Essa aprendizagem também requer que o aluno veja como outras pessoas – por exemplo, seus professores – procedem quando têm de resumir um texto. Nesta etapa de *demonstração de modelos,* as crianças têm a oportunidade de aproximar-se de um processo oculto, que pode lhes parecer completamente mágico e muitas vezes surpreendente – quando o professor lhes pede que digam qual é a ideia principal ou a mais importante, elas respondem informando o que consideram essencial e ficam surpresas ao verem que "não acertaram" – porque não possuem os critérios que podem ajudá-las a saber o que é ou não importante.

Quando o professor tenta estabelecer a ideia principal de um texto e explicar por que considera que isso é o mais importante, pode fazer várias atividades se os alunos tiverem o texto:

- Explicar aos alunos em que consiste a "ideia principal" de um texto e a utilidade de saber encontrá-la ou gerá-la para sua leitura e aprendizagem. Pode exemplificar com um texto já conhecido qual seria o seu tema e o que poderiam considerar como ideia principal transmitida pelo autor.
- Recordar por que vão ler concretamente esse texto. Isso faz com que se reveja o objetivo da leitura e se atualizem os conhecimentos prévios relevantes em torno dele.
- Ressaltar o tema (de que trata o texto que vão ler) e mostrar aos alunos se ele se relaciona diretamente aos seus objetivos de leitura, se os ultra-

passa ou se vai lhes proporcionar uma informação parcial. Este passo contribui para centrar a atenção naquilo que se busca, pode levar a omitir determinados parágrafos do texto em questão, etc. Se o texto tiver indicadores ou marcas que possam ser úteis (ver capítulos 4, 5 e 6), este é o momento de indicá-los e de explicar por que se indicam.

• À medida que leem, deve informar aos alunos o que é considerado mais importante e por que (com relação ao que se pretende mediante a leitura), assim como os conteúdos que não são levados em conta ou omitidos nesta ocasião. Se possível, seria muito útil que os alunos vissem como faz para organizar a informação em conceitos supraordenados. Se encontrar no texto a ideia principal explicitamente formulada, deverá apontá-la aos alunos e trabalhar com eles o motivo pelo qual essa frase contém a ideia principal. Todo o processo pode ficar mais fácil se os alunos puderem ler o texto em silêncio enquanto o professor mostra seu procedimento.

• No final da leitura, pode discutir o processo seguido. Se a ideia principal é produto de uma elaboração pessoal – isto é, se não se encontra formulada tal qual no texto –, este será o momento de explicá-la aos seus alunos, justificando a elaboração. Pode formulá-la de diversas formas, para eles verem que não se trata de uma regra infalível, mas de uma estratégia útil. Também pode, depois de se discutir e aceitar a ideia principal proposta, gerar outra que leve em conta outro objetivo de leitura. Deste modo, os alunos constatariam a importância de seus propósitos quando tratem de estabelecer o que é principal.

Com certeza uma atividade como a proposta é pouco habitual em nossas salas de aula. É muito mais frequente pedir aos alunos que encontrem por conta própria a ideia principal, ou – ainda que tampouco seja muito comum – que professores e alunos entrem diretamente em uma tarefa compartilhada, na qual poderão gerá-la ou identificá-la de forma conjunta. Isso não deve nos desanimar. Há pouco tempo tínhamos uma concepção muito simples e restritiva da leitura e, portanto, não é de se estranhar que alguns aspectos do seu ensino não tenham recebido a atenção que merecem. Mas embora isso não deva nos desanimar, tampouco deveríamos permanecer tranquilos perante esta situação. Apesar de que ao princípio pareça uma novidade, apesar de que talvez tenhamos que superar algumas resistências – "isto vai levar muito tempo", "nunca fiz isso dessa maneira", "mas nem eu sei como faço para identificar a ideia principal" – ignorar que se pode ensinar a compreender, a construir a ideia principal de um texto e fazer o possível por ensiná-lo é um luxo que não nos podemos permitir.

Um aluno – ou um grupo de alunos – que sabe o que é a ideia principal, para que serve e que viu como seu professor procede para ter acesso a ela, encontra-se em condições de começar a utilizar os processos de identificação ou geração dessa ideia com a ajuda do professor.

Novamente deparamo-nos com uma *tarefa compartilhada* – que pode ser realizada durante ou depois da leitura – onde é fundamental que haja transferência de competência e controle da atividade do professor para o aluno. Isto não será feito de um dia para o outro, nem o processo será igual com todos os alunos. Neste sentido, pode resultar complexo, mas ensinar de verdade, para que ocorra a transferência e o uso autônomo do que se aprendeu, nunca foi uma tarefa fácil. Um componente fundamental destas tarefas é a informação que o professor proporciona às alunas e alunos sobre a adequação das estratégias que utilizam, assim como a informação que ele mesmo obtém sobre essa competência, que lhe possibilita intervir de forma contingente nas dificuldades e nos progressos observados. Aulls (1990) recomenda prudência e paciência com relação aos erros e considera muito útil esperar o aluno se autocorrigir, mantendo-se assim o processo de identificação de ideias principais e de compreensão global.

Como já ocorreu em outras ocasiões em que tentei explicar tarefas de leitura compartilhada, não é simples realizar uma exposição muito estruturada, pois o ensino compartilhado, por definição, não corresponde a um modelo fixo e estático, mas à possibilidade de proporcionar ajudas individuais ajustadas à consecução de um objetivo de leitura. Os diferentes passos apresentados para ilustrar em que poderia consistir a demonstração do modelo do professor a fim de estabelecer as ideias principais podem ser utilizados de forma que os alunos intervenham cada vez mais ativamente na identificação e elaboração das mesmas para garantir o uso das diversas estratégias em uma situação "sustentada por andaimes". Assim, além de aprender as estratégias, o aluno aprende a confiar em si mesmo para utilizá-las, o que permitirá progressivamente seu uso autônomo.

Também é conveniente que, nestas situações, a leitura esteja o mais próxima possível da leitura na vida cotidiana. Nela, quando lemos, obedecemos a algum objetivo e construímos um significado para o texto levando em conta aquilo que é importante para nós – em função do nosso objetivo. Na escola, os alunos e alunas deveriam aprender a encontrar ou gerar a ideia principal em diversos textos, familiares e desconhecidos. Alguns exercícios como os que são oferecidos após a leitura de um texto, um conjunto de possíveis "ideias principais" entre as quais o aluno deve escolher; ou aqueles que lhe permitem encontrar o conceito supraordenado de uma lista de elementos, ou uma frase que generaliza o significado de um conjunto de orações não deveriam substituir a tarefa de identificar ou construir uma ideia principal em uma situação habitual de leitura, com um texto habitual e sem as ajudas proporcionadas pelos exercícios. De tanto realizá-los, o aluno pode se mostrar muito competente ao escolher uma boa "ideia principal" entre as três ou quatro propostas, ou na hora de decidir que conceito inclui uma série de conceitos subordinados. Mas pode não ter aprendido as estratégias que permitirão que ele leia os textos, que os compreenda e, a partir deles, que aprenda.

Algo semelhante caberia dizer sobre os textos que as crianças leem na escola. Winograd e Bridge (1990) citam os trabalhos de numerosos pesquisadores que consideram que eles estão mal-estruturados, ou que não possuem uma estrutura interna (Stein e Glenn, 1979; Mandler e Johnson, 1977). Por exemplo, Baumann e Serram (1984), em uma análise de livros de texto de Ciências Sociais da segunda à oitava série, verificaram que só 44% dos parágrafos continham ideias principais explícitas e que apenas 27% deles começavam com uma frase que a continha. Outros pesquisadores (Kieras, 1978) tinham mostrado previamente que os sujeitos compreendem melhor os textos e podem extrair sua ideia principal quando a primeira frase serve de introdução ao tema geral do texto (frase temática). De fato, Baumann (1986) voltou a redigir parágrafos de livros de texto de modo que as ideias principais fossem enunciadas ao princípio dos parágrafos e verificou que os alunos que os liam obtinham melhores resultados ao estabelecer a ideia principal que os que trabalhavam com o texto em sua versão original.

Sem dúvida, estas pesquisas e muitas outras oferecem elementos de reflexão aos autores e editoras, que podem permitir a melhora dos seus produtos para facilitar os processos de ensino e aprendizagem na escola. Isto é particularmente importante quando todo o sistema educacional da Espanha se encontra imerso em um processo de reforma cuja razão de ser é a melhora da qualidade do ensino. Pois bem, não devemos esquecer que a escola prepara para a vida, e não para a própria escola, e que ao longo de sua vida os alunos deparar-se-ão com textos difíceis, pouco estruturados, mal-escritos ou muito criativos e devem ser capazes de lê-los. Daí a importância de oferecer materiais de dificuldade progressiva que facilitem a aprendizagem e de diversificar os textos para trabalhar não só com relatos, mas também como os diferentes tipos de estruturas expositivas e mesmo com textos menos "acadêmicos", sabendo-se que as dificuldades dos alunos para enfrentá-los podem ser maiores. Tudo isso demonstra a necessidade de ensinar a ler e a manejar este tipo de textos e de dotar os alunos de estratégias de compreensão úteis, generalizáveis e transferíveis.

Estas estratégias – e sua elasticidade para serem transferidas – devem ser utilizadas na escola, em sessões de *prática individual*. Através delas, tenta-se fazer com que o aluno possa assumir e controlar totalmente a responsabilidade na resolução da tarefa. Isto se consegue de maneira paulatina, garantindo-se que o aluno sabe o que faz e por quê. Como esta atividade é a mais próxima das atividades naturais de leitura, os pedidos de tarefas que os alunos devem realizar também devem ser o mais parecidos possível com o que faz um leitor fora da escola – buscar e decidir por conta própria o que é mais importante e em função do quê.

Pode ser muito útil, quando os alunos trabalham individualmente, organizar uma revisão conjunta e uma discussão das ideias retidas, dos motivos que induziram à identificação de umas e não de outras, dos processos seguidos por cada um, dos objetivos concretos – além dos que podiam ser abordados por todo o grupo – que cada um perseguia, dos conhecimentos que abordaram no texto e daquilo que consideraram fundamental. Neste tipo de situações, os alunos têm a possibilidade de assistir novamente à demonstração de modelos seguidos – neste caso pelos seus colegas –, de participar ativamente da discussão conjunta de estratégias e de explicar qual foi sua prática individual. Esta é uma boa maneira de tornar-se consciente dela e de poder controlá-la. No entanto, estas atividades não deveriam suplantar a leitura individual, que cada um realiza pelo prazer de ler e da qual tem pouco sentido – se é que tem algum – cobrar aprendizagens ou resultados.

Para terminar, gostaria apenas de ressaltar que, como em outros casos, não se trata de uma sequência fixa. Algumas publicações salientam que, no caso das ideias principais, os alunos não deveriam encarar seu estabelecimento de forma individual, sem antes garantir que podem chegar a elas com a ajuda de seu professor. A meu ver, o desafio consiste em que eles possam realizar por si mesmos o que vão aprendendo, em diferentes níveis de dificuldade, mesmo se não dominam totalmente a estratégia. As atividades compartilhadas podem ajudar o professor a saber o que pode ou não pedir em diversos momentos do processo de ensino e a assegurar que os alunos possam se achar competentes na resolução dos problemas apresentados.

O resumo

A elaboração de resumos está estreitamente ligada às estratégias necessárias para estabelecer o tema de um texto, para gerar ou identificar sua ideia principal e seus detalhes secundários.

Você poderia, neste momento, dizer qual é o tema deste capítulo? Poderia identificar as principais ideias que ele transmite? Considera que dispõe, com os passos anteriores, de um resumo do que leu até este momento?

É provável que você considere que "quase" tem o resumo, mas não totalmente; ou, em outros termos, que a identificação do tema e das ideias fundamentais presentes em um texto lhe dão uma base importante para resumi-lo, porém este – o resumo – requer uma concretização, uma forma escrita e um sistema de relações que em geral não derivam diretamente da identificação ou da construção das ideias principais.

Nos parágrafos seguintes dedicar-me-ei ao processo mediante o qual se resume. Como a elaboração de um resumo pressupõe uma forma muito especial de escrever um texto, também deveremos tratar – ainda que superficialmente – das relações entre leitura e escrita, no tocante ao ensino desta estratégia.

Antes de entrar na matéria, gostaria de fazer uma advertência: em torno do ensino do resumo existem opiniões contraditórias, pontos de vista opostos e nem sempre é fácil optar por algum deles. Em meu caso, como tem sido a norma ao longo desta obra, parto de uma concepção da leitura e das estratégias que permitem torná-la compreensiva e eficaz e que não a considera um compêndio de subabilidades. Por isso, você não encontrará aqui, como encontrou quando tratávamos de outras estratégias, uma lista de subatividades que presumivelmente preparam para resumir. A ler se aprende lendo, e a resumir, resumindo.

Para esclarecer um pouco a inevitável confusão provocada em torno de termos como "tema", "ideia principal" e "resumo", e ao mesmo tempo para evidenciar suas estreitas ligações, proponho que partamos do conceito clássico de *macroestrutura* de um texto, elaborado por Van Dijk, ao qual já aludi em um capítulo prévio. Para o autor (1983, p. 55),

"[...] Existem estruturas textuais especiais de tipo global, isto é, macroestruturas [...] de natureza *semântica*. Assim, a macroestrutura de um texto é uma representação abstrata da estrutura global de significado de um texto".

A macroestrutura proporciona uma ideia global do significado do texto em um nível superior ao das proposições por separado. Para Van Dijk, o tema de um texto é a macroestrutura ou *uma parte dela;* é o que nos permite responder à pergunta: de que trata este texto? Além disso, frisa o autor, os leitores são capazes de fazer um resumo do texto,

"[...] isto é, de produzir outro texto relacionado de forma muito especial com o texto original, pois reproduz brevemente seu conteúdo. Embora, como veremos, os diferentes falantes elaborem resumos diferentes do mesmo texto, sempre o fazem baseando-se nas mesmas regras gerais e convencionais, as macrorregras." (Van Dijk, 1983, p. 59).

Estas macrorregras, que permitem elaborar o resumo, também permitem que se tenha acesso à macroestrutura do texto, ou seja, a essa representação global de seu significado. Tanto o tema como a ideia principal e o resumo apelam a essa macroestrutura, indo do mais geral para o mais preciso – ou dos que oferecem de menor a maior informação – com relação à estrutura global semântica do texto – de seu significado. Van Dijk (1980, em Bereiter e Scardamalia, 1987) afirma que a representação da compreensão de um texto poderia ser considerada uma estrutura hierárquica, em cujo nível superior haveria uma proposição que daria conta do "tema" do texto, e cujo nível inferior estaria formado por proposições relativas aos detalhes. Entre ambos os níveis, e relacionando-os, estaria o nível intermediário das *macroproposições,* "[...] que destilam a substância do texto" (Bereiter e Scardamalia, 1987, p. 240). Os problemas na compreensão do texto podem ser atribuídos à incapacidade de se ter acesso a estas macroproposições, à macroestrutura mencionada e à qual aludem as estratégias de identificação de ideias principais e de resumo. Os professores sabem que, em geral, os alunos podem dizer "de que trata" um texto e com frequência lembram múltiplos detalhes do mesmo, porém as dificuldades surgem quando se trata de identificar o que pode ser considerado núcleo de significado.

Daí a importância de ensinar a ter acesso à macroestrutura. Como tanto a designação do tema de um texto, quanto a identificação de suas ideias e a elaboração de um resumo sobre o texto possuem caráter idiossincrático, é importante poder esperar – e aceitar diversas respostas dos alunos quando se deparam com cada uma destas tarefas. Isso não significa que "vale tudo", mas que é preciso trabalhar – e avaliar – a coerência e justificação das respostas antes que sua exatidão – ou sua identidade com uma resposta previamente elaborada.

As macrorregras mencionadas por Van Dijk para ter acesso à macroestrutura não diferem em sua essência das regras de Brown, Campione e Day (1981), que comentamos no primeiro capítulo, e que implicavam na supressão de informação não relevante, na substituição de conceitos e frases por conceitos e frases supraordenados e na seleção ou criação de "frases-tema". Van Dijk (1983) estabelece quatro regras que nós, leitores, utilizamos quando tentamos resumir o conteúdo de um texto: omitir, selecionar, generalizar e construir ou integrar.

Mediante as regras de *omissão* e de *seleção* suprime-se informação, mas de maneira diferente. Omitimos a informação que podemos considerar pouco importante para os objetivos de nossa leitura. O autor insiste em que o fato de omitir não significa que a informação em si seja pouco importante, mas que é secundária ou pouco relevante para a interpretação global do texto. No entanto, quando selecionamos, suprimimos informação porque ela resulta óbvia, porque ela é, de algum modo, redundante e, portanto, desnecessária. Por exemplo, se dizemos o seguinte:

> "Laura desceu até a praia e estendeu sua toalha amarela na areia. Entrou na água e tomou banho".

Podemos omitir o fato de a toalha ser amarela, e mesmo toda a frase em que essa palavra se encontra, a menos que desejemos saber tudo o que Laura fez na praia. Devido à seleção, podemos omitir a frase "entrou na água", pois a seguinte, "tomou banho", contém o significado da anterior.

As outras duas regras, *generalização* e *construção ou integração,* permitem substituir informação presente no texto para integrá-la de forma mais reduzida no resumo. Mediante a regra de generalização, abstrai-se de um conjunto de conceitos um de nível superior, capaz de englobá-los:

"Entrou na cozinha e viu cerejas, morangos, maçãs e pêssegos em cima da mesa...".

Como pode-se deduzir, o que viu foram "frutas".

Quando construímos ou integramos, elaboramos uma nova informação que substitui a anterior, com a particularidade de que esta informação geralmente não consta do texto. A partir da existente, deduzimos razoavelmente algo mais global que engloba a anterior:

"Por fim chegou o último dia de julho. Arrumou os papéis do escritório, fechou cuidadosamente as janelas e verificou que desligava as luzes. Passou o resto da tarde preparando as malas e fechando a casa. Ao entardecer, subiu ao carro e dirigiu durante um par de horas até o litoral. No dia seguinte, tomou o primeiro banho de mar antes de tomar café."

Fantástico! "Viagem de férias". Criamos uma proposição que integra —ou pode integrar — o significado de todas as anteriores em conjunto. É importante prestar atenção ao fato de que lemos e elaboramos o resumo de acordo com nossos esquemas de conhecimento e com o que nos deixam e nos fazem interpretar do texto. Nosso personagem poderia ter ido participar de uma convenção de vendas ou de um congresso sobre o ensino da leitura, cuja sede fosse em uma cidade litorânea. Mas muitos indícios no texto — últimos dias de julho, arrumar o escritório, fechar a casa — nos fazem pensar em férias.

Como pode verificar, para resumir um texto temos que tratar a informação que ele contém de uma forma em que se possa omitir o que é pouco importante ou redundante e que conceitos e proposições possam ser substituídos por outros que os englobem ou integrem. Também é preciso que o resumo conserve laços especiais com o texto a partir do qual foi criado, devendo preservar o significado genuíno do texto do qual procede. Se no exemplo anterior nosso resumo fosse "foi embora", não teríamos respeitado esta condição, que não é absolutamente formal, mas tem grandes implicações quando se pensa, por exemplo, no uso que se faz dos resumos para aprender, para estudar. Nestes casos, é tão pouco útil que o resumo seja quase uma reprodução do texto, como que seja tão geral que não contenha a informação específica advinda naquele.

Nestes casos, é bastante provável que não se tenha ensinado a resumir, ou que não se tenha ensinado a resumir textos. Aprender a resumir significa, em primeira instância, aprender a usar as regras mencionadas ou outras parecidas, respeitando a condição citada há um momento. Quando o ensino do resumo é substituído pela ordem "Resumam este parágrafo"..., "Façam um resumo... vocês têm que dizer a mesma coisa, mas com menos palavras", se algum aluno aprender, com certeza não será graças ao sistema utilizado para ensinar, porque este não existe. Tampouco se aprende a resumir textos quando só se treinam separadamente as regras que enunciei em listas de palavras, em frases ou parágrafos curtos e preparados. Isto pode ser útil para que os alunos possam treinar certas estratégias – buscar um conceito subordinado para um conjunto, por exemplo – porém é arriscado pensar que serão transferidas sem qualquer problema para um texto. Por isso deveriam ser consideradas tarefas complementares, mais do que pré-requisitos ou substitutas.

O ensino do resumo na sala de aula

É importante os alunos entenderem por que precisam resumir, que assistam aos resumos efetuados pelo seu professor, que resumam conjuntamente e que possam usar esta estratégia de forma autônoma e discutir sua realização. Não vou insistir no que já comentei em capítulos anteriores, embora caiba recordar que o processo de ensino e aprendizagem não difere no essencial. No caso do resumo, Cooper (1990), com base em trabalhos de Brown e Day (1983), sugere que para ensinar a resumir parágrafos de texto é necessário:

- Ensinar a encontrar o tema do parágrafo e a identificar a informação trivial para deixá-la de lado.
- Ensinar a deixar de lado a informação repetida.
- Ensinar a determinar como se agrupam as ideias no parágrafo para encontrar formas de englobá-las.
- Ensinar a identificar uma frase-resumo do parágrafo ou a elaborá-la.

Como podem ver, são as mesmas regras que já mencionamos anteriormente e que também são úteis para encontrar as ideias principais. Pois bem, podemos considerar que o resumo de um texto pode ser assimilado ao conjunto das suas ideias principais? Se nos atermos ao processo que os especialistas determinam para estabelecê-los, sem dúvida nos encontraremos diante do mesmo procedimento, porém minha resposta à pergunta formulada é negativa. Parece-me que *o resumo de um texto é elaborado com base naquilo que o leitor determina como ideias principais, que transmite de acordo com seus propósitos de leitura.* Assim, poderíamos dizer que a determinação das ideias principais de um texto é uma condição necessária, porém não suficiente, para chegar à concretização do resumo, essa elaboração que, segundo Van Dijk, mantém relações muito particulares com o texto do qual provém.

O resumo exige a identificação das ideias principais e das relações que o leitor estabelece entre elas, de acordo com seus objetivos de leitura e conhecimento prévios. Quando estas relações não se manifestam, deparamo-nos com um conjunto de frases justapostas, com um escrito desconexo e confuso no qual dificilmente se reconhece o significado do texto do qual procede. Daí a importância de entender as vinculações e, simultaneamente, as diferenças entre resumo, ideia principal e tema. Embora sejam trabalhados de forma conjunta com frequência, é preciso não perder de vista que cada um deles exige determinadas intervenções e, no caso do resumo, uma reflexão sobre como se deve *ensinar a escrevê-los*.

Um resumo pode ser uma produção correta, mas "externa" ao leitor/escritor que o elaborou; isto é, o resumo elaborado mediante a aplicação das regras já mencionadas pode "dizer o conteúdo" que está no texto de forma breve e sucinta. Por outro lado, o resumo de um texto pode ser muito mais interno, no sentido de integrar a contribuição do leitor/escritor que, mediante sua leitura e redação, consegue elaborar novos conhecimentos e obter conhecimento sobre eles. Muitas vezes, a diferença não se encontra no produto finalmente elaborado, que pode ser muito similar, mas nas estratégias utilizadas para a realização, que em um caso levam a "dizer o conhecimento" e, no outro, levam a "transformá-lo" (Bereiter e Scardamalia, 1987).

Este fato exige uma certa reflexão, pois aqui nos interessa o ensino da elaboração de resumos. Ainda que não tenhamos informações concludentes a respeito, podemos convir que, do mesmo modo que não é a mesma coisa dizer o conhecimento que temos sobre um texto através de um resumo que elaborar o conhecimento *mediante* o resumo, tampouco haverá as mesmas estratégias em ambos os casos, nem serão idênticas as situações didáticas em que todo o processo ocorre. Sem dúvida, os trabalhos sobre composição escrita (Bereiter e Scardamalia, 1987; Camps, 1990; Camps, 1991) podem iluminar esta complexa questão, cujo tratamento excede as pretensões deste livro.

Entretanto, parece-me que algumas das coisas que estabelecemos a respeito do processo de leitura e das estratégias que facilitam sua compreensão podem ser úteis, a título de hipótese, para ajudar os alunos não só a resumir, mas a compreender e a aprender com a elaboração de resumos – e também com a identificação de ideias principais. Quando os alunos resumem como meio para aprender, o normal é que o façam a partir de textos expositivos; nestes casos, para a elaboração de um resumo "interno" do próprio aluno, que o leve a transformar seu conhecimento, é preciso que ele aborde o que já tem e que se interrogue sobre o grau de consistência do mesmo com relação ao que foi lido. Esta estratégia (abordar o conhecimento prévio e contrastado) sempre está presente quando se trata de compreender um texto – narrativo ou expositivo; quando, além disso, queremos aprender a partir dele, poderíamos dizer que adquire categoria de finalidade, no sentido de que *necessitamos* saber até que ponto encontramos nova informação no texto e em que medida esta pressupôs uma transformação do conhecimento prévio com que foi abordado.

Ajudar os alunos a elaborar resumos para aprender, que contribuam para transformar o conhecimento, pressupõe ajudá-los a envolver-se profundamente naquilo que fazem. Não é suficiente ensinar-lhes a aplicar determinadas regras; é preciso ensinar-lhes a utilizá-las em função dos objetivos de leitura previstos e a fazê-lo de forma tal que esse processo não seja independente do contraste entre o que se sabe e o que o texto aporta. Quando se resume assim, a elaboração realizada constitui ao mesmo tempo um texto que sintetiza a estrutura global de significado do texto de que procede, um instrumento para a aprendizagem, para saber o que se aprendeu e o ponto de partida necessário para saber que se precisa aprender. Neste sentido, o resumo torna-se uma autêntica estratégia de elaboração e organização do conhecimento (Pozo, 1990). Um aspecto fundamental, ao qual deveria ser dada maior importância, é à leitura e revisão que o autor faz do seu próprio resumo, como meio de ajudar a tornar consciente o processo mencionado.

Entendida desta forma, a atividade de resumir – tanto em estruturas expositivas como em narrativas – adquire a categoria de "técnica excelente" para o controle da compreensão, que lhe é atribuída por Palincsar e Brown (1984): se não se puder realizar uma sinopse do que se está lendo ou do que foi lido, evidencia-se que não houve compreensão. Simultaneamente, a partir desta concepção, torna-se novamente evidente o papel ativo do leitor no processo de leitura e a influência das suas expectativas e bagagem no que compreende e no que produz a partir da sua compreensão. Como esta, resumir não é questão de "tudo ou nada", mas relativa às características de cada leitor, às da tarefa em si (que tipo de texto, com que exigências, etc.) e à ajuda que recebe para realizá-la. Isto nos leva novamente à necessidade de articular situações de ensino/ aprendizagem nas quais se ajude explicitamente a trabalhar com a leitura e nas quais não se dê tanta importância à unicidade das respostas mas à sua coerência e utilidade para a aprendizagem do leitor. Também nos leva a uma visão articulada e global do complexo processo que conduz à construção do significado de um texto, que não pode se reduzir a uma sequência de passos isolados.

A seguir vou transcrever literalmente um trecho de uma sessão de linguagem na terceira série do Ensino Fundamental, em que pela primeira vez a professora e as crianças se dispõem a resumir conjuntamente um texto narrativo, lido em parte no dia anterior e em parte naquele mesmo dia. Não se trata de forma alguma de uma aula oferecida como modelo, mas da ilustração de uma possível forma que pode adotar o ensino do resumo tornando um texto habitual como base.

(P. pede que uma criança lhe explique o que lembra da leitura de *Pedro, el del mazo).*
Ginés: Havia um menino que queria percorrer o mundo e sua mãe não deixava e lhe repetia isso muitas vezes, até que um dia sua mãe deixou que ele fosse embora e quando já estava caminhando há muitas horas, então chegou a uma aldeia, e lá tinha uma casa... uma casa grande... bem, a ferraria. E depois um homem lhe perguntou se queria trabalhar para ele. E então o menino não queria ficar, queria ir percorrer mundo, mas ficou e passaram quatro anos. E depois lhe perguntou se

podia fazer uma arma para se defender. E fez uma bola muito grande e o homem lhe disse para não gastar tanto ferro. E então, quando acabou, o homem da ferraria pensava que ele não ia poder levantá-la, mas a levantou como uma palha e depois continuou caminhando e chegou a um... a uma casa muito grande que era onde o rei morava. Duas criadas o viram e contaram para o rei... contaram que havia ummm... um menino um pouco mai... um pouco jovem olhando pela porta, e o rei perguntou se ele queria trabalhar de pastor, porque todos os pastores que havia lá, não sabia o que acontecia com eles, mas nunca voltavam...
P.: Muito bem; você quer continuar, Marta? Lembra o que aconteceu depois?
Marta: ... Então ele disse que sim, e o rei lhe contou o que acontecia com os outros pastores que tinha tido, e então era que um dia eles não vinham ou que estava faltando uma vaca. Então, no dia seguinte, um senhor... um cara importante, não é?, lhe disse que tinha que levar as vacas para comer. Ele as levou e havia ummm... um lugar com pouco pasto e outro onde havia muito, e ele as colocou no lugar onde havia pouco, e as vacas comeram, e depois, quando chegaram à casa do rei, não deram muito leite, então o rei lhe disse no dia seguinte que elas tinham que comer mais. Então as levou para o lugar onde havia mais pastagem e comeram mais, e quando estavam lá, então apareceu um dragão e pegou duas vacas, e Juan lhe disse... quer dizer, Pedro, que... que as deixasse em paz, e então o dragão lhe disse que não queria as vacas, que queria ele mesmo, e então com a bola que tinha, Pedro bateu na cabeça dele e a afundou um palmo e o matou. E naquele dia as vacas deram muito leite. E no dia seguinte, a mesma coisa, levou-as para o lugar onde havia muito pasto, e chegou outro dragão que pegou duas vacas. E quando viu o Pedro disse que era ele quem queria, e então Pedro bateu nele com a bola e o deixou esmigalhado no chão. E então tiveram leite para toda a família quando chegaram à casa do rei. E o rei e seus criados não sabiam o que faziam para... para voltar todos os dias e para que não faltasse nenhuma vaca e... não sabiam o que ele fazia.
P.: Certo; Sergio, você lembra do que aconteceu depois? Parou no segundo dragão.
(As crianças escutam e estão atentas e caladas. Só uma menina está pintando um papel enquanto seus colegas recapitulam a história).

Sergio: No outro dia, Pedro foi aos campos grandes, e então apareceu o dragão, o pai, e também bateu na cabeça dele com a bola. E depois voltou no dia seguinte e apareceu a mãe. E então a mãe disse que ele tinha matado seus dois filhos e seu marido e que... que ia matá-lo. Então pegou a bola também... e também a matou.
P.: E acabaram os dragões, não é? Bem, pois vamos ver o que acontece agora, onde moravam os ladrões. Loli, leia na página 109.
(Inicia-se uma sessão de leitura coletiva. Depois de cada parágrafo, P. pergunta o significado de determinadas expressões. Quando chegam à página 111, P. interrompe a leitura e pede que um menino conte o que Pedro encontrou).

Menino: Pedro andou pelo campo para ver onde é que o dragão aquele morava. Então encontrou umas montanhas que davam muito medo, subiu nelas e do outro lado encontrou um castelo que estava com as portas abertas de par em par. Entrou e ao entrar viu uma... sala que era muito bonita. Depois tinha um fogão com três panelas... quatro panelas que pareciam postas para ele... e depois encontrou os cavalos, os três cavalos, um era preto e pequeno e gordinho... outro era vermelho e alto... e c) outro era alto e todo branco.

P.: E que encontrou depois do terceiro cavalo?
Menino: Uma sala muito grande com moedas de ouro.
P.: Um tesouro muito grande, não é? E que foi que ele fez? Raúl...
Raúl: Trancou com chave.
P.: Trancou com chave para ver o que podia fazer com ele. Bem... **vamos tentar fazer um resumo... É a primeira vez que fazemos um resumo... não sei como vai sair.** Os encarregados podem ir pegar as folhas pautadas. (As crianças pegam folhas em branco. Os encarregados entregam as folhas pautadas. Conversam, mas há ordem na classe).
P.: Bem, primeiro coloquem o dia, o nome... e o título da leitura com caneta colorida.
(P. escreve "Pedro, o da maça" com giz colorido, sublinha o título. As crianças estão com o livro aberto e escrevem seu nome, a data e o título na folha. Há bastante barulho).

P.: Bem, se continuarem assim, acho que vamos fazer o resumo amanhã, hein? (As crianças ficam progressivamente em silêncio). Tudo bem. **Para fazer o resumo vamos pensar nas coisas mais importantes que aconteceram na leitura. Temos que explicar com poucas palavras o que aconteceu, mas colocando as coisas mais importantes.**
(P. tem nas mãos o livro de leitura com o texto).

P.: E aqui está tudo muito claro... porque **cada vez que acontece uma coisa tem um título pequeno... vocês podem ver isso na página 99. O que é que está escrito em negrito?** Isto que está um pouco mais escuro, que parece um título pequeno. Que está escrito, Carlos?
(P. refere-se aos subtítulos).

Carlos: "Pedro quer percorrer o mundo".
P.: Bem. Começa dizendo "Pedro quer percorrer o mundo". **E isso é uma coisa importante.** De vez em quando o Pedro diz à mãe que quer percorrer o mundo. Depois, **para fazer o resumo, vamos colocar, primeiro ponto, o que acontece logo no início.**
(P. escreve no quadro-negro: 1º - Pedro quer percorrer o mundo).

P.: E o que é que ele faz? Decide percorrer o mundo e vai embora sem pedir licença para ninguém, Carlos?
Carlos: Não, fala para a sua mãe.

P.: Então, Pedro quer ir percorrer o mundo e pede licença para a mãe. (P. o escreve no quadro-negro. Antes de continuar, dá um tempo para as crianças copiarem a frase na folha).
P.: E daí, o que aconteceu, Neus? A mãe deixa ou não ele ir?
Neus: É claro que deixa.
P.: Então **colocamos um ponto porque já terminamos de dizer uma coisa** e continuamos: Sua mãe dá licença. (M. escreve no quadro-negro e as crianças copiam, trabalhando em silêncio).
Menino: Dolores (para P.), mas primeiro sua mãe não queria deixar!
P.: Sim, mas finalmente lhe dá licença... **temos que procurar as coisas importantes, as que acontecem de verdade, certo?** (P. fica olhando pensativamente para o quadro-negro). De qualquer forma, **Carlos tem razão.** Sua mãe deu licença, mas não logo de cara, não é mesmo? Quando deu licença?
Menina: Na segunda vez!
P.: Na segunda, ou na terceira... depois de Pedro insistir bastante, não? Vamos pôr uma vírgula aqui e explicamos quando deu licença... ou seja... sua mãe deu licença depois de Pedro insistir bastante".
(A primeira parte do resumo fica escrita no quadro-negro: 1º - Pedro quer percorrer o mundo e pede licença à mãe. Sua mãe lhe dá licença depois de Pedro insistir bastante. As crianças a copiam na folha).

P.: Certo, e depois o que aconteceu? **A segunda coisa importante que acontece com o Pedro, o que foi?**
Menino: Eu, eu! Depois de muito andar, o Pedro chegou a uma ferraria e ficou trabalhando lá.
P.: Muito bem! E vamos ver se o Juan se lembra da expressão que o autor da história usou para dizer que o Pedro andou muito.
Juan: "Depois de muito andar e andar".
P.: Depois de muito andar e andar. Então, **como poderíamos resumir esta segunda cena?**
Menina: "E Pedro, depois de muito andar e andar, foi parar na ferraria".
P.: Muito bem. Vamos escrevê-lo. O que é que o menino fez lá? Menino: Fez uma bola!
P.: Fez uma bola... Mas fez isso no mesmo dia em que chegou? Crianças: Nããão!
Menino: No segundo!
Menina: Depois de quatro anos!
P.: Depois de quatro anos...
Menina: ... Por fim ele fez uma bola para ele (continuou a frase iniciada por P.).
P.: Isso mesmo. Colocamos um ponto porque já acabamos de dizer uma coisa e vamos escrever a história da bola... "Lá trabalhou durante quatro anos" (P. vai escrevendo no quadro-negro e ao mesmo tempo lê o texto, pedindo ajuda às crianças)... durante quatro anos"... e daí?
Menino: E no último dia fez uma bola para ele.
P.: Muito bem. (Acaba de escrever o texto, que fica assim).
E Pedro, depois de andar e andar, foi parar numa ferraria. Lá trabalhou durante quatro anos e no último dia fez uma bola para ele.

P.: **É importante saber o peso da bola ou tanto faz?**
Meninos: É, ééé!
P.: Vamos ver então. Por que é importante, Ana?
Ana: Porque é uma coisa importante.
E: Sim, mas por que é uma coisa importante?
Ana: Porque era do Pedro.
Menina: Porque ele se chama Pedro o da bola.
R: Porque o título é "Pedro, o da bola", mas justamente, por que o título é este?
Menina: Porque ele tem uma bola.
(Algumas crianças pedem para falar, levantando a mão e dizendo "eu, eu!". P. insiste).

P.: É, ele tem uma bola, mas **por que é importante saber que essa bola pesa muito?**
Menina: Porque pesava muito!
P.: **É importante colocar no resumo que a bola pesava muito?** Menino: Sim, porque pesava sete quilos!
P.: Sete quintais, pesava, **mas vocês não estão me dizendo por que é importante colocar que a bola pesava muito...** vamos ver, Marta.
Marta: Porque esta história... porque o Pedro é um menininho que não pode ser, é um personagem fantástico...
(P. balança a cabeça negando e com um gesto indica outro menino que está com a mão levantada).

Menino: Porque com a bola é que ele bate na cabeça dos dragões.
P.: Claro! **Se não sabemos que a maça é muito pesada, não vamos entender como é que ele podia acabar com os dragões...** Então, colocamos o peso da maça, ou não?
Meninos: Siiim!
P.: Bem, então quanto é que ela pesava? Vamos!
Menina: Sete quilates.
P.: Não, quilates, não.
Meninos: Quintais! Sete quintais!
P.: Sete quintais. "Que pesava sete quintais". (P. escreve no quadro-negro. O resumo completo fica assim):

1º - Pedro quer percorrer o mundo e pede licença à mãe. Sua mãe dá licença depois de Pedro insistir bastante.

2º - E Pedro, depois de muito andar e andar, foi parar numa ferraria. Lá trabalhou durante quatro anos e no último dia fez para si uma bola que pesava sete quintais." (B1-2).

A sessão ainda dura quinze minutos (o exemplo é uma transcrição de quarenta e cinco minutos) e o resumo final conta com quatro parágrafos; embora seu interesse me pareça evidente, considero que é suficiente para ilustrar a forma de proceder da professora quando ensina a elaborar um resumo. Utilizei negrito para indicar as intervenções que, em uma primeira aproximação, visam ajudar a centrar a tarefa de resumir. Se você prestou atenção, deve ter percebido que a professora foi muito ativa em sua realização e que dirigiu toda a sequência; também poderá ver que, durante todo o processo, ela solicita constantemente a atenção e a participação das crianças. E, o que talvez seja ainda mais importante: solicita a participação ativa, de modo que, mediante as contribuições dos alunos não só elabora o resumo, mas também modifica o que ela mesma elaborou. O exemplo também ajuda a ver algo que comentamos neste mesmo capítulo, quando afirmava que os leitores jovens tendem a identificar o mais importante, porém muitas vezes têm dificuldades para justificar sua opinião (isto é particularmente visível quando têm de argumentar por que é importante saber quanto pesa a bola de Pedro).

Se nos ativermos a algumas das recomendações que sugeri para trabalhar a ideia principal e o resumo neste mesmo capítulo, veremos que esta professora não segue sua sequência: por exemplo, não explica por que é importante fazer resumos, não estabelece estritamente uma etapa de demonstração de modelos. Mas em essência, parece claro que para ela o importante é ensinar as crianças a resumir e utiliza as estratégias a seu alcance. Consegue o envolvimento dos alunos e, a meu ver, articula uma tarefa compartilhada, em que seus participantes constroem um conhecimento original. Permitam que eu insista novamente no fato de que não ofereci um modelo a ser seguido; ele não passa de um exemplo de que é possível ensinar a compreender, ainda que seja um exemplo com limitações. Sem dúvida, à medida que esta forma de intervenção se torne habitual, a própria professora poderá adequá-la, encontrar novas estratégias e recursos, o que ocorre mais dificilmente quando o ensino é substituído pela exigência de um resumo, e o êxito ou o fracasso dos alunos for atribuído de forma exclusiva às suas características individuais.

Para terminar este longo item, gostaria de fazer uma observação. Os processos envolvidos na detecção do tema de um texto, das suas ideias principais e na elaboração do seu resumo são, sem sombra de dúvida, processos complexos, que não podem ser pedidos a alunos de qualquer idade. Diversas publicações ressaltam que o ensino do resumo é prematuro antes da 3ª série do Ensino Fundamental. A meu ver, é possível e desejável trabalhar estas estratégias muito antes, utilizando o discurso oral, o relato de narrações e lendas, a informação oral e escrita sobre determinados conteúdos trabalhados na escola, etc. Com a ajuda necessária do professor e trabalhando preferentemente em nível oral, os alunos poderiam resolver com competência os desafios formulados por estas atividades, desde que elas sejam adequadas ao seu nível e desde que não se espere que sua resposta seja "a" exata.

Parte dessa ajuda à qual acabei de referir pode provir de um uso mais racional da estratégia de interrogação que os professores utilizam após a leitura. Vamos ver como é isso.

Formular e responder a perguntas: nem sempre elas servem apenas para avaliar

Esta estratégia é muito utilizada nas classes, de forma oral ou escrita, depois da leitura de um texto, e geralmente também aparece nos guias didáticos e nos materiais de trabalho dos alunos. Embora apareça como uma atividade de ensino, geralmente é usada apenas para avaliar, para checar o que os alunos compreenderam ou recordam de um determinado texto. Como veremos, isto apresenta alguns problemas. Antes de examiná-los, convém esclarecer que, do meu ponto de vista, ensinar a formular e a responder a perguntas sobre um texto é uma estratégia essencial para uma leitura ativa. Isto se evidenciou ao longo deste livro, pois nos referimos à formulação de perguntas e ao autoquestionamento tanto quando falamos de estratégias prévias à leitura como ao comentar o que sucede durante ela. O leitor capaz de formular perguntas pertinentes sobre o texto está mais capacitado para regular seu processo de leitura e, portanto, poderá torná-lo mais eficaz.

Para aprender a formular perguntas deste tipo, é preciso que os alunos assistam ao que o professor faz, formulando para si mesmo e para seus alunos perguntas sobre a leitura; você pode verificar que, neste caso, os alunos dispõem de um modelo para sua própria atuação: as sessões de perguntas após a leitura. Além disso, como vimos anteriormente, é imprescindível que os alunos se decidam a formulá-las, e isto só é possível se eles têm a oportunidade de fazê-las. Isso nos leva a chegar a um acordo sobre o que consideramos uma *pergunta pertinente:* se as oferecermos como modelo aos alunos, estaremos contribuindo para que eles mesmos as utilizem.

No capítulo 5, ao tratar das perguntas que devemos ensinar os alunos a formular antes da leitura, considerei que uma pergunta pertinente é a que leva a identificar o tema e as ideias principais de um texto. Agora vou ampliar esta definição, no sentido de entender que uma pergunta pertinente é aquela que é coerente com o objetivo perseguido durante a leitura. Assim, por exemplo, se diante de um texto expositivo de tipo causal se pretende que os alunos possam estabelecer suas ideias principais, as perguntas pertinentes serão aquelas que levem a determinar o tema do texto, os fenômenos considerados como causa ou antecedente de determinados fatos e os próprios fatos enquanto efeito. No caso de se resumir uma narração, serão pertinentes as perguntas que permitam, para além de identificar os personagens e o cenário, estabelecer o núcleo do argumento: o problema, a ação e a resolução (Cooper, 1990; v. cap. 4; recorde também o trecho de classe sobre o resumo que acabamos de comentar).

Diversas pesquisas que já comentei (Beck e outros, 1979, citados por Pearson e Gallagher, 1983) atribuem as dificuldades dos alunos para centrar-se nos aspectos importantes do texto às perguntas que em geral são formuladas depois da leitura, que abrangem indistintamente aspectos de detalhe e o próprio núcleo. Este fato tem o efeito de minimizar em uma dupla direção. Por um lado, os alunos "sabem" que deverão responder a uma série mais ou menos arbitrária de perguntas e por isso podem dirigir sua atenção mais para o fato de encontrar estratégias que permitam respondê-las do que para compreender o texto e elaborar uma interpretação plausível do mesmo.

Por outro lado, o modelo oferecido é muito pouco útil para o aluno poder utilizá-lo autonomamente como meio de dirigir e autoavaliar sua leitura, antes, durante e depois dela. Visto que o objetivo do ensino é o aumento da competência e da autonomia dos alunos para que eles aprendam a aprender, é preciso examinar com cautela o tipo de questões que formulamos e as relações que estabelecem com as respostas que sugerem.

Esta precaução é igualmente necessária quando se organiza uma sessão de perguntas/respostas para avaliar, para checar o que os alunos compreenderam do texto. No início do item, quando referi aos problemas formulados por esta prática muito comum, queria me reportar ao fato de que nem todas as perguntas são idênticas, nem todas avaliam a mesma coisa. Como demonstraram Samuels e Kamil (1984), é perfeitamente possível não compreender um texto e responder perguntas referentes ao mesmo. Assim, embora estejamos falando de uma estratégia que ajuda a compreender, o que se diga também será útil quando se pretenda obter, através dela, informação para avaliar a compreensão dos alunos.

Tomando como base as classificações existentes sobre as relações entre as perguntas e as respostas que podem se suscitar a partir de um texto (Pearson e Johnson, 1978; Raphael, 1982), em um trabalho anterior (Solé, 1987) traduzi seus termos do seguinte modo:

- Perguntas de resposta literal. Perguntas cuja resposta se encontra literal e diretamente no texto.
- Perguntas para pensar e buscar. Perguntas cuja resposta pode ser deduzida, mas que exige que o leitor relacione diversos elementos do texto e realize algum tipo de inferência.
- Perguntas de elaboração pessoal. Perguntas que tomam o texto como referencial, mas cuja resposta não pode ser deduzida do mesmo; exigem a intervenção do conhecimento e/ou a opinião do leitor.

No primeiro caso, a própria formulação da pergunta oferece uma "pista" infalível para o leitor localizar a resposta. Vamos ver um exemplo.

(Cada criança leu um trecho da história "A ratinha que varria a sua casinha" em voz alta: Esta é a história de uma ratinha que varria a sua casinha e que encontrou uma moeda ao pé da escadinha. Ficou tão contente com o achado que parecia que tinha tirado a sorte grande e começou a pensar o que poderia comprar. "Se compro pinhõezinhos meus dentinhos da frente vão cair. E se compro avelãzinhas, meus dentinhos de trás vão quebrar." E enquanto pensava isto, caminhou decidida até a loja da esquina. "Bom dia, minha senhora", disse à vendedora. "Bom dia, ratinha. O que vai querer hoje? Um chapéu com três plumas?" "Não quero um chapéu, não. Já tenho um de palha". "Sapatinhos de verniz?" "Não quero sapatos. Tenho um par de sapatos vermelhos", respondeu a ratinha. "Um avental rendado?", perguntou a vendedora. "Não, não quero um avental, porque já tenho um de papel fino", respondeu a ratinha. "Mas então, o que acha de um lacinho de seda?" "Siiim! Quero um lacinho de seda vermelha!", gritou alegremente. E voltou para casa feliz com seu flamante laço").

A seguir vou transcrever literalmente as perguntas formuladas depois da leitura:

P.: O que explica a história que começamos a ler hoje?
Cristina: Que a ratinha, enquanto estava varrendo a escada, encontrou um dinheiro.
P.: Onde estava o dinheirinho?
Eva: Ao pé da escada.
P.: O que aconteceu com a ratinha quando encontrou o dinheiro, Jaime?
Jaime: Ficou muito contente!
P.: E o que diz o texto? Contente como se... Oscar...
Oscar: Como se tivesse tirado a sorte grande.
P.: E então, Juan, o que a ratinha disse quando encontrou o dinheiro? O que disse primeiro?
(Juan não sabe, e Ana responde).
Ana: Que ia comprar amêndoas... ia comprar amêndoas...
R: Não, amêndoas não. O que é que ela queria comprar?
Menino: Pinhõezinhos.
P.: Vamos ver, a ratinha disse que ia comprar pinhõezinhos, não é, Oscar? Mas o que foi que ela pensou? O que ia acontecer com ela se comprasse os pinhõezinhos?
Menino: Que ia perder...
Menino: Que ia quebrar...
P.: Que ia quebrar o que?
Crianças: Os dentes! Os dentinhos!

(C-1)

A sessão continua e são formuladas perguntas deste tipo para o texto inteiro. Considero que o exemplo é suficiente. Agora peço licença para transcrever um dos exercícios propostos no livro de atividades do aluno associado à leitura do texto. O exercício consiste em responder às seguintes perguntas:

Por que a ratinha não quer comprar um chapéu com três plumas?
Por que não quer comprar um avental com rendas?
Por que não quer comprar sapatos de verniz?

Como se pode verificar, elas são do mesmo tipo que as formuladas pela professora. O êxito nas respostas, em ambos os casos, não é critério suficiente para decidir que o texto foi compreendido, pois o leitor encontra a resposta construída; além disso, o próprio tipo de pergunta obriga a centrar-se em aspectos pontuais, de detalhe (no nível inferior da hierarquia mencionada por Van Dijk). Parece-me interessante ressaltar que este tipo de perguntas é muito pouco real nas situações habituais de leitura. Não costumamos fazê-las quando lemos, nem é frequente formulá-las quando alguém lê para nós ou nos relata o conteúdo de alguma coisa que leu. Por esta razão não deveriam ser o único tipo de perguntas formuladas aos alunos depois da leitura, e é importante que seu uso se restrinja a situações em que sua formulação tenha algum sentido.

Os outros dois tipos de perguntas apresentam diferenças substanciais com as de resposta literal, que acabamos de ver. Em ambos os casos as crianças devem relacionar informações do texto, devem efetuar inferências e, nas perguntas de "elaboração pessoal", devem emitir um parecer, uma opinião ou aportar conhecimentos relacionados ao conteúdo do texto, que apelam à sua bagagem cognitiva mais ampla. Ainda que de diferente maneira, poderíamos dizer que obrigam a possuir uma representação global do texto para poder ser respondidas. Vou reproduzir uma parte das perguntas formuladas pela professora aos seus alunos depois da leitura de "Pedro, o da bola", para elaborar o resumo.

A professora recapitulou a história até a parte em que Pedro chega ferraria. A partir deste momento, formula as seguintes perguntas:

Quanto tempo ele ficou trabalhando na casa do ferreiro?
O que é preciso para moldar o ferro? **
Ele parou na frente da casa de quem?
Quem é que o Pedro viu nesta casa?
O que é que as criadas pensaram? *
(Que lhes faltava um pastor). E então, o que aconteceu? *
Por que sempre faltava um pastor? * Em que campos os dragões moravam? *
Ele se assustou muito quando viu os dragões? **
O que fez quando viu (o dragão) aparecer? *
O que era o primeiro dragão? *

E o segundo? *
Que parentesco tinha com o anterior? *

(B'-1)

Agora vou transcrever um texto trabalhado em uma aula de "Experiências" e as perguntas formuladas posteriormente (Antes do trabalho reproduzido, tinha sido lido e comentado outro texto intitulado **"Os meios de transporte"**).

Os sinais de trânsito

Em todas as esquinas há sinais de trânsito. Cada um deles tem seu significado e, embora às vezes se opine que este ou aquele não serve para nada, se pensarmos atentamente compreenderemos que todos eles desempenham uma missão concreta.
Não é muito difícil compreender o significado dos sinais de trânsito, mas é preciso prestar constantemente atenção quando se dirige pelas movimentadas ruas de uma cidade para não nos esquecermos de observar nenhum deles. Por isso, quem estiver cansado, indisposto ou tiver bebido um pouco, não deve se sentar ao volante, mesmo que acredite que está em condições de dirigir. Amassaduras na carroçaria, lesões, mutilações, morte e cadeia podem ser as consequências de um segundo de distração.

O táxi, o ônibus urbano e o ônibus de excursão são os meios de transporte que circulam pelas ruas de nossa localidade, estradas e rodovias.
P. faz uma criança explicar o que leu e vai formulando algumas perguntas a que os alunos respondem de forma individual. (Omitem-se comentários que surgem com relação às respostas).
P.: Vamos ver, tem um meio de transporte que não aparece aqui. Qual é?**
Menino: O caminhão.
(...)
P.: Para que se utiliza mais frequentemente o ônibus de excursão, José?**
José: Para... viajar pelas cidades e para andar de um lado para o outro...
P.: Que diferença há entre um ônibus urbano e um ônibus de excursão, Carlos?**
Carlos: Que o ônibus de excursão... é para levar as crianças para fazerem excursões e o ônibus urbano não.
P.: E o ônibus urbano, para que é?
Carlos: Para ir para Barcelona.
P.: Vamos ver... outra diferença...**.
(As crianças respondem, algumas explicam as diferenças entre um ônibus urbano e um ônibus de excursão. P. expõe seu ponto de vista).

(B'1 Experiências)

Nos dois fragmentos identifiquei com um asterisco as perguntas que obrigam a pensar e a buscar e com dois, as de elaboração pessoal. As que não têm nenhum tipo de marca são perguntas de resposta literal, às quais já me referi. Se prestar atenção, verá que para responder às perguntas do segundo tipo é preciso ter elaborado uma interpretação do conteúdo do texto, pois sem ela dificilmente poderiam se estabelecer as inferências necessárias. Quanto às perguntas de elaboração pessoal, devemos convir que, mesmo tendo compreendido o texto, talvez não possam ser respondidas, pois apelam sobretudo ao conhecimento do leitor, fazendo-o ir "além" do que leu. Poderíamos dizer que são perguntas que permitem uma extensão da leitura.

Não vou insistir mais na questão das perguntas, que também foi abordada em capítulos anteriores. A distinção estabelecida aqui nos ajuda a ver que podemos perguntar de diferente maneira, o que ensina a nos situarmos diante do texto também de forma diversa. Em um caso, as perguntas fazem estritamente com que as crianças "digam" o que está no texto. Nos outros, podem levá-las a ler nas entrelinhas, a formar uma opinião, a contrastar a informação abordada com a que já se tinha, contribuem para que se aprenda a construir conhecimentos a partir do texto.

Recordemos ainda que a estratégia de "perguntar depois da leitura" é habitual nas situações didáticas organizadas com relação a mesma. Talvez não fosse muito difícil pensar em que perguntamos e para que perguntamos, para transformar nossas questões em perguntas pertinentes; isso contribuiria para modificar esta prática em um duplo e proveitoso sentido.

Por um lado, o professor ofereceria um modelo especializado de "formulação de perguntas" aos alunos, que lhes serviria para aprender a se autointerrogarem. Isto não é nenhuma banalidade. Alguns autores (Fitzgeralel, 1983) consideram que a formulação de perguntas para nós mesmos, mesmo se feitas de maneira inconsciente, nos faz permanecer atentos aos considerados aspectos críticos da compreensão: saber quando se sabe e quando não se sabe; saber o que se sabe; saber o que se precisa saber e conhecer as estratégias que podem ser utilizadas para resolver os problemas. Trata-se novamente de prestar atenção durante a leitura e de poder avaliar até que ponto ela serviu aos propósitos que a motivaram.

Por outro lado, os professores teriam um conhecimento mais preciso do que avaliam quando formulam perguntas aos seus alunos, das dificuldades com que eles se deparam e da competência que mostram. Não é a mesma coisa que um aluno possa responder perguntas como as que vimos no exemplo C-1, ou que responda as que aparecem em B'1 e B'1 Experiências. Com sua utilização, o professor disporá de um conhecimento mais adequado com relação ao que este aluno concreto pode fazer e assim também pode ajustar melhor sua intervenção para ajudá-lo.

Conclusão

Revimos neste capítulo algumas estratégias que apresentam uma característica comum e que as diferencia das que abordamos em capítulos anteriores. A característica comum refere-se ao fato de que a elaboração de um resumo, a identificação das suas ideias principais e a resposta de perguntas são tarefas que os alunos devem realizar na escola. Se você pensar nos capítulos 5 e 6, verá que o que se propõe neles não costuma ser objeto de interesse quando se trata de ensinar a ler e a aprender a partir da leitura (falo sempre em termos genéricos; os exemplos apresentados neste livro ilustram que algumas das coisas que eu disse são prática habitual em algumas classes).

Assim, poderíamos dizer que neste capítulo partimos daquilo que se faz – ou do que se pede que se faça. Tentei demonstrar que o que se pede que se faça não é simples e que além disso pode ser realizado de maneiras diferentes, melhores ou piores. Também pretendia insistir na necessidade de ensinar a fazer isso, além de dar algumas orientações para facilitar esta tarefa. Tudo isso me levou a dedicar muita atenção a estratégias cuja concretização prática ocorre depois da leitura, o que pode ter desvirtuado o sentido que eu pretendia lhes dar neste livro. Em síntese, o que quero dizer é que qualquer uma das estratégias mencionadas se constrói durante a leitura, embora continue sendo construída em sua concretização, como resultado da leitura. "Depois da leitura... continuar compreendendo e aprendendo". Assim, o que se disse aqui não deveria ser lido isoladamente do que sucede no processo de leitura. Só entendendo este processo de forma global, algumas das coisas que apareceram neste livro serão úteis para a escola.

Capítulo 8

COLCHA DE RETALHOS

A esta altura, espero não chocar ninguém com o título deste capítulo. Nesta "colcha de retalhos" incluirei alguns aspectos que ficaram relegados ao longo da obra, insistirei em outros que me parecem essenciais e oferecerei algumas novas – e poucas – informações. Embora tudo esteja relacionado, porque tudo tem a ver com as estratégias de leitura, a estrutura deste capítulo não é semelhante à dos anteriores, daí o seu título. De qualquer forma, não se desanime. Ainda que pouco estruturada, a informação fornecida aqui não tem motivo para não ser interessante. De fato, você poderia considerar que neste capítulo terá a oportunidade de utilizar de forma intencional e sistemática as estratégias que lhe permitirão compreender e estabelecer vínculos significativos entre o que ele contém e o que você já sabe e conseguiu construir até aqui.

Para ajudá-lo, vou começar falando da sua estrutura. Em um primeiro item, vou considerar as relações entre a forma de ensino apresentada em linhas gerais neste livro e a questão da avaliação. O segundo item estará dedicado a aspectos concretos das situações de ensino/aprendizagem da leitura que, a meu ver, devem ser ressaltados. No terceiro e último item dedicar-me-ei a frisar a pertinência de considerar o ensino da leitura como uma questão compartilhada, de projeto curricular da escola.

O ensino e a avaliação da leitura

Embora este seja um livro que deveria se ocupar das estratégias de leitura e do seu ensino, considero necessário pronunciar-me sobre sua avaliação; não tanto com o objetivo de abordar uma discussão em profundidade sobre tão delicado tema, quanto com o de mostrar suas ligações com um certo modo de enfocar a educação.

De acordo com numerosos autores, em outro texto (Miras e Solé, 1990) consideramos que a avaliação é:

"Uma atividade mediante a qual, em função de determinados critérios, se obtêm informações pertinentes sobre um fenômeno, situação, objeto ou pessoa, emite-se um parecer sobre o objeto em questão e adota-se uma série de decisões referentes ao mesmo" (p. 420).

Esta atividade pode estar presente em diferentes pontos do processo de ensino/aprendizagem e, naturalmente, no processo articulado em torno das estratégias de leitura. Assim, encontramos a *avaliação inicial,* através da qual obtemos informação sobre a bagagem com que um aluno aborda a atividade de leitura; a *avaliação somativa,* no final do processo, mediante a qual podemos estabelecer um balanço do que o aluno aprendeu, e a *avaliação formativa,* que nos informa sobre o desenvolvimento do próprio processo e nos permite intervir no mesmo para ajustá-lo progressivamente.

Sem entrar em detalhes sobre a definição e classificação propostas, gostaria de salientar que os três tipos de avaliação não são excludentes, mas complementares, e que em todos os casos se encontra presente – embora com matizes diferentes – uma dimensão reguladora, no sentido de que proporciona informações que possibilitam ir ajustando as características dos processos de aprendizagem com as características do ensino.

Vou lhe pedir que recorde agora o que dissemos nos capítulos 4 e 6 sobre os princípios gerais que guiam o ensino de estratégias de leitura de uma ótica construtivista, assim como a caracterização que realizamos das tarefas de leitura compartilhada. Em síntese, o que se propõe para ensinar é partir de onde está o aluno, garantir que a tarefa de aprendizagem constitua um desafio ao seu alcance, intervir de tal forma que se possa proporcionar a ajuda necessária e constatar que, progressivamente, ele pode usar com competência as estratégias ensinadas de forma autônoma. Verá como os três tipos de avaliação que acabamos de mencionar, embora de maneira diferente, desempenham um papel determinante no processo de ensino.

Da perspectiva que adotamos, a avaliação inicial é a que nos permite conhecer os conhecimentos prévios com que o aluno vai abordar uma situação de leitura e inferir o que poderá ou não fazer com o que nos propomos a lhe ensinar. A informação que ela nos proporciona é essencial, pode nos levar a tomar decisões de tipo muito diferente: desde continuar com o planejamento previsto até rejeitá-lo por completo, pois inferimos que a distância entre aqueles conhecimentos e os que estamos propondo é muito grande para garantir a realização de uma aprendizagem significativa. Contudo, o mais provável é que o acesso aos conhecimentos prévios dos alunos, às suas expectativas e interesses, assim como àquilo que inferimos que se encontra ao seu alcance nos leve a articular algum tipo de intervenção que assegure que o aluno possa se "enganchar" no processo, como meio de poder ir um pouco além do ponto em que se encontra ao longo de tal processo.

Por outro lado, a avaliação formativa é inerente à concepção construtivista da aprendizagem e do ensino que adotamos nesta obra. Se pensar um pouco, verá que a única maneira de intervir de forma ajustada, levando em conta ao mesmo tempo o que o professor se propõe e o processo de construção do próprio aluno – que naturalmente não é independente do que faz o professor –, consiste em avaliar continuamente o que está acontecendo em toda a situação de ensino e aprendizagem em que este processo se realiza. Avaliar significa obter informações relevantes sobre a situação (observá-la, observando a si mesmo e ao resultado da própria atuação), que permitam que o professor emita um parecer sobre o desenvolvimento da mesma ("Funciona como tinha sido previsto... Este aluno está perdido... Isto não ficou bem claro... É demasiado simples... Não entendem nada do que estou dizendo...") a fim de tomar decisões a respeito ("Vou continuar intervindo desta maneira... Vou ver o que acontece, porque este menino se perdeu... Vou recapitular e tentar expor o que me parece fundamental, para ver se assim ele entende... Vou apresentar uma proposta um pouco mais desafiadora... É melhor parar e tentar começar de outra maneira...", etc).

Dito – ou melhor, escrito – desta forma, talvez possa lhe parecer muito complexo. Bem, a verdade é que já conviemos que ensinar bem não é de forma alguma simples e que tornar clara sua dificuldade é próprio de formulações restritivas e simplistas sobre a educação. A avaliação formativa ocorre ao longo do processo de ensino e constitui, de nossa perspectiva, um componente essencial da instrução; assim, não é de se estranhar que sua realização seja complicada. Entretanto, é verdade que, de forma intuitiva e talvez pouco sistemática, muitos professores procedem deste modo em maior ou menor grau, visto que, de outra forma, não poderiam ir adaptando sua intervenção àquilo que vai surgindo no contexto educacional.

Do ponto de vista do ensino, poderíamos dizer que a avaliação formativa faz parte do mesmo. No entanto, do ponto de vista da própria avaliação, a informação proporcionada pela própria situação de ensino geralmente é muito subestimada pelos professores, que parecem não "confiar" nas suas observações pessoais quando têm que avaliar a competência leitora dos seus alunos, recorrendo então a todo tipo de provas que consideram revestidas de maior objetividade.

Neste ponto, deveríamos começar a refletir no seguinte sentido. Por um lado, é verdade que uma concepção simples do que é a leitura e dos meios de ensiná-la levam a uma prática uniforme e estática, que não favorece a observação do professor sobre o processo em andamento. Além disso, a afirmação referente à observação e avaliação intuitivas efetuadas pelos professores não deve ser lida necessariamente em termos de intencionalidade. Isso pode explicar que, ainda que tenham cotidianamente informação sobre o processo seguido pelos seus alunos, não disponham dela de forma sistemática na hora de realizar uma avaliação dos seus progressos – avaliação somativa – porque não a consideram *importante*.

Mas, por outro lado, a adoção de uma maneira de ensinar como a que em linhas gerais propomos neste livro requer necessariamente a observação dos alunos. Esta informação é *importante* para poder ensinar, e os professores deveriam entender que também é *a mais importante* para avaliar, tanto formativa como somativamente. Antes de justificar por que é a mais importante, gostaria de ressaltar um curioso paradoxo. Para "ensinar" estratégias de compreensão leitora, muitos professores utilizam o que na verdade constituem estratégias de avaliação do que se compreendeu – como as perguntas pós-leitura que vimos nos capítulos anteriores, especialmente quando não se ensina a utilizar esta estratégia para que ela contribua com a compreensão. No entanto, quando precisam avaliar, não utilizam os dados oferecidos pela própria tarefa de ensino, dados que podem ser pouco estruturados e sistemáticos, mas que derivam de situações de leitura mais "naturais" – no sentido de não estarem sujeitas à pressão do contexto avaliador – e nas quais é possível considerar um amplo número de critérios para a avaliação. Em termos gerais, compartilho a ideia de Pearson e Johnson (1978), segundo a qual um professor que articule verdadeiras atividades de ensino de estratégias de leitura e que assuma sua responsabilidade em seu desenvolvimento, intervindo para garantir a aprendizagem dos alunos, não precisa realizar atividades específicas de avaliação, pois as primeiras lhe proporcionam uma visão muito ajustada da situação real dos seus alunos e, portanto, pode utilizá-las para avaliar sua aprendizagem.

Em suma, da forma em que caracterizamos o ensino da leitura, parece claro que o acesso à bagagem com que os alunos a abordam (avaliação inicial) é indispensável para saber de onde eles partem e para "calcular a distância" que devem observar as atividades propostas a fim de assegurar o maior significado possível nas aprendizagens a serem realizadas.

Por outro lado, a consideração das atividades de ensino da leitura como "tarefas de leitura compartilhada", nas quais professor e alunos interagem, cada um em seu nível, para chegar à transferência progressiva da competência de um para os outros, requer que o primeiro adote uma atitude receptiva, que seja sensível a tudo o que ocorre durante o processo para ajustar sua própria intervenção. Essa receptividade se traduz na observação contínua que realiza e nas decisões que vai tomando e que regulam e ajustam o processo de ensino e aprendizagem. Neste sentido, podemos afirmar que a avaliação formativa é inerente a esta forma de ensinar. Como salientamos em outro texto (Miras e Solé, 1989), algumas condições favorecem a presença da avaliação formativa no planejamento e na intervenção didáticas:

- A existência de objetivos claros para a tarefa de leitura proposta, objetivos que funcionam como referenciais para interpretar os avanços dos alunos com relação a ela – e os obstáculos que encontram.
- A de colocar em prática sequências didáticas que exijam a atividade conjunta do professor e dos alunos em torno da leitura, sequências nas quais aquele possa acompanhar de perto o processo que estes realizam.
- A possibilidade de organizar a aula e de propor tarefas e atividades diversificadas para que o professor possa dispor de momentos para observar alguns alunos mais diretamente, enquanto outros trabalham com maior autonomia. Isto ficará mais fácil se na escola se instaurarem certos hábitos de trabalho – com relação ao acesso ao material, à ordem, etc. – que possam aliviar o professor de uma intervenção intensa e contínua para garantir a gestão adequada do processo.

Tudo isso, naturalmente, no contexto de ideias mais ou menos elaboradas sobre o que significa aprender e sobre o papel do ensino para que esta aprendizagem ocorra. Sem este contexto, é muito difícil – para não dizer impossível – saber o que observar e como interpretar o observado.

A observação a qual nos referimos, como meio privilegiado de ter acesso às informações nas quais se baseia a avaliação formativa, não deveria ser assimilada a uma atitude em essência contemplativa; tão interessante é prestar atenção naquilo que os alunos fazem quando trabalham independentemente ou em grupos pequenos, quanto observar o que ocorre quando se apresenta uma nova proposta, um esclarecimento, uma orientação ou uma sugestão do próprio professor. Com este procedimento, o professor obtém uma valiosa informação sobre o processo seguido pelo aluno, além de perceber a forma em que recebe a ajuda proporcionada e sua relevância.

- A intenção de utilizar as informações obtidas na situação de ensino como instrumento de reflexão sobre a prática e o procedimento de avaliação. Entre outras coisas, esta finalidade pode causar uma maior sistematização na coleta de dados e sua anotação em folhas de registro, pautas, etc., o que sem dúvida contribuiria para que os professores confiassem mais em suas próprias avaliações para verificar o nível das aquisições dos seus alunos.

Por último, no tocante à avaliação da aprendizagem realizada (avaliação somativa), considero necessário insistir no fato de que, ao ensinar de uma certa forma, dispomos de uma valiosa informação para fazer um balanço do que foi aprendido. Como esta informação provém de situações habituais de leitura em classe, podemos convir que possui características de confiabilidade e de continuidade em momentos que dificilmente seriam encontradas em uma situação de prova ou de exame. Nesta, temos acesso a uma informação mais pontual, que também pode estar condicionada pela ansiedade provocada pela prova, e pela percepção de um contexto competitivo (pense, por exemplo, no que acontece quando se avalia a "leitura em voz alta"; é bastante provável que as crianças cometam mais erros no dia da avaliação do que quando leem todas as manhãs na sala de aula).

No entanto, por diferentes motivos, os professores podem sentir a necessidade de realizar avaliações de tipo mais pontual – porque querem se sentir mais seguros, porque esta é a linha da escola, etc. Nestes casos, em minha opinião deve-se contrastar a informação obtida nas situações de prova ou exame com a que procede das observações, planejadas ou intuitivas, derivadas das situações de aprendizagem da qual os alunos participaram. Assim como a proposta de basear a avaliação (avaliação somativa) dos estudantes no balanço permitido pela prática de uma avaliação formativa não deve ser lida como uma negação da avaliação em si mesma, pronunciar-se a respeito desta não deveria significar exclusivamente emitir pareceres sobre os resultados obtidos em uma situação pontual.

Ensinar e avaliar: critérios para avaliar formativamente

No contexto das considerações precedentes, parece-me que pode ser útil expor os critérios que devem ser levados em conta quando se trata de avaliar a leitura. Neste sentido, a recente contribuição de Colomer e Camps (1991) é de grande utilidade. As autoras partem de uma definição de Johnson (1990), para o qual o objeto da avaliação deve ser "o grau de integração, inferência e coesão com que o leitor integra a informação textual com a prévia"; levando esta definição em conta, e baseando-se no que pressupõe o processo de leitura, Colomer e Camps salientam os aspectos sobre os quais é preciso obter informação, assim como algumas situações suscetíveis de proporcioná-la (embora tenha me permitido algumas modificações, parece-me que os pontos apresentados a seguir respeitam a proposta das autoras):

- Sobre a atitude emocional com que o leitor enfrenta o texto. Isso inclui o interesse que ele demonstra, sua disposição a se envolver na tarefa, o grau em que se sente seguro ao abordá-la. A avaliação deste aspecto tem

a ver com a observação realizada pelo professor diante da proposta de uma atividade de leitura e com as que se produzem durante a mesma.
- Sobre o nível em que a leitura realizada se ajusta aos objetivos propostos. Cabe lembrar aqui as diferentes finalidades de um leitor ao abordar um texto, assim como os distintos tipos de leitura realizados (mais superficial, mais precisa; focalizando determinadas informações e deixando outras de lado). Para avaliar esta adequação, é preciso conhecer o objetivo de leitura do aluno e prestar atenção à forma como realiza a leitura; os alunos mais experientes também poderão informar, após a leitura, os trechos ou parágrafos que lhes foram úteis para o objetivo proposto.
- Sobre o nível em que o aluno pode manejar as fontes escritas, ou seja, em que medida sabe onde e como buscar certas informações. Em certo sentido, será necessário ver onde um aluno sabe se situar ante os textos que lê, utilizando os indicadores e marcas do próprio texto que podem facilitar sua leitura. Em outro sentido, este critério tem a ver com o nível em que os alunos podem buscar e encontrar os textos capazes de lhes proporcionar uma informação desejada.
- Sobre o processo de construção do significado. Para avaliar este aspecto, núcleo do processo de compreensão, Colomer e Camps ressaltam a necessidade de prestar atenção às diversas operações envolvidas no mesmo: utilização do conhecimento prévio na realização de inferências; uso adequado dos sinais do texto; integração da informação em uma visão de conjunto referente à estrutura de significado do texto; resumo do que foi lido. As fontes de informação privilegiadas para avaliar esse processo se constituem no acesso ao conhecimento prévio dos alunos (mediante as indicações propostas no capítulo 5) e nas tarefas de leitura compartilhada, nas quais alunos e professor perguntam, solicitam esclarecimentos, recapitulam ou resumem e estabelecem previsões. A capacidade demonstrada pelos alunos de encontrar individualmente as ideias principais de um texto e resumi-lo também funcionam como indicadores claros do seu nível de compreensão.
- Sobre a etapa em que o leitor controla seu próprio processo de compreensão, o que pode se traduzir à medida que pode perceber os problemas ou erros de compreensão em que incorre e a possibilidade de utilizar diversos recursos para corrigi-los. As tarefas de leitura compartilhada em situações habituais e o uso de materiais preparados na leitura individual – com erros, lacunas, incoerências – podem aportar a informação que permitirá a avaliação deste aspecto. Sem dúvida, o incentivo da autoavaliação é primordial quando se pretende que o aluno controle e se responsabilize pelo seu próprio processo de ensino. O uso de fichas de autoavaliação simples, como as propostas por Jolibert (1984, citado por Colomer e Camps, 1991), e o oferecimento de critérios que possibilitem

que os alunos reflitam sobre seu próprio processo e sobre o resultado obtido são muito úteis.
• Sobre a oralidade da leitura e a velocidade leitora. É fácil obter informação sobre estes aspectos, mas ela é difícil de interpretar, o que complica sua avaliação. Ambas são muito condicionadas pela própria situação de avaliação, pela dificuldade intrínseca dos textos, pelo grau em que são compreendidos pelo leitor. Por este motivo, considero que é preciso questionar uma prática muito comum, através da qual os alunos são avaliados em situações muito pontuais, sem comparar o que se observa nelas com o que acontece quando as crianças leem em voz alta na sala de aula um texto previamente trabalhado e preparado, sem estar sujeitos à pressão de uma situação de controle.

Como se pode ver, não se trata tanto de buscar situações específicas de avaliação, mas de tentar fazer com que as situações de ensino/aprendizagem possam proporcionar a informação necessária para avaliar. Para avaliar os alunos, durante o seu processo, averiguando se falham ou se obtêm sucesso, além de verificar em que e tentando inferir o porquê. Mas também para avaliar a própria intervenção, o ensino, para ajustá-lo progressivamente, para adaptá-lo, modificá-lo e enriquecê-lo. Este – e não outro – é o sentido global da avaliação do ensino da leitura.

As situações de ensino e aprendizagem da leitura

Nos capítulos anteriores, tentei esboçar quais são, a meu ver, as linhas mestras de uma prática educacional, cujo objetivo é ajudar os alunos a desfrutar lendo e a utilizar a leitura como instrumento privilegiado na construção de conhecimentos. Não é um método e, portanto, não podemos falar de uma sequência fixa que deve ser seguida em todos os casos, nem de momentos privilegiados – no decorrer da história escolar dos alunos – para se dedicar aos conteúdos da leitura. Desejo que este livro possa contribuir para concretizar um marco de referência a partir do qual seja possível projetar, pôr em prática e avaliar o ensino da leitura no contexto da concepção construtivista da aprendizagem escolar e da intervenção pedagógica.

Como já pude comentar, é imprescindível adequar o que aparece aqui em cada situação concreta; não é o mesmo trabalhar a leitura nas séries iniciais do Ensino Fundamental que em uma área curricular do Ensino Médio; não é o mesmo em Educação Infantil que na Universidade. Mas, além disso, as situações de ensino também diferem em função de diversos fatores, de tal modo que podemos afirmar que cada uma delas é única e irrepetível, sem que isso diminua a tendência a homogeneizar os meios disponíveis para obter os fins perseguidos.

Pode parecer difícil romper essa tendência homogeneizadora, porém é a única solução coerente para articular um ensino adaptado, capaz de ajudar o processo de construção pessoal, que é a essência da aprendizagem. Ninguém, nem nada, pode substituir o professor nessa tarefa. Os materiais curriculares, a colaboração com outros profissionais (psicólogos, pedagogos, formadores especializados), as obras, como a que tem agora em suas mãos, podem no máximo aspirar a levá-la a cabo da melhor maneira possível: estimulando a capacidade de ensino do professor e a de aprendizagem dos alunos, para que as situações didáticas sejam ao mesmo tempo eficazes e gratificantes para todos os que nela intervêm.

Desta perspectiva, gostaria de comentar agora alguns aspectos que podem ajudar a realizar a adequação mencionada antes. Em primeiro lugar, parece-me necessário referir-me à localização das estratégias de leitura que estivemos revendo ao longo da escolaridade. Para além dos condicionantes que sem dúvida existem – acesso progressivo à autonomia na interpretação dos textos; construção da capacidade de raciocinar sobre o próprio conhecimento e outros – e que nos convidam a situar adequadamente nossas expectativas com relação ao que podemos esperar em cada caso, considero que é preciso proceder a uma mudança de perspectiva. Refiro-me ao fato de que, em termos educativos, é bastante frequente esperar os alunos disporem de uma pretensa maturidade para lhes apresentar determinados conteúdos de aprendizagem.

A partir de uma ótica construtivista, como a defendida neste livro, esta crença adquire determinados matizes. É óbvio que se deve levar em conta a competência geral dos alunos (capacidades cognitivas, de equilíbrio pessoal, conhecimentos prévios), que funciona como *ponto de partida* e que permite estabelecer certas expectativas e uma intervenção ajustada com relação àquilo que pretendemos conseguir e à sua finalidade. No entanto, não devemos esquecer que a competência se cria, se constrói. Assim, mais do que "esperar" que o aluno dê indícios do que pode fazer, seria mais conveniente perguntar-nos sobre o que é capaz e sobre o que podemos fazer para ajudá-lo a aumentar suas possibilidades, para torná-lo mais competente e autônomo.

No caso da leitura, e em uma visão ampla dos processos cognitivos subjacentes a ela, isso também equivale a adotar uma visão ampla dos processos educativos que levarão ao seu domínio. Durante muito tempo consideramos a atividade de ler como uma sequência, na qual o aprendiz passa por certas etapas que poderíamos caracterizar mais ou menos da seguinte maneira: 1º, a criança não sabe nada sobre a leitura (= não sabe o código); 2º, a criança aprende o código (= mecanismo); 3º, a criança já pode compreender (= mistério). Esta sequência não é válida, porque 1º, a criança sabe coisas relevantes sobre a leitura embora não saiba o código (= conhecimentos prévios relevantes); 2º, se a deixarmos, a criança pode se basear nestes conhecimentos para aprender a leitura (= se ensina e se aprende a compreender e se ensina e se aprende o código em atividades significativas de leitura) e 3º, a criança pode aprender a utilizar a leitura como meio de aprendizagem e de prazer (= situações de ensino especificamente dirigidas para este fim).

A mudança de perspectiva mencionada um pouco antes se apoia em uma combinação entre o que atualmente sabemos sobre a leitura e o que também sabemos sobre os processos de aprendizagem e a função da influência educativa nos mesmos. No capítulo 3 estabelecemos que não tem qualquer fundamento assimilar o desconhecimento das leis de correspondência ao desconhecimento da leitura. Também vimos que as atividades de leitura compartilhada podem ser postas em prática quando os alunos ainda não dominam os aspectos de decodificação. Por outro lado, etapas muito iniciais da leitura foram tratadas neste livro. É claro que um estudante universitário mostrará – pelo menos deveria ser assim! – maior competência e autonomia para realizar um resumo que um aluno do Ensino Fundamental. Mas com certeza este, se receber a ajuda adequada, poderá resumir um texto adequado ao seu nível e, o que é mais importante, se receber esta ajuda, depois poderá resumir por sua própria conta.

Não sei se consegui, mas ao longo deste livro tentei oferecer elementos para o leitor – você – poder construir uma ideia da leitura como um processo de construção lento e progressivo, que requer uma intervenção educativa respeitosa e ajustada. Não vamos esperar que os alunos aprendam o que não lhes foi ensinado, nem vamos esperar que aprendam de uma vez só e para sempre. Trata-se apenas de fazer com a leitura o que se faz com outros conteúdos do ensino: mostrar como um especialista os maneja, planejar situações em que o aprendiz possa abordar progressivamente este manejo e ajudá-lo para que, partindo de onde se encontra, possa ir sempre um pouco além, no sentido do domínio autônomo.

Esta é a finalidade das afirmações feitas em capítulos anteriores. Não é preciso fazer recapitulações nesta "colcha de retalhos", embora talvez valha a pena ressaltar o mais geral:

- Aprender a ler significa aprender a encontrar sentido e interesse na leitura. Significa aprender a se considerar competente para a realização de tarefas de leitura e a sentir a experiência emocional gratificante da aprendizagem.
- Aprender a ler também significa aprender a ser ativo ante a leitura, ter objetivos para ela, se autointerrogar sobre o conteúdo e sobre a própria compreensão. Em suma, significa aprender a ser ativo, curioso e a exercer controle sobre a própria aprendizagem.
- Aprender a ler compreensivamente é uma condição necessária para poder aprender a partir dos textos escritos. As estratégias de leitura aprendidas em contextos significativos contribuem para a consecução da

finalidade geral da educação, que consiste em que os alunos aprendam a aprender.
- Aprender a ler requer que se ensine a ler. O modelo de leitor oferecido pelo professor e as atividades propostas para o ensino e a aprendizagem da leitura não são um luxo, mas uma necessidade.
- Ensinar a ler exige a observação ativa dos alunos e da própria intervenção, como requisitos para estabelecer situações didáticas diferenciadas, capazes de se adaptar à diversidade inevitável da sala de aula. Isso pressupõe a renúncia aos estereótipos e às sequências homogêneas (ao "café para todos", todos os dias) em benefício de uma prática educativa coerente no contexto em que se constrói (é o "café da manhã *à la carte*", com uma ampla variedade de cardápios).
- Assim como outras coisas, ensinar a ler é uma questão de compartilhar. Compartilhar objetivos, compartilhar tarefas, compartilhar os significados construídos em torno delas. No entanto, nessa atividade compartilhada, a responsabilidade é diferente para o professor e para os alunos, pois o primeiro pode se colocar ao nível dos segundos, para ajudá-los a se aproximar dos objetivos perseguidos.
- Promover atividades significativas de leitura, para as quais tenha sentido – e os alunos possam vê-lo – o fato de ler, é uma condição necessária para conseguir o que nos propomos. Promover atividades em que os alunos tenham que perguntar, prever, recapitular para os colegas, opinar, resumir, comparar suas opiniões com relação ao que leram, tudo isso fomenta uma leitura inteligente e crítica, na qual o leitor vê a si mesmo como protagonista do processo de construção de significados. Estas atividades podem ser propostas desde o início da escolaridade, a partir da leitura realizada pelo professor e da ajuda que proporciona.
- Refletir, planejar e avaliar a própria prática em torno da leitura constituem requisitos para otimizá-la, para modificá-la quando for necessário e no sentido conveniente. Tão pouco útil resulta a rotina impermeável aos múltiplos fatores e variáveis que intervêm no desenvolvimento das situações educativas, quanto a mudança compulsiva, pouco refletida, provocada pela adoção mais ou menos passageira de novas modas ou tendências. Na prática educativa, em geral as mudanças de verdade possuem mais características de prudência, reflexão e persistência que de serem espetaculares; não ocorrem no vazio, mas se baseiam no que já faz parte dessa prática e correspondem a uma insatisfação com algum dos seus componentes que levam a questionar a possibilidade de modificá-lo. Às vezes é um processo lento, porém inexorável, pois uma mudança bem integrada costuma provocar a necessidade de se continuar revendo.
- Ensinar a leitura no sentido descrito é um assunto que transcende a cada professor individualmente. Vamos nos entender: com isso quero

dizer que, embora seja necessário que os professores possam analisar sua prática a partir de determinados parâmetros e articulá-la levando-os em conta, isto não é suficiente para garantir que a ação educativa que os alunos recebem em torno destes conteúdos considere os traços de coerência e continuidade que entre outras coisas caracterizam um ensino de qualidade. A leitura deve ser abordada como uma questão de equipe nas diferentes etapas, graus de ensino e nas escolas.

O ensino da leitura, uma questão de equipe

Talvez você esteja pensando que o ensino sempre deve ser considerado uma tarefa de equipe, não só no caso da leitura; também acho a mesma coisa. É possível que também pense que partimos de uma tradição em que o ensino tem sido considerado algo individual, que compete a cada professor em sua sala de aula, e que ainda temos pouca prática em enfocá-lo de uma perspectiva compartilhada, como um projeto pelo qual são responsáveis todos os profissionais que dele participam no contexto de cada escola. Também neste caso compartilho sua opinião.

Podemos considerar que isso constitui um obstáculo insuperável ou que se trata da realidade que temos, do nosso ponto de partida. Sempre pensei que, do âmbito da concepção construtivista, deve-se adotar uma perspetiva otimista, no sentido de que essa concepção traduza a necessidade de partir daquilo que se tem para progredir, para ir sempre um pouco além, com as ajudas e condições necessárias. Portanto, prefiro pensar que partimos de onde partimos e que avançamos no sentido de conceber a tarefa de ensino como uma tarefa de equipe. O fato de a reforma do Sistema Educacional ter um dos seus pilares na potencialização dos projetos institucionais (Del Carmen e Zabala, 1991, Coll, 1991) reforça meu otimismo.

O Projeto Curricular Institucional tem sido considerado (Del Carmen e Zabala, 1991) como um instrumento para a tomada de decisões muito refletidas sobre os diferentes componentes curriculares que as equipes de professores têm em mãos, cujo fim é concretizar, adaptar e enriquecer os projetos curriculares prescritos pela administração educativa. Em grandes traços, o Projeto Curricular Institucional inclui as finalidades educativas que uma escola persegue com relação aos seus alunos, os conteúdos a trabalhar nos diferentes ciclos, as opções metodológicas adotadas na escola e as previsões no tocante à avaliação. Assim, o Projeto Curricular Institucional define as características da intervenção pedagógica de uma escola, dando-lhe coerência e continuidade ao longo das etapas em que se ministra o ensino, o que constitui um meio fundamental para refletir sobre a própria prática e avaliá-la. Na noção de Projeto Curricular Institucional subjazem duas considerações sobre o ensino que me parecem cruciais: em primeiro lugar, que o ensino é uma tarefa de equipe; em segundo, que a necessária adaptação e a contextualização exigida pela inevitável diversidade de situações educacionais só podem ser realizadas, com as condições e ajudas requeridas, pelos professores de cada escola.

Parece-me evidente que, no âmbito de sua classe, cada professor pode planejar e concretizar uma prática baseada na reflexão, inovadora e eficaz. Também me parece óbvio que o esforço desse professor não será tão desgastante se o mesmo se integrar em uma dinâmica na qual pode discutir seus projetos, compartilhar suas ideias e suas dúvidas com as dos seus companheiros de equipe; além disso, esse esforço pode ter um novo impulso, uma nova dimensão no seio da equipe. Por último, é evidente que a incidência sobre os alunos não é a mesma quando responde a um conjunto de decisões acordadas pelos professores que encontrarão ao longo da sua história escolar, do que quando se trata de episódios desconexos, embora alguns deles possam ser de grande utilidade.

Quando pensamos no caso das estratégias de leitura e seu ensino, parece claro que ele requer todos os acordos possíveis. Decidir como as crianças abordarão o código, que textos elas vão ler, que situações de leitura serão incentivadas nas classes, qual será o papel das bibliotecas e dos cantinhos de leitura, que estratégias serão estimuladas no âmbito da linguagem e com outras matérias, que estratégias de leitura serão trabalhadas em um projeto globalizado, como será avaliada a leitura, qual é o seu papel em uma abordagem significativa da aprendizagem do sistema da linguagem escrita... tudo isso exige que sejam assumidas posturas que transcendem as de um professor em particular.

Ainda que, em alguns casos, não possamos tomar estas decisões conjuntamente, acho que não podemos nos sentar para esperar alguma mudança mágica de situação que permita a emergência repentina da dinâmica que permitirá a discussão de propostas e a tomada de decisões no seio da equipe. Sem formular objetivos onipotentes e contemplando um mínimo de condições (tempo, recursos, disponibilidade de enfrentar os problemas e de se comunicar: Del Carmen, 1990), esta dinâmica pode começar a se estabelecer. Não importa tanto que seus resultados sejam espetaculares, mas que se acredite e que se torne possível o seu desenvolvimento. Como a compreensão leitora, o trabalho em equipe em torno da leitura não é uma questão de tudo ou nada, mas do nível: do nível em que estiverem presentes as condições mencionadas; do nível em que for preciso proceder à discussão e à crítica construtiva sobre a prática mediante a qual ensinamos a ler e a utilizar a leitura para aprender; do nível em que se puder fazer acordos; do nível em que se dispuser de assessoria externa que possa enriquecer o processo.

Alguns grupos abordam a tarefa do ensino em equipe há muito tempo; outros ainda têm de começar e, na maioria dos casos, de avançar um pouco mais em uma linha já iniciada em algum nível (acordo sobre os materiais a utilizar, sobre a distribuição de espaços...). Em qualquer situação, a discussão construtiva e a comparação de pontos de vista com o objetivo de tomar decisões pensadas sobre a prática educacional cotidiana pressupõem organização, disponibilidade e esforço; mas, simultaneamente, pressupõem o estabelecimento das condições para exercer o ensino de uma forma mais racional, eficaz e gratificante.

Havia muitas coisas que considerava importantes e que queria recordar neste último capítulo; a maior parte delas não foi objeto de atenção, embora já tenha aparecido nos capítulos anteriores. Não importa, talvez seja melhor assim: como você dirige seu processo de leitura, pode voltar para atrás, recapitular, avançar de novo e decidir o que é importante em função dos seus próprios objetivos. Neste momento estou mais preocupada com tudo o que esqueci ao longo do livro e que merece ser levado em conta quando se pensa em ensinar e aprender a ler. Felizmente, muitos dos aspectos não tratados foram abordados por outros autores; espero que, a esse respeito, as referências introduzidas ao longo da obra possam orientá-lo adequadamente. De qualquer forma, já lhe preveni que este livro pretende apenas ser um recurso entre muitos outros; quem avisa...

As despedidas sempre foram difíceis para mim, fico sem saber muito bem o que dizer. Para mim, escrever este livro tentando imaginá-lo o mais próximo possível do leitor – inclusive piscando o olho para ele – foi um árduo processo, mas realmente gratificante por tudo o que aprendi no decorrer nessa interação imaginária.

Não teria feito esta aprendizagem se não o tivesse escrito. E nunca o teria escrito se não pensasse que alguns leitores tê-lo-iam em suas mãos. Portanto, obrigada, e até sempre.

"Existem muitas portas para ir até a fantasia, rapaz. E existem ainda mais livros mágicos. Muitos não se dão conta disso. Tudo depende de quem pega um desses livros." Ende, M. (1982), *A história sem fim,* Madrid, Alfaguara, p. 418.

REFERÊNCIAS

ADAM, J. M. (1985) Réflexion lingüistique sur les types de textes et de compétences en lecture. *L'orientation scolaire et professionnelle*, 14, 4, p.293-304.

ADAMS, M. J.; COLLINS, A. M. (1979) A schema-theoretic view of reading. In: FREEDLE, R. O. (ed.). *Discourse processing: Multidisciplinary perspectives*. Norwood, New Jersey: Ablex Publ. Co., p.1-22.

ALLINGTON, R. L. (1980) Teacher interruption behaviours during primary grade oral reading. *Journal of Educational Psychology*, 72, 72, p.371-377.

ALONSO, J.; MATEOS, M. M. (1985) *Comprensión lectora: modelos, entrenamiento y evaluación*. Infancia y aprendizaje, 31-32, p.5-19.

ANDERSON, T. H.; AMBRUSTER, B. B. (1984) Studying. In: PEARSON, P. D. (ed.), *Handbook of Reading Research*, New York: Longman, p.657-679.

ANDERSON, R. C., PEARSON, P. D. (1984) A schema-theoretic view of basic process in reading comprehension. In: PEARSON, P. D. (ed.). *Handbook of Reading Research*, New York: Longman, p.255-291.

AULLS, M. W. (1978) *Development and remedial reading in the middle grades*. Boston: Allyn & Bacon.

_____. (1990) Enseñanza activa de las habilidades de comprensión de las ideas principales. In: BAUMANN, J. F. (ed.). *La comprensión lectora (cómo trabajar la idea principal en el aula)*. Madrid: Aprendizaje/Visor, p. 101131.

AUSUBEL, D. P. (1963) *The psychology of meaningful verbal learning*. New York: Grune Stratton.

AUSUBEL, D. P.; NOVAK, J. D.; HANESIAN, H. (1983) *Psicologia educativa. Un punto de vista cognoscitivo*. México, trillas (ed. Original: 1978).

BAKER, L.; BROWN, A. L. (1984) Metacognitive skills and reading. In: PEARSON, P. D. (ed.). *Handbook of Reading Research*. New York: Longman, p.353-394.

BAUMANN, J. F. (1985) La eficacia de un modelo de instrucción directa en la enseñanza de la comprensión de ideas principales. *Infancia y Aprendizaje*, 31-32, p.84-105.

_____. (1990) La enseñanza directa de la habilidad de comprensión de la idea principal. In: BAUMANN, J. F. (ed.). *La comprensión lectora (cómo trabajar la idea principal en el aula)*. Madrid: Aprendizaje/Visor, p. 133-173.

BEREITER, C; SCARDAMALIA, M. (1987) *The psychology of written composition*, Hillsdale, New Jersey: L. Erlbaum Ass.

BRIDGE, C. A .; BELMORE, S. M. *et al.* (1984) Topicalization and memory for main ideas in prose. *Journal of Reading Behaviour,* 16, p.61-80.

BRONCKART, J. P. (1979) *Pour une méthode d'analyse de textes.* Bruxelles: Presses Universitaires de Bruxelles.

BROWN, A . L. (1980) Metacognitive development and reading. In: SPIRO, R. J.; BRUCE, B. C.; BREWER, W. F. (eds.). *Theoretical issues in reading comprehension.* Hillsdale, New Jersey: L. Erlbaum, p.453-481.

BROWN, A . L.; CAMPIONE, J. C.; DAY, J. D. (1982) Learning to learn: On training students to learn from texts. *Educational Researcher,* 10. p.14-24.

CAMPS, A . (1990) Modelos del proceso de redacción: algunas implicaciones para la enseñanza. *Infancia y Aprendizaje,* 49, p.3-19.

_____. (1991) L'enseyament de la composició escrita en situació escolar; desenvolupament i anàlisi de dues seqüències didàctiques d'ensenyament de l'argumentació escrita. Tese de doutoramento. Universidade de Barcelona.

CARRIEDO, N.; ALONSO, J. (1991) Enseñanza de las ideas principales: problemas en el paso de la teoria a la práctica. *Comunicación, Lenguaje y Educación,* 9, p.97-108.

CASSANY, D. (1990) Enfoques didácticos para la enseñanza de la comprensión escrita. *Comunicación, Lenguaje y Educación,* 6, p.63-80.

CASSIDY Schmitt, M.; BAUMANN, J. F. (1989) Cómo incorporar las estrategias de control de la comprensión a la enseñanza de contextos base de lectura. *Comunicación, Lenguaje y Educación,* 1, p.45-50.

COLL, C. (1983) La construcción de esquemas de conocimiento en el proceso de enseñanza/aprendizaje. In: Coll, C. (ed.). *Psicologia genética y aprendizajes escolares,* Madrid, Siglo XXI, p.183-201.

_____. (1987) Psicologia y curriculum. *Una aproximación psicopedagógica a la elaboración del curriculum escolar.* Barcelona: Laia.

_____. (1988) Significado y sentido en el aprendizaje escolar. Reflexiones en torno al concepto de aprendizaje significativo. *Infancia y Aprendizaje,* 41, p.131-142.

_____. (1990) Un marco de referencia psicológico para la educación escolar: la concepción constructivista del aprendizaje y de la enseñanza. In: COLL, C.; PALACIOS, J.; MARCHESI, A. (orgs.) *Desarrollo psicológico y educación II. Psicologia de la Educación.* Madrid: Alianza, p. 435-453.

_____. (1991) Projecte educatiu i concreció del curriculum en el marc de la reforma. In: DARDER, P. *et al. El grup classe. Un potencial educatiu fonamental. Projecte educatiu i concreció del curriculum en el marc de la reforma.* Vic: Eumo.

COLLINS, A.; SMITH, E. E. (1980) Teaching the process of reading comprehension. Technical Report n. 182. Urbana, Illinois: Center for the Study of Reading.

COLOMER, T.; CAMPS, A. (1991) *Ensenyar a llegir, ensenyar a comprendre.* Barcelona: Rosa Sensat/Edicions 62.

COOPER, J. D. (1990) *Cómo mejorar la comprensión lectora*. Madrid: Aprendizaje/Visor/MEC.

CUNNIGAHAM, J. W.; MOORE, D. W. (1990) El confuso mundo de la idea principal. In: Baumann, J. F. (ed.). *La comprensión lectora (cómo trabajar la idea principal en el aula)*, Madrid, Aprendizaje/Visor, p. 13-28.

CHALL, J. S. (1967) *Learning to read: the great debate*. New York: McGraw-Hill.

_____. (1979) The great debate: ten years later, with a modest proposal for reading stages. In: RESNICK, L. B.; WEAVER, Ph. A. (eds.). *Theory and practique of early reading,* Hillsdale, New Jersey: L. Erlbaum (vol. 1), p. 29-55.

CHOATE, J. S.; RAKES, T. A . (1989) La actividad de escucha estructurada: un modelo para mejorar la comprensión oral. *Comunicación, Lenguaje e Educación,* 1, p.9-17.

DEL CARMEN, L. (1990) El proyecto curricular de centro. In: MAURI, T.; SOLÉ, I.; DEL CARMEN, L.; ZABALA, A . *El currículum en el centro educativo,* Barcelona: Horsori/ICE, p.91-124.

DEL CARMEN, L.; ZABALA, A. (1992) El proyecto curricular de centro, el currículum en manos del profesional. In: Antúnez, S. *et al. Del Proyecto Educativo a la Programación de Aula.* Barcelona: Graó.

DEPARTAMENT *D'Ensenyament de la Generalitat de Catalunya* (1989) *Disseny Curricular per a l'Educació Primària.*

DURKIN, D. (1978-79) What classroom observations reveal about reading comprehension instruction. *Reading Research Quaterly,* 14, p.481-533.

EAP del Baix Empordà (1990) *L'ensenyament de la comprensió lectora* (Documento não publicado).

EAP de Sant Boi del Llobregat (1991) *Comprensió lectora* (Documento não publicado).

EDWARDS, D.; MERCER, N. (1988) *El conocimiento compartido. El desarrollo de la comprensión en el aula.* Barcelona: Paidós/MEC.

FERREIRO, E. (1979) Qué está escrito en una oración escrita? Una respuesta evolutiva, *Infancia y Aprendizaje,* 5, p.20-31.

FERREIRO, E.; TEBEROSKY, A. (1979) *Los sistemas de escritura en el desarrollo del niño.* México: Siglo XXI.

FITZGERALD, J. (1983) Helping readers gain self-control over reading comprehension, *The Reading Teacher,* 37, p.249-253.

FOUCAMBERT, J. (1989) Cómo ser lector, Barcelona: Laia (ed. original, 1976).

FREDERICKS, A. D.; TAYLOR, D. (1991) *Los padres y la lectura. Un programa de trabajo.* Madrid: Aprendizaje/Visor/MEC.

GARTON, A.; PRATT, C. H. (1991) *Aprendizaje y proceso de alfabetización. El desarrollo dei lenguaje hablado y escrito.* Barcelona: Paidós/MEC (ed. original: 1989).

GOODMAN, Y. M.; BURKE, C. (1982) *Reading strategies: Focus on comprehension.* New York: Holt, Rinehart and Winston, 1980.

GOODMAN, K. S.; GOODMAN, Y. M. (1979) Learning to read is natural. In: RESNICK, L. B.; WEAVER, Ph. A. (eds.). *Theoly and practique of early reading,* Hillsdale, New Jersey: L. Erlbaum (vol. 1), p.137-154.

GRAVES, D. H. (1991) *Didáctica de la escritura,* Madrid: Morata.

HODGES, C. (1980) Reading comprehension in the fourth grade: three data - gathering methods. In: KAMIL, M. L.; MOE, A. J. (eds.). *Perspectives on reading research and instruction.* Washington: National Reading Conference, p.110-116.

JOHNSON, P. (1990) *La evaluación de la comprensión lectora.* Madrid: Aprendizaje/Visor.

MARKMAN, E. M. (1981) Comprehension monitoring. In: DICKSON, W. P. (ed.). *Children's oral and communication skills.* New York: Academic Press.

MEYER, B. J. F.; BRANDT, D. M.; BLUTH, G. J. (1980) Use of top levei structure in text: Key for reading comprehension of night grade students. *Reading Research Quaterly,* 16, p.74-103.

MINISTERIO de Educación y Ciencia (989a) *Libro Blanco para la Reforma dei Sistema Educativo.* Madrid, MEC.

_____. *(1989b) Diseño Curricular Base. Educación Infantil.* Madrid: MEC. MIRAS, M.; SOLÉ, I. (1989) Avaluaciò informativa: observar, comprendre i adaptar. *Guix,* p.141-142, p.25-29.

_____. (1990) La evaluación del aprendizaje y la evaluación en el proceso de enseñanza/aprendizaje. In: COLL, C.; PALACIOS, J.; MARCHESI, A. (orgs.). *Desarrollo psicológico y educación II. Psicologia dela Educación.* Madrid: Alianza.

MONEREO, C. (1990) Las estrategias de aprendizaje en la educación formal: enseñar a pensar y sobre el pensar. *Infancia y Aprendizaje,* 50, p.3-25. NISBET, J.; SHUCKSMITH, J. (1990) *Estrategias de aprendizaje.* Madrid: Santillana (ed. original, 1986).

PALINCSAR, A. S.; BROWN, A. L. (1984) Reciprocal teaching of comprehension-fostering and comprehension-monitoring activities. *Cognition and instruction,* 1, (2), p.117-175.

PEARSON, D. P.; GALLAGHER, M. C. (1983) The instruction of reading comprehension. *Contemporary Educational Psychology,* 8, p.317-344.

PEARSON, D. P.; JOHNSON, D. D. (1978) *Teaching reading comprehension.* New York: Holt, Rinehart and Winston.

POZO, J. I. (1990) Estrategias de aprendizaje. In: COLL, C.; PALACIOS, J.; MARCHESI, A. (orgs.) *Desarrollo psicológico y educación II. Psicologia de la Educación.* Madrid: Alianza, p.199-221.

RAPHAEL, T. E. (1982) Question-answering strategies for children. *The Reading Teacher,* November, 186-190.

RAPHAEL, T.; WINOGRAD, P.; PEARSON, P. D. (1980) Strategies children use in answering questions. In: KAMIL, M. L.; MOE, A. J. (eds.) *Perspectives on reading and instruction*. Washington: National Reading Conference, p.56-63.

ROGOFF, B. (1984) Adult assistance of children's learning. In: RAPHAEL, T. E. (ed.) *The contexts of school-based literacy*. New York: Random House.

SMITH, F. (1983) *Comprensión de la lectura*. México: Trillas *(Understanding Reading*. New York, Holt, Rinehart and Winston, 1971).

SMITH, C. B.; DAHL, K. L. (1989) *La enseñanza de la lectoescritura: un enfoque interactivo*. Madrid: Aprendizaje/Visor (ed. original, 1984).

SOLÉ, I. (1987a) *L'ensenyament de la comprensió lectora*. Barcelona: CEAC.

_____. (1987b) Las posibilidades de un modelo teórico para la enseñanza de la comprensión lectora. *Infancia y Aprendizaje*, p.1-13, p.39-40.

_____. (1990) Bases psicopedagógicas de la práctica educativa. In: MAURI, T.;

SOLÉ, I.; DEL CARMEN, L.; ZABALA, A. *El currículum en el centro educativo*, Barcelona: Horsori/ICE. p.51-90.

_____. (1991) Se puede enseriar lo que se ha de construir? *Cuadernos de Pedagogia*, 188, p.33-35.

TEBEROSKY. A. (1987) *La comprensión de la escritura en el desarrollo espontáneo y aprendizaje escolar*. Tese de doutoramento. Universidade de Barcelona.

TOLCHINSKY, L. (1990) Lo práctico, lo científico y lo literario: tres componentes en la noción de 'alfabetismo'. *Comunicación, Lenguaje y Educación*, 6, p.53-62.

VALLS, E. (1990) Enseñyança i aprenentatge de continguts procedimentais. Una proposta referida a l'Àrea de la Història. Tese de Doutorado. Universidade de Barcelona.

VAN DIJK, T. A.(1979) Relevance assignement in discourse comprehension. *Discourse Processes*, 2, p.113-126.

_____. *(1983) La ciencia del texto*. Barcelona: Paidós (ed. original, 1978).

VENEZKY, R. L. (1984) The History of Reading Research. In: PEARSON, P. D. (ed.) *Handbook of Reading Research*. New York: Longman, p.3-37.

WEISS, J. (1980) L'apprentissage de la lecture, una construction lente et naturelle. In: WEISS, J. (ed.) À *la recherche d'une pedagogie de la lecture*. Berne: Peter Lang, p.285-295.

WELLS, G. (1982) *Language, Learning and Education*. Center for the Study of Language and Communication. University of Bristol.

WINOGRAD, P. N. (1985) Dificultades de estrategia en el resumen de textos, *Infancia y Aprendizaje*, p.31-32, p.67-87.

WINOGRAD, P. N.; BRIDGE, C. A. (1990) La comprensión de la información importante en prosa. In: BAUMANN, J. F. (ed.). *La comprensión lectora (cómo trabajar la idea principal en el aula)*. Madrid: Aprendizaje/Visor, p.29-53.

WINOGRAD, P. N.; SMITH, L. A. (1989) Mejorar el clima en la enseñanza de la lectura. *Comunicación, Lenguaje y Educación,* 2, p.13-21.

WOOD, D. J.; BRUNER, J. S.; ROSS, G. (1976) The role of tutoring in problem solving. *Journal of Child Psychology and Psychiatry,* 17, p.80-100.

Anexo A

Proposta de Sequência Didática para o Ensino da Compreensão Leitora (Ensino Fundamental)

Neste anexo vou apresentar um exemplo do que poderia ser uma atividade de leitura compartilhada de um texto narrativo habitual da 3ª série do Ensino Fundamental *(Cuenta cuento cuento,* Barcelona, Onda). Este exemplo é uma adaptação de parte de uma proposta didática elaborada conjuntamente com os membros da Equipe de Assessoria e Orientação Psicopedagógica de Sant Boi del Llobregat.

Como sempre, não se trata de um modelo, mas de uma das diversas formas que poderia ter uma tarefa de leitura compartilhada. Sua finalidade é meramente ilustrativa, pois é o professor, na situação concreta de sua classe, quem planeja e realiza de forma criativa o que pretende. Se não for tomado como uma sequência rígida, o exemplo ajuda a ver que muitas das coisas ditas sobre a leitura não exigem condições muito especiais para serem postas em prática.

O Tesouro da Montanha Azul

A extensão do texto aconselha que sua leitura seja feita em pelo menos dois dias, apesar de ser mais recomendável, para trabalhar a leitura, que os alunos leiam em geral textos completos (outra coisa é quando leem por prazer, em leitura independente). Propõe-se para a sequência uma modalidade de leitura compartilhada professor/alunos, que podem combinar a leitura silenciosa com a leitura em voz alta. Os momentos de interrupção foram selecionados porque pareciam particularmente adequados para recapitular, fazer previsões, etc., porém podem ser alterados sem nenhuma dificuldade.

Primeiro dia

1. Antes da leitura
Motivação/Objetivo. Trata-se de explicar *o quê* será lido e *por que* será feita esta leitura.

Exemplo: "Olhem, hoje vamos começar a ler esta história da página 15; abram o livro. Como é muito comprida, com certeza vamos ter que lê-la em dois dias. Vocês vão ver que acontecem muitas coisas, por isso temos que entender por que elas ocorrem, o que acontece com os personagens, por que acreditamos que isso acontece e que é que nós pensamos da história".

Abordar conhecimento e experiências prévias/prever/formular perguntas. A partir do **título,** inicialmente, e depois dos subtítulos e ilustrações.

Exemplo: "Bem, a primeira coisa que vamos fazer vai ser ler o título. Por favor, Maria, você pode lê-lo? Eu vou escrevê-lo no quadro-negro. Prestem atenção, geralmente o título nos fala de coisas importantes que acontecem na história, nos dá algumas pistas, e assim vamos poder entendê-la melhor". O professor escreve o título no quadro-negro:

O tesouro da montanha azul

Para trabalhar o título, uma sequência possível — entre muitas outras — pode ser a seguinte:

- "O que será que este título quer dizer?" (Que a história girará em torno de um tesouro que se encontra em uma montanha azul).
"Todos vocês, sabem o que é um tesouro?" (Ampliar o conceito de tesouro. Relacionar com outras histórias onde ele também apareça. Mostrar sua condição de valioso e geralmente cobiçado, que exige proezas dos seus pretendentes).
- "Vamos ver agora, quantas montanhas azuis vocês já viram?" (Trata-se de fazer as crianças perceberem que esta história transcorre no terreno da fantasia, e com isso amplia-se infinitamente o que podemos esperar). "Bem, então já sabemos muitas coisas desta história que vamos ler agora" (deve-se tentar que as

crianças as mencionem, ou a professora pode sintetizá-las, talvez escrevê-las no quadro-negro):

- Que a história se refere a um tesouro.
- Que este tesouro pode estar formado por coisas diferentes e pode ter diversos pretendentes.
- Que é uma história e por isso podem ocorrer coisas fantásticas.

Depois disso, pode-se começar a trabalhar com os **subtítulos**.

Exemplo: "Sabemos tudo isso, bem, pelo menos imaginamos por causa do título... Perceberam que, além deste título grande, escrito em letras maiúsculas, há outros títulos menores, em negrito? Vamos escrever os quatro primeiros... podem lê-los para mim?

- O projeto do Rei.
- A viagem do irmão mais velho.
- O segundo irmão tenta a viagem.
- O irmão caçula também viaja.

O professor escreve os subtítulos no quadro-negro. Se alguma palavra concreta apresentar muitas dificuldades, tenta-se fazer com que as crianças deduzam seu significado mediante o contexto e as ilustrações. Se não o encontrarem, o professor deverá proporcioná-lo.

Exemplo: "Agora em duplas, vamos ler o título e estes subtítulos e também vamos olhar as gravuras, para ver se vocês podem imaginar um pouco o que vai acontecer na história... como se fossem detetives. Depois vamos ver se todos pensamos a mesma coisa e, quando lermos, vamos ver se coincide ou não, e aquilo que deixamos de lado... Eu vou me sentar com o Pablo, e daqui a pouco vamos fazer nossos comentários, certo?"

Depois de um breve período, a professora pede que uma ou duas duplas informem suas previsões para que as outras possam comparar com as suas próprias. Ela refere as suas – também "trabalhadas" em dupla – para direcionar as antecipações, cujas linhas gerais deveriam estar escritas no quadro-negro. O importante é que, mesmo que sejam superficiais, elas sejam ajustadas; a exatidão não tem tanta importância assim. A professora pode introduzir uma atitude de indagação muito motivadora para a leitura, formulando perguntas concretas:

Exemplo: "Em que consistirá o projeto do Rei? Terá alguma coisa a ver com o tesouro? Se os três irmãos tiveram que partir, deve se tratar de uma viagem muito perigosa... talvez eles não voltem. Quando lermos, com certeza ficaremos sabendo".

Início da leitura. Recapitulação das informações obtidas e supostas até o momento a fim de situar os leitores e motivá-los a comprovar suas hipóteses:

Exemplo: "Bem, tudo isso é o que nós pensamos que vai acontecer... mas talvez não aconteça! Às vezes os autores nos dão pistas falsas e outras vezes não... Vamos ler em silêncio... se não entenderem alguma palavra, voltem a ler a frase onde ela está, para ver se a podem imaginar. Se não conseguirem, sublinhem a palavra, e depois a vemos... Como é um texto muito comprido, vou ler alguns trechos em voz alta, e vocês vão ler outros em silêncio. Escutem bem e acompanhem no livro.

2. Durante a leitura

Como é uma possibilidade interessante que a professora leia em voz alta alguns trechos, deverão ser cuidados os aspectos de entoação e clareza da dicção, mas evitando a artificialidade. Nos intervalos de leitura silenciosa, a professora também deve ler, mas pode aproveitar sua maior rapidez para observar o trabalho dos alunos e ajudar os que se perderem ou se depararem com dificuldades que comprometam a compreensão.

Nesta proposta, pretende-se que, para cada trecho de leitura se recapitule, se verifiquem hipóteses, se estabeleçam previsões e se formulem perguntas, sem que isso signifique que seja preciso fazer tudo isso cada vez; talvez a recapitulação substitua a verificação de hipóteses e que, na formulação de perguntas, se antecipe implicitamente. Por outro lado, o professor é o protagonista, o que de forma alguma deve representar um obstáculo – mas justamente o contrário – para a participação dos alunos. À medida que estes possam dirigir a discussão prévia à leitura – e também a posterior – o professor passará a ter uma atuação mais discreta, de apoio e supervisão.

Primeiro trecho. O projeto do Rei. A professora lê até a página 17: "(..) Quando chegou lá, um mau pensamento mudou suas intenções". Recapitula e dirige a discussão, ajudando a interpretar o que foi lido e incentivando as previsões:

Exemplo: Aconteceu mais ou menos o que tínhamos pensado antes de ler? O que é que vocês acham do irmão mais velho? É agradecido, vaidoso, gentil, avarento? A velhinha lhe dá um conselho. Eu acho que... será que ele vai aceitá-lo ou não? Vocês acham que ele está dizendo a verdade? Luis, o que é que você faria se fosse o príncipe? Pois agora leiam com bastante atenção até a página 20, onde diz: "Tome, coma-a...", para ver o que acontece.

Segundo trecho. As crianças leem até a página 20. Este momento é o mais indicado para fazer previsões sobre o que vai acontecer. A professora incentiva as crianças a fazê-las. Depois lê em voz alta até o final da página, e pede que uma criança explique o que aconteceu no trecho lido (intervém em proporção inversa à facilidade do aluno para recapitular, dando algumas ajudas):

> *Exemplo:* Quem é que o irmão mais velho encontrou? O que quer a jardineira? "O irmão mais velho não aceitou os conselhos da velha, foi enganado pela jardineira e se transformou em árvore". Agora vamos ter que pensar no que vai acontecer... Claro! O que dizia o subtítulo... o segundo irmão vai empreender a viagem.

Terceiro trecho. A professora lê em voz alta até a página 21: "(...) Finalmente chegou ante as portas de ouro, prata e madeira pintada".

Pede que a criança recapitule e, se puder, que diga o que acha que vai acontecer. Se os alunos acharem difícil, a professora pode formular algumas perguntas que permitam antecipações, ou pelo menos explicitem suas expectativas:

> *Exemplo:* Que vai acontecer com o segundo irmão? Por que não obedece aos conselhos da velhinha? Se ele entrar pela porta de ouro, que vai acontecer? Por qual porta você acha que ele vai entrar?

Depois pede que as crianças leiam, em silêncio, até a página 22, até onde diz "(...) Ficou vagando pelos caminhos sem poder sair de lá".

Quarto trecho. Depois da leitura, recapitula-se e verificam-se as previsões realizadas anteriormente. Viram a página e, diante do subtítulo **(O irmão caçula também viaja)** e a partir da recapitulação, solicita-se que os alunos explicitem o que acham que vai acontecer e que expliquem seus argumentos. As previsões são anotadas no quadro-negro ou em uma folha, e a tarefa é interrompida até o dia seguinte (embora talvez alguns professores possam continuá-la).

O resto da leitura pode seguir a mesma tônica. Na proposta realizada com o EAP de Sant Boi, eram efetuados outros cinco cortes, nos quais liam de forma alternada as crianças e a professora. Acho que o que vimos até agora ilustra suficientemente esta forma de proceder e também permite entrever a ampla margem de possibilidades que têm os professores para articular tarefas de leitura compartilhada.

3. Depois da leitura

Propõe-se trabalhar a *recapitulação oral* da história completa, tentando fazer com que as crianças compreendam os motivos que induzem os personagens (os três irmãos e a princesa) a agirem da forma em que o fazem. Os alunos *devem* aprender a identificar o essencial, os fatos fundamentais da história, o que pode ser complicado devido à grande quantidade de detalhes incluídos na mesma, e da – em contrapartida – simplicidade do argumento. A partir desta recapitulação e dos subtítulos da história (além dos já mencionados, teríamos que acrescentar **Os apuros do filho caçula. Jogo sujo. Descoberta da traves-**

sura), propõe-se a realização do *resumo escrito*. A respeito, pode-se consultar o exemplo apresentado no capítulo 7 deste livro, no subcapítulo dedicado ao Resumo.

Para efetuar o resumo, pode ser útil elaborar com as crianças outros subtítulos mais significativos para elas que os apresentados na história, que servirão como um eixo da estrutura. Também podem ser utilizados os elementos da narração (cenário, personagens, problema, ação e resolução) para elaborá-lo, levando em conta as regras que permitem omitir, selecionar e substituir informações.

Também se propõe trabalhar as palavras sublinhadas nos livros das crianças, tentando-se que, em duplas, elas deduzam seu significado (com os recursos que a professora quiser colocar ao seu alcance: dicionário, consulta a outro grupo ou a ela mesma) e as comparem com todo o grupo. É importante não isolar a palavra do seu contexto, assim como mostrar a causa pela qual uma palavra é preferível ou mais adequada que outra, se aparecerem diferentes significados corretos de uma palavra ou expressão.

A partir da leitura podem ser realizadas numerosas tarefas, cujo interesse depende do projeto global de trabalho de cada professor. A título de exemplo: reescrever diálogos da história em prosa ou pensar em um final menos tenebroso; elaborar o "retrato robô" dos personagens mais significativos, etc.

Anexo B

Proposta de Sequência Didática para o Ensino da Compreensão Leitora (Educação Infantil)

Proponho um exemplo daquilo que poderia ser um trabalho de leitura de histórias com crianças não leitoras (nível A e B da Educação Infantil), fazendo referência aos objetivos e conteúdos nele trabalhados (MEC, 1989b). Este exemplo pode ser enriquecido e complicado até onde os professores considerarem necessário; sua estrutura também beneficiar-se-á com as mudanças efetuadas. Pode ser útil contrastar e enriquecer esta proposta com a que aparece, sobre a mesma história, em Choate e Rakes (1989), para ilustrar o que os autores denominam "atividade de escuta estruturada".

Para esta proposta utilizei a versão de "Os três ursos" da Editorial Juventud (Barcelona, 1989, 2a. ed.).

Os três ursos

Objetivos. Esta atividade contribui para a consecução dos seguintes objetivos gerais do MEC (1989b):

Compreender e reproduzir alguns textos de tradição cultural (adivinhações, canções, provérbios, ditados, histórias, poesias), mostrando atitudes de valorização e interesse com relação a eles.

Interessar-se pela linguagem escrita e avaliá-la como instrumento de informação e prazer e como meio de comunicar desejos, emoções e informações.

Além disso, de uma forma mais específica, ela permite:

- Aproximar a criança das características da linguagem escrita em geral e da narração em particular.
- Fomentar a capacidade de escuta e compreensão do que se lê, assim como uma atitude interrogadora diante das dúvidas.
- Fomentar atitudes de atenção e respeito.
- Promover a capacidade de antecipação da história e de recapitulação da mesma.
- Assistir à leitura realizada por um leitor experiente.

Conteúdos*. Compreensão do que foi lido:

– Compreensão do núcleo do argumento; identificação do cenário, personagens, problema, ação e resolução.
– Compreensão do vocabulário básico que introduz a história e dos conceitos "grande, médio e pequeno".
– Construção de antecipações coerentes com a história.
– Recapitulações da história.
– Ordenamento de quatro sequências básicas da história.

Atividades

Antes da leitura
– Antecipar o argumento do texto a partir do título.

Durante a leitura
– Escutar a leitura do professor; prestar atenção às suas previsões; responder aos seus pedidos. Prever.

Depois da leitura
– Contribuir com a recapitulação grupal da história. Ordenar quatro sequências.
– Procurar na sala de aula objetos grandes, médios e pequenos. Discutir se as coisas grandes sempre ficam com quem é grande, e as coisas pequenas com os pequenos. *(Esta atividade é proposta como extensão da atividade de compreensão do que foi lido.)*

Orientações

Antes da leitura

Em primeiro lugar, indicaremos às crianças que vamos ler um livro que temos e que elas ainda não conhecem. Vamos lhes dizer que, para escutarem e entenderem bem uma história, precisam estar cômodas e atentas – podem estar sentadas, no cantinho de biblioteca, nas suas cadeiras, ou em uma roda; devemos ter certeza de que podem nos ouvir claramente e ver as ilustrações que iremos mostrando. Esperaremos alguns momentos até elas se instalarem. Quando considerarmos que existe o clima adequado, e mostrando o livro, poderemos começar dizendo alguma coisa parecida com a seguinte:

"Vou ler este livro para vocês... é uma história e eu acho que vocês vão gostar muito... se vocês a aprenderem, vão poder contá-la em casa. Hoje eu vou ler este livro, e depois ele vai ficar no cantinho da biblioteca para vocês poderem olhá-lo e para podermos lê-lo de novo... Ele se chama "Os três ursos"... os três ursos... de que será que este livro vai falar?"

Com certeza, as crianças confirmarão que o livro vai falar de três ursos. A professora pode continuar suscitando previsões, ou ela mesma pode formular algumas:

"Sim, é uma história sobre três ursos... mas eu acho que vai aparecer alguém mais, talvez um caçador, que vai querer caçá-los...".

É provável que as crianças proponham personagens mais ou menos coerentes. Sem deixar a situação fugir das suas mãos, a professora pode continuar...

"Bem, então vamos ler a história e então vamos ficar sabendo se aparece o tal do caçador, ou se aparecem só os ursos, certo? Agora escutem bem o que eu vou ler...".

Durante a leitura

A professora lê com voz clara e sem afetação as duas primeiras páginas do livro. Cada vez que lê uma delas, mostra a gravura às crianças. Quando chega à terceira página, lê:

"Cada um deles tenha uma cama para dormir. Para o urso grande... Como seria a cama do urso grande? E a do médio? E a do ursinho?"

As crianças devem poder aportar seu conhecimento para prever o que lhes é pedido. Quando antecipam alguma coisa, a professora lê para confirmar as previsões. Ao acabar de ler esta página, pode indicar:

"Agora que saíram de casa vai acontecer alguma coisa. Vamos ver o que é".

Ao virar a página e mostrar a ilustração seguinte às crianças, elas verão que uma menina entra na casa dos ursos e poderão dizê-lo.

"Uma menina! Vamos ver o que esta menina vai fazer! Quem será ela?"

Continua lendo até a sétima página, na qual Cachinhos de Ouro cai no sono. Neste ponto pode sugerir:

"Olhem, ela dormiu... o que vai acontecer agora? (se as crianças não responderem): Esta é a casinha dos ursos, e eles foram dar um passeio para a sua sopa esfriar, mas... o que vai acontecer quando eles voltarem?"

É provável que aqui as crianças digam o que acham que vai acontecer: que eles encontram Cachinhos de Ouro adormecida, que ela acorda, que comem sua sopa e não acontece nada... Centrando de novo a discussão, a professora retoma a história:

"Vamos ver o que aconteceu". Lê as páginas 8, 9, 10 e 11, quando Cachinhos de Ouro acorda, e mostrando a ilustração diz o seguinte:
"Ela acordou e os três ursos estão lá! O que vai acontecer agora? Por quê?"

Depois das respostas das crianças, lê as duas últimas páginas e tenta fazer com que as crianças expliquem por que Cachinhos de Ouro foge da casa dos cursos, ou deem sua própria interpretação dos fatos. Ela pode improvisar outro desenlace (por exemplo, Cachinhos de Ouro se levanta, pede desculpas por ter quebrado a cadeira e fica para tomar o segundo prato de sopa com os ursos), ou tentar que a classe proponha algum outro. É importante que as previsões das crianças, tanto aqui como ao longo da leitura, não sejam regidas pela exatidão – coisa impossível de se pedir –, mas pela coerência. O trabalho proposto pode ser muito rico para as crianças se estiver centrado na história, porém poderá se distorcer se as antecipações se transformarem em dizer qualquer coisa sem sentido para a história.

Neste momento, a professora deve decidir se torna a ler toda a história para as crianças, desta vez "de uma vez só", ou se considera que já têm um conhecimento suficiente sobre ela (quando este trabalho das histórias é realizado com frequência, geralmente é supérfluo reler neste momento, ainda que as crianças costumem pedir que se leia de novo a mesma história).

Depois da leitura

Finalizada a leitura, a professora pode pedir que alguma criança explique a história e pedir que, entre todos, a recapitulem. A tentativa pode dar certo, ou – o que é mais provável – isto pode ser um pouco difícil, sobretudo nas primeiras vezes. Uma boa forma de ajudar as crianças a recapitular e a centrar sua atenção e lembrança no que é fundamental consiste em formular algumas perguntas centradas nos *elementos da narração* e começar a respondê-las em conjunto. É importante perceber que esta é uma atividade de ensino, não de avaliação, e por isso não vamos avaliar quem responde bem ou mal; pelo contrário, vamos tentar fazer com que todas as crianças respondam e que esta tarefa contribua com sua adequada compreensão da história:

> "Muito bem... agora, entre todos, vamos pensar nas coisas que são importantes nesta história que eu li para vocês... assim vocês vão poder lembrá-la melhor e depois poderão olhá-la sozinhos e contá-la em casa... Vocês se lembram do título? Quem sabe contar do que trata esta história? Como eram os ursos? Onde é que eles estavam? O que aconteceu quando eles iam tomar a sopa?... Certo, foram dar um passeio e então chegou... quem chegou? O que é que ela fez?... E depois ela adormeceu... Então os ursos voltaram e então, o que aconteceu? Por que Cachinhos de Ouro pulou pela janela? Não estava contente de ver os ursos?".

Esta atividade pode ser feita com o apoio das ilustrações; além disso, de forma progressiva – à medida que o trabalho de leitura de história se torne habitual – espera-se que o professor não tenha que formular e responder ele mesmo perguntas tão fechadas e que a recapitulação seja conduzida mais pelos alunos.

Depois desta atividade, pode-se perguntar aos alunos o que eles teriam feito se tivesse lhes acontecido a mesma coisa. A ideia é tentar que as crianças elaborem uma interpretação para o comportamento da protagonista (por exemplo, que se assusta com os ursos; que fica com medo de eles terem se zangado porque ela tomou a sopa e quebrou uma cadeira..., etc.).

Ainda podem ser propostas outras atividades, como ordenar quatro sequências da história e desenhar um final para a mesma (a professora decidirá se tem de ser o convencional ou se aceita variações), uma capa e fazer um livro para cada criança. A professora pode escrever o título da história e o nome do autor. Mais importante do que o produto em si é o processo através do qual a criança tem de fazer uma recapitulação pessoal da história, acrescentar-lhe um final e ver seu professor escrever seu nome e o da história.

Toda a atividade proposta pode ser realizada com maiores garantias com um grupo pequeno, no cantinho da biblioteca, que com toda a classe, pois assim se garante a atenção e a interação do professor com todos os alunos. Se houver um cantinho deste tipo na sala de aula, o ideal seria que, durante a quinzena, as crianças fossem passando por ele até todas terem trabalhado a história dos "Três ursos". Se por algum motivo as atividades forem realizadas com todo o grupo, o professor deverá cuidar que todas as crianças se envolvam na atividade e procurar uma interação individualizada sempre que possível. Uma solução intermediária pode consistir em ler a história para todos, em roda, e deixar o trabalho posterior para o cantinho de biblioteca, garantindo que as crianças não se esqueçam do argumento da história — fazendo uma síntese, em caso de necessidade.

Nota

* Em sua maioria, estes conteúdos são uma especificação do Bloco de Conteúdos 2, "Abordagem da linguagem escrita". Poderiam ser reproduzidos do DCB (Diretrizes Curriculares Básicas). **Referidos a fatos e conceitos:** 1) A língua escrita como meio de comunicação, informação e prazer. 2) Os instrumentos que veiculam a língua escrita: livro... **Referidos a procedimentos:** 3) Atenção e compreensão de narrações, histórias e outras mensagens lidas por um adulto ou por um colega mais velho. 4) Diferenciação entre as formas escritas e outras formas de expressão gráfica (desenhos, por exemplo). **Referidos a atitudes, valores e normas.** 1) Valorização da utilidade da língua escrita como meio de comunicação, de informação e prazer. 2) Gosto e prazer por ouvir e olhar uma história que o adulto lê para a criança ou para o grupo de crianças. 3) Cuidado dos livros como um valioso instrumento que tem interesse em si mesmo e desejo de manejá-los de forma autônoma.